Biblical Quotation and Allusion in the Cantata Libretti of Johann Sebastian Bach

Studies in Liturgical Musicology
Edited by Dr. Robin A. Leaver

1. Frans Brouwer and Robin A. Leaver (eds.). *Ars et Musica in Liturgia: Essays Presented to Casper Honders on His Seventieth Birthday.* 1994.

2. Steven Plank. *"The Way to Heavens Doore": An Introduction to Liturgical Process and Musical Style.* 1994.

3. Thomas Allen Seel. *A Theology of Music for Worship Derived from the Book of Revelation.* 1995.

4. David W. Music. *Hymnology: A Collection of Source Readings.* 1996.

5. Ulrich Meyer. *Biblical Quotation and Allusion in the Cantata Libretti of Johann Sebastian Bach.* 1997.

Biblical Quotation and Allusion in the Cantata Libretti of Johann Sebastian Bach

Ulrich Meyer

Studies in Liturgical Musicology, No. 5

The Scarecrow Press, Inc.
Lanham, Md., & London
1997

SCARECROW PRESS, INC.

Published in the United States of America
by Scarecrow Press, Inc.
4720 Boston Way
Lanham, Maryland 20706

4 Pleydell Gardens, Folkestone
Kent CT20 2DN, England

British Library Cataloguing in Publication Information Available

Library of Congress Cataloging-in-Publication Data

Meyer, Ulrich.
    Biblical quotation and allusion in the cantata libretti of Johann Sebastian
Bach / Ulrich Meyer.
        p.   cm. — (Studies in liturgical musicology : no. 5)
    In German, introd. in English and German.
    Includes bibliographical references and indexes.
    ISBN 0-8108-3329-8 (cloth : alk. paper)
    1. Bach, Johann Sebastian, 1685–1750. Cantatas. Librettos. 2. Bible—
Concordances, German. I. Title. II. Series.
ML410.B13M46   1997
782.2'4'092—dc21   97-6567

ISBN 0–8108–3329–8 (cloth : alk. paper)

Contents / Inhalt

Editor's Preface

THE CHURCH CANTATAS of Johann Sebastian Bach were fundamentally liturgical in both concept and usage. They were essentially musical expositions of the biblical lections of the church year and were closely related to the sermon.[1] In Lutheran liturgical practice in Bach's day the preaching at the morning eucharistic Hauptgottesdienst on Sundays and festivals always concentrated on the gospel of the day; at afternoon Vespers the focus was on the epistle. In Leipzig there were two principal churches, the Thomaskirche and the Nikolaikirche, and it was customary for the cantata of the day to be heard in both. If the cantata was heard at the morning eucharist in the Thomaskirche it would be performed again at afternoon vespers in the Nikolaikirche, and on the following Sunday the sequence was reversed. Thus the cantata was closely related to the epistle and gospel of the day or celebration for which it was written, and formed the musical counterpart of the preaching of the day. Although not all of Bach's church cantatas were composed in Leipzig they nevertheless share a common liturgical function and use.

The libretti that Bach employed for his cantatas contain numerous direct biblical quotations, and many have already been identified. But these libretti also have woven within their poetic forms a sophisticated interlacing of biblical allusion, which is frequently specifically related to the epistle and gospel lections of the day in question, and those passages that relate directly to them.

These rich tapestries of biblical quotation and allusion have been painstakingly analyzed by Ulrich Meyer and the fruits of his re-

---

[1] See Robin A. Leaver, "The Liturgical Place and Homiletic Purpose of Bach's Cantatas," *Worship* 59 (1985): 194-202.

search are found in this handbook. Various attempts have been made to identify the primary biblical quotations found in these libretti of Bach's church cantatas,[2] but this is the first to explore the full extent of the biblical content of these liturgical pieces.

Since these quotations and allusions relate to Luther's German translation of the Bible, the text of this handbook remains in its German form, although various headings and the introduction have been translated, and the English equivalents of the German forms of biblical books are given in the Abbreviations. It should therefore be relatively easy for those with little or no knowledge of German to find the relevant citations in an English Bible. Editions of scores of the cantatas that include an English translation along with the German text will also be helpful, although many of these translations treat the original text with some liberty. A particularly helpful resource for those who need assistance with the German libretti is the collection translated by Z. Philip Ambrose which gives the German and English texts in parallel columns.[3] Also useful for an accurate understanding of the German text of Bach's libretti is Melvin P. Unger's interlinear version which gives a literal translation following the German word-order as well as in more idiomatic English.[4] In a separate column Unger also gives *verbatim* biblical passages that are either cited or alluded to in the respective libretto. In this respect Unger's purpose is the same as Meyer's in this volume, but a comparison of the two handbooks will reveal significant differences between the two. Unger's selection is based

---

[2] See, for example, William H. Scheide, *Johann Sebastian Bach as a Biblical Interpreter* (Princeton: Princeton Seminary, 1952); W. Gillies Whittaker, *The Cantatas of Johann Sebastian Bach, Sacred and Secular* (London: Oxford University Press, 1959) 2: 498-499; Moshe Gorali, et al, *The Old Testament in the Works of Johann Sebastian Bach* (Haifa: Haifa Music Museum and AMLI Library, 1979); and, for quotations from the Psalms, Robin A. Leaver, *J.S. Bach and Scripture: Glosses from the Calov Bible Commentary* (St. Louis: Concordia, 1985), 99-100.

[3] Z. Philip Ambrose, *Texte der Kirchenkantaten von Johann Sebastian Bach/ The Texts of Johann Sebastian Bach's Church Cantatas* (Neuhausen-Stuttgart: Hänssler, 1984).

[4] Melvin P. Unger, *Handbook to Bach's Sacred Cantata Texts: An Interlinear Translation with Reference Guide to Biblical Quotations and Illusions* (Lanham, MD: Scarecrow, 1996).

solely on the English Revised Standard Version of the Bible. This immediately creates a problem since Luther's German translation of the Hebrew and Greek is often quite different from that found in the English Bible. Thus only the more obvious connections between these libretti and the biblical material can be made, and the frequent multi-layered biblical allusions remain hidden. The only way to reveal the detail of these biblical mosaics is by a detailed and painstaking study of the libretti and Luther's German Bible, which is what Ulrich Meyer has done in preparing this volume

The most comprehensive collection of Bach's libretti in German is that edited by Werner Neumann.[5] However, like the other anthologies that include the original language, it has the disadvantage of presenting these libretti in modernized German, whereas Meyer uses an orthography current in Bach's time.[6]

Ulrich Meyer's handbook is a fundamental aid for research into the sacred cantatas of Bach. It provides the possibility of locating where in their libretti specific biblical words and concepts occur. With this information Bach's musical settings can be examined and compared, and a more accurate assessment can be made of how the composer musically interpreted specific theological concepts, and how these settings relate to the liturgical context of the day or occasion for which they were originally written.

I am particularly grateful for the help and advice of Thomas Remenschneider and Alfred Mann with regard to the English translation of the author's introduction.

Robin A. Leaver
Series Editor
Westminster Choir College of Rider University
& Drew University

---

[5] See Introduction, p. ix, note 1.

[6] Martin Petzoldt of Leipzig is currently preparing an edition of Bach's cantata texts following the orthography of the original manuscripts.

Introduction

I

THE HIGH ESTIMATION of Bach's church music from the last century until today, has been frequently linked with a disdain for its
texts. It is no accident that in the time of Goethe, Carl Friedrich
Zelter wrote to the poet his harsh word about the "totally infamous
German church texts" with their "thick cloud of confessional
smoke."[1] A half generation later Theodor Mosewius praised the
cantatas "notwithstanding the peculiar, antiquarian mode of expression of their texts"[2] —an argument, which, unlike Zelter's, does
not apply to the substance, but rather to the form of the language.
Well over a hundred years ago, Phillip Spitta spoke of a veritable
antithesis of music and poetry durig the period of Bach's creativity:
"Music as applied to religion had attained a height which must be
allowed to be unapproached before or since, in respect both to
depth and richness of substance, and to variety an breadth of form.
The art of sacred poetry, however,... had sunk... to be a false and
hollow mockery."[3] When, finally, in our own time Werner Neumann called for the "respect to be accorded to an 'Urtext,'" with
regard to the libretti because "at one time they were deemed wor-
thy by Bach to serve as a guide for his musical-creative ideas,"[4] the

---

[1] Letter dated 5 April 1827; cited Werner Neumann, *Sämtliche von Johann
Sebastian Bach vertonte Texte* (Leipzig: VEB Deutscher Verlag für Musik, 1974),
14.

[2] Theodor Mosewius, *Johann Sebastian Bach in seinen Kirchen-Cantaten und
Choralgesängen* (Berlin, 1845), 6; cited in Neumann *ibid.*

[3] Philipp Spitta, *Johann Sebastian Bach: His Work and Influence on the Music
of Germany, 1685-1750*, trans. Clara Bell and J.A. Fuller-Maitland [1884-85] (New
York: Dover, 1951), 2: 347.

[4] Neumann, op. cit., 17.

devalued judgment remains in spite of a seemingly heightened regard.

Yet, such a judgment does not do justice to the texts. We have recognized this more clearly, especially in recent years, through the deliberations of the Internationale Arbeitsgemeinschaft für theologische Bachforschung,[5] founded in 1976. Theological and confessional insights have been combined with Germanic literature studies. Thus Walter Killy, in his 1982 Würzburger Bachfest lecture, "Concerning Bach's Cantata Texts," alluded to "critical misunderstandings" as the background for that mistaken estimation. Above all he drew attention to the

> proposition that only such poetry is worthy of the name, which is original, spontaneous, and without precedent, clearly expresses the state of mind of the poets. It was this classical-romantic teaching that for many years obstructed the approach to baroque poetry, which was thought not to have its own intellectual substance, but was seen only as honorable and lucrative, in following great models. Individuality was not yet valued, least of all in an absolute sense, and the word "genius" had not yet entered the German vocabulary. Poetry was, above all, a skill of the educated, which one could—within limits —learn.

In his lecture, the German philologist Killy also defined the process by which it could be learned, and the knowledge it assumed: "A process by which such poetry was much less individual than a composite effort." The librettist

> established his perspective with biblical quotations and citations from the church fathers. At the same time, it was not very important from which context the perspectives came, so long as they could be combined with the context of the pericopal thoughts to be presented... which had as their theological basis, in every single verse, the present and effective Spirit of the Lord. A modification, however, was the

---

[5] See the publications of the members in the series *Beiträge zur theologischen Bachforschung*, published in Neuhausen-Stuttgart since 1983, and the *Internationale Arbeitsgemeinschaft für theologische Bachforschung Bulletin*, published in Heidelberg since 1988.

reference to the given biblical idioms made, which were varied and combined so that something new could be allowed to come forth. The support of truth emanated from this new form and furthermore prepared, and gave recognizable points of reference resulting in satisfaction and understanding to, its listeners.[6]

These propositions allow progress toward a clearer insight, in place of the old misunderstandings; at the same time they point toward the task I have undertaken here. When Killy, speaking about two libretti which he had carefully examined, said that they were "steeped throughout in Luther's Bible," there was the need to make a systematic investigation to establish whether, and to what extent, this observation would prove correct for the complete body of these texts. The outcome of this investigation I present here in the form of this handbook, which is meant to serve both research and practice.

Before discussing the sources and methodology of my work, we make an excursus. In 1983, the year after Killy's lecture, the musicologist Christoph Wolff published "An Inquiry into the Individuality of Bach's Music."[7] There, among other things, he said: to Bach's apologetist, Magister Birnbaum, the concepts of original genius, artictic individuality, and singularity of a work were still unknown. Yet he anticipated them probingly when he spoke of the "Extraordinary Perfections" of Bach's language. But what is the substance of these perfections? Not indeed in absolute new creation, says Wolff, but much more broadly in deep-seated variation, "the elaboration of given ideas in the sense of deeper penetration." It was "a working procedure in the sense of *elaboratio* rather than

---

[6] Walter Killy, "Über Bachs Kantatentexte," *Musik und Kirche* 52 (1982): 271-281.

[7] Christoph Wolff, "'Die sonderbaren Vollkommenheiten des Herrn Hofcompositeurs': Versuch über die Eigenart der Bachschen Musik," *Bachiana et alia Musicologica: Festschrift Afred Dürr zum 65. Geburtstag am 3. März 1983*, hrsg. Wolfgang Rehm (Kassel: Bärenreiter 1983), 356-362; English translation in Christoph Wolff, *Bach: Essays on His Life and Music* (Cambridge, MA: Harvard University Press, 1991), chap. 32: "'The Extraordinary Perfections of the Hon. Court Composer': An Inquiry into the Individuality of Bach's Music," 391-397, esp. 395-396.

creatio," to which Bach subjected his extraordinary gifts of com-
bining materials; which, as we read in Birnbaum, allowed a "special adroitness" to develop which before Bach none had possessed,
and to which, however, in Bach's terms, "anyone else could also
achieve."

The mastery of skills, work on and with given materials, variation and combination, new works arising out of old–the language
and subject parallels between what Killy says concerning the texts
and what Wolff says about the music–are amazingly far-reaching.
I do not want the reader to be left without an awareness of these
parallels: they do help towards an understanding of the composer's
ready response to the poetry compiled in just such a manner.

II

My research was limited to the German-language texts of the ex-
isting church cantatas, not taking into consideration other Bach
works.[8] The examination of the text-form is oriented toward the
already cited 1974 Werner Neumann edition, *Sämtliche von Johann Sebastian Bach vertonte Texte* (Collection of Johann Sebastian Bach's Musical Texts). I also make reference to parts of the
facsimile portion of this collection, as seems appropriate.

On which Biblical text should this work be based? The text of
the 1545 Wittenberg edition, which appeared at the end of Luther's life, was not to be considered sacrosanct. Luther himself,
and his scholarly colleagues worked further on the epistle to the
Romans, and on both Corinthian epistles. These changes were
included in the 1546 edition, which appeared after his death. The
work of revision was also carried on after Luther's death. We do
not know, however, whether a cantata librettist at the beginning of
the eighteenth century had a revised Biblical text in front of him,

---

[8] Those choral works designated *Oratorio* (BWV 11, 248 and 249) are therefore excluded from this handbook, even though they are essentially written in
cantata form.

and if so, which one. Such questions, so the experts inform me, are completely unresolved. Consequently I have decided to make an unrevised edition of the Luther translation the basis of my work. I am deeply indebted to Dr. Elke Axmacher for placing at my disposal, on a long-term basis, her copy of the Dilherr-Bible. This Nuremberg edition of 1656, with a preface by the pastor of St. Sebald, professor Johann Michael Dilherr, reprinted unchanged in 1755, follows with greater accuracy, also in the glosses, the Wittenberg edition of 1545. (The revisions of 1546 are, so far as I can see, only exceptionally taken into consideration). Merely orthography and punctuation are "improved" from the original patterns.

In quoting from this 1656/1755 text, I have maintained the modern and customary citations of chapter and verse numbers, in order to provide an orientation for the reader, yet he will miss much else. He will presume that Jeremiah 15:16 "Dein Wort ward meine Speise" [Thy word was my food] forms the basis for the cantata movements 104/4, 177/3, and 194/12; but in the 1755 Bible, the same place is translated as in the 1545 version, "Indeß enthalte uns dein Word" [Hold out to us us thy word]. The "Lösegeld" [ransom] (174/3) is missing from Isaiah 43:3, and similarly the expression "überführte Gewissen" [convicted conscience] (168/4) is not found in John 8:9. These are just a few of many examples, which serve to illustrate the unresolved problem referred to earlier, namely, when and where a particular revision was being used.

A few words concerning methodology: The primary question is: Where is the Luther Bible represented in these libretti, how are the questions delineated, and to what extent? The following points are all pertinent:

- Use of an independent literal quotation in the libretto;
- The use of a modified quotation to fit with the flow of the context of the libretto;
- The use of a clear or obvious allusion to a scripture text;
- Characteristic word-combinations, turns of phrase, language forms, and variations;

• Finally, also the use of a rare single biblical word which is significant because of its being referred to in the propers of the day, the epistle (EP), or gospel (EV).

Thus the examination is concerned with the special quotation, the clear allusion, in addition to the "general orientation toward biblical language and concept development" (Alfred Dürr).[9] Only thus does a broad cantata text foundation resting on Luther's Bible become clearly perceptible—the representations, as it were, of a schooling in the biblical language which all the authors of the period had absorbed.

My research also covered the chorales. Many, though not all of them, are squarely within the tradition from which the libretti emerged. It is this fact begged the question of their biblical substance. Only by taking the chorales into consideration, a thick web of key word references becomes apparent, through which entire texts often pass.

An index contains all of the cited Bible passages in the text, but not those to which comparisons are made, nor those referenced in the notes. Verbatim quotations are marked in the index with **; paraphrased quotations and allusions with *. The decision as to whether an author consciously alluded to a biblical text, or whether a biblical turn-of-phrase just freely flowed from his pen is, to be sure, in the realm of conjecture.

Indexes of cantata titles in alphabetical order, as well as by BWV numbers are placed at the end of the handbook to serve for quick reference.

A work such as I have undertaken here can never achieve completion. It always stands in need of supplement and correction. On the other hand, the work opens up a wealth of material. Only this can convey an impression of the multiple and complex possibilities of association which the informed Bible reader, the listener, and not least of all, the composer Bach himself saw in view of these texts.

---

[9] *Kritischer Bericht zur Neuen Bach-Ausgabe* I/9 (Kassel: Bärenreiter, 1986), 52.

III

A series of observations may bring this introduction to a close. I shall begin with remarks on references to the propers in the texts.

The greatest number of references in the libretti are to the gospel of the day. This should not surprise us, since it was indeed the task of the sermon, year after year, to give a new interpretation to the reading of the old gospel, and, the work of the church music to participate in such exposition in its own distinctive way. We can see, however, from the extant sermons from around 1700, that they indicate a wide range of interpretation, as do the cantata libretti. Particularly in the chorale cantatas it can be ascertained that key words from the gospel dominate, with the rest of the text generally departing from the reading, occasionally pursuing a diverse course. For example: Cantata 26, "Ach wie flüchtig, ach wie nichtig," shares with the gospel the key words "Tod" and "Leben" [death and life]. Yet whereas the gospel from Matthew 9 closes with the theme of death and resurrection, the cantata maintains to the end its reminder of death [*Memento mori*].

Frequently there are also unexpected implications in the texts (at least in terms of key words) from the epistles. Two examples: In Cantata 75, "Die Elenden sollen essen," one can see the influence of 1 John 4 "Wer in der Liebe bleibt" [Who abideth in love] in movement 11 as "Wer nur in Jesu bleibt..." [Who abideth in Jesus]. Cantata 76, "Die Himmel erzählen," is completely based on the gospel in the first part, and drawn entirely from the epistle in the second part.

Occasionally the gospel and epistle are merged together. The opening text of Cantata 21, "Ich hatte viel Bekümmernis," does not allow a clear recognition of any reference to either the epistle or gospel. In movement 8, however, it reads "Ich bin verloren" [I am lost], which relates to the gospel, Luke 15, of the lost sheep and lost coin. Similarly with the words "Entweichet, ihr Sorgen" [Vanish, you sorrows], relates to the epistle, 1 Peter 5, "Alle eure Sorge werfet auf Ihn" [Cast all your sorrows on him].

In some cases, one can find assistance with the wording of the librettos through otherwise conflicting lectionary propers. Such is

the case with Cantata 133, "Ich freue mich in dir," for which the
propers for the third day of Christmas and the Feast of St. John the
Apostle are both valid, making it difficult to ascertain which of the
four readings are being referenced. When, however, in movement
5 it states "Wer Jesum recht erkennt, der stirbt nicht, wenn er
stirbt" [Who Jesus rightly knows, dies not, when he dies], it seems
to me to be obviously written with the propers for the feast of the
apostle in mind (John 21, "This disciples dies not").

Finally, many chorales also bring references to the propers to
mind. Here are a few examples that demonstrate this relationship.
The beginning of the chorale cantata, BWV 123, "Liebster Immanuel, Herzog der Frommen," takes up the gospel of Matthew 2 as
follows: "Aus dir soll mir kommen der Herzog" [Out of thee shall
come the Duke/Governor]. Cantata 59, "Wer mich liebet," makes
use of the chorale "Komm heiliger Geist," which relates to the
epistle, the story of Pentecost. The chorale, "Nun komm, der Heiden Heiland," used in cantatas 61, 62, and 36, ties the keyword
"komm" to both the gospel and epistle for the first Sunday in Ad-
vent.

With this I have moved to observations concerning the chorales.
Here is an interesting question: How did Luther, when he was
writing hymns, deal with "his" biblical text? When one scrutinizes
the corpus of hymns, there can only be one answer: he did so in
a sovereign manner. "Wär Gott nicht mit uns" more or less joins
itself as firmly as possible with its underlying text of Psalm 124.
"Ein feste Burg," by contrast, moves widely from Psalm 46 toward
New Testament soteriology. But even such expansion employs
biblical language. The first stanza of the Nunc Dimittis hymn, "Mit
Fried und Freud ich fahr dahin" (125/1), demonstrates how Luther,
in writing poetry, broadened and interpreted it with words from
"his" Bible. Almost everything shows his own linguistic creation:
the small alteration "mit Fried" [with peace] instead of "im Frieden" [in peace]; the broad expansion "Fried und Freud" [peace
and joy], etc. The emerging new work, the hymn stanza, however,
is not patchwork but rather integrated poetry.

The hymn-writers of Luther's church followed his lead. The biblical substance of their hymns is often of amazing density; some-
times even surpassing the recitatives in the cantata texts. When

topical poetry and the chorale become intertwined with one another, the qualities for variation and combination mentioned above
are raised to the highest dimensions. As an example drawn from
many aria and choral combinations, one may examine "Dich hab
ich je und je geliebet" (49/6), which shows an especially tight connection between the biblical, chorale, and librettist's words.

Observations of the language details demonstrate for us the
scarcely almost inimitable intimacy of the text-poets with Luther's
Bible.

Biblical speech patterns, such as questions, speeches, exclama-
tions, and dialog are all retained in the cantata texts. Such is the
case in 110/4: "Ach Herr, was ist ein Menschenkind, / daß du sein
Heil so schmerzlich suchest?" [Ah Lord, what is a child of man,
that thou, for his salvation, should painfully seek?]. The background of this is the heartfelt cry of Psalm 8: "Was ist... des
Menschen Kind, daß Du Dich sein annimmest?" [What is the child
of man, that thou art mindful of him?] In 21/8 the soul and Jesus
engage in dialog: "Komm, mein Jesu—Ja, ich komme" [Come, my
Jesus—Yes, I come]. This is a retention of the dialog in Revelation
22: "Ja, Ich komme bald, Amen! Ja, komm HErr JEsu!" [Surely I
come quickly, Amen. Even so, come Lord Jesus!].

Biblical quotations also flow one into another in the cantata texts;
for example in 140/2: "Der Bräutigam kommt!... Sein Ausgang eilet
aus der Höhe" [The Bridegroom comes!... His departure speeds
from on high]. Behind this text stands Luke 1,78: "... die herzliche
Barmherzigkeit unseres GOttes, durch welche uns besucht hat der
Aufgang aus der Höhe" [... through the tender mercy of our God,
whereby the dayspring from on high has visited us]. Another
source is Micah 5, as follows: "Aus dir soll mir der kommen, der
in Israel HErr sey, welches Ausgang von Anfang und von Ewigkeit
her gewesen ist" [Out of thee shall the Lord come to his Israel,
whose goings forth have been from the beginning to eternity].
Thirdly, the gospel of Matthew 25,6 is quoted verbatim: "Siehe,
der Bräutigam kommt" [Behold, the Bridegroom comes]. Thus the
background of a few text-words can be quite complex.

Apparent mis-applied readings in the texts can be corrected by
reference to biblical words. Thus in 46/2 which speaks of the city
of Jerusalem: "O besser! wärest du in Grund verstört,/ als daß man

Christi Feind jetzt in dir lästern hört" [O better! when thou in the
earth art destroyed, to the ground, lest the enemy of Christ should
now blaspheme from thee]. Neumann proposed "zerstört" [des-
troyed/demolished] to replace "verstört" [disturbed/disordered].
This would obscure the fact that the choice of words evidently ref-
ers to Daniel 9, 26: "Ein Volk des Fürsten wird kommen und die
Stadt ... verstören" [the people of the prince that shall come to des-
troy the city].

Here follows a summary of further observations with short cross-
references as examples:

- Many cantata movements are marked throughout by a single book of
  the Bible (49/2).
- The language of several books of the Bible take on special significance
  and meaning (Psalms, Isaiah, John, Revelation).
- Several places in the Bible are frequently invoked (Genesis 32,27).
- On the other hand, completely "remote" passages become effective in
  cantata texts (Leviticus 26,19 in 186/7).
- Very few movements are without biblical reminiscence (95/4 and 5).
- One word from the Bible can radiate in the surrounding movements
  (Romans 2,4f. in 102/3 to 6).
- Enumerations demonstrate how richly the Bible provides libretti with
  textual material (197a/5; 122/5).
- Baroque poets loved composites such as "Glaubensbahn" and "Sün-
  denstein" (132/2), "Sündenschlaf" and "Gnadenzeit" (30/5). A
  few, such as "Freudenopfer" (120a/7) or "Freudenöl" (112/4)
  appear also in the Bible; many more can nevertheless be biblical
  related.
- Spiritualization as a vehicle for actualization is frequently encountered
  in the texts; rarely, however, so plausibly as "Sündenwassersucht"
  (114/3) in Job 15,16.

Two further observations, which appear important to me fol-
low—with examples.

Keywords allude to biblical stories. Helene Werthemann has
comprehensively investigated this in connection with the Old Test-

ament.[10] It also applies (beyond references from the gospels) as well as for the rest of the New Testament. For example, 55/4: "Ich will nicht für Gerichte stehn / und lieber vor dem Gnadenthron / zu meinem frommen Vater gehn" [I will not stand before judgment but rather before the throne of grace]. Here is a combination of Hebrews 4,16 "Lasset uns hinzutreten mit Freudigkeit zu dem Gnadenstuhl" [Let us approach with joy the seat of grace] with Luke 15,18 "Ich will... zu meinem Vater gehen" [I will go to my father], in connection with the turning point of the story of the Lost [Prodigal] Son. Similarly, the keywords in 38/5 suggest a New Testament story of salvation (Acts 12,6ff.)

Other keywords indicate, in varying possible associations, the complexity of the texts. In the Palm Sunday cantata 182, movement 6 shows this: "Jesu, laß durch Wohl und Weh / mich auch mit dir ziehen... / Kron und Palmen find ich hier" [Jesu, through weal and woe, let me also go with thee... crown and palms I find here]. The crown implies in the context the crown of thorns (Mt. 27,29) as well as the crown of life (Rev. 2,10); the palms, likewise are those from entry into Jerusalem, for which the Sunday is named (John 12,12f.), and those in the hands of the great multitude before the throne of the Lamb (Rev. 7,9). Suffering and victory are bound together in these words.

What is the status, finally, with literally quoted Bible passages? The first index shows what the handbook attests: that the cantatas contain considerably more literal quotations than were apparent from previous publications. Old Testament quotations predominate. I counted 62 psalm quotations, 24 from John, and 17 from Luke. (The respective numbers of quotations from other books of the Bible are in single figures.)

Verbatim citations can be found in the beginning, middle, and end of the cantata texts. Of the New Testament quotations at cantata beginnings, two-thirds are concentrated in the portion of the church year from pre-Lent through Pentecost. What the risen Lord endured in his suffering, what he had to say to his followers, and

---

[10] Helene Werthemann, *Die Bedeutung der alttestamentlichen Historien in Johann Sebastian Bachs Kantaten* (Tübingen: J.C.B. Mohr, 1960).

what they asked and requested from him is directly represented in the gospels. Besides, the Word of the Old Testament also speaks in agreement with what Christian dogma relates. Ultimately, in the background stands a very far-reaching conviction that Christ, in hidden presence, guided even God's people of the Old Testament. It may seem far-fetched but is drawn from the New Testament. I am thinkimg here of the bold word of Paul revealing Christ as the sacred rock, from which the Children of Israel drank in the desert, and which was tested by some (1 Corinthians 10,4 & 9); and further, of the even stronger word in the letter to the Hebrews, describing the faith of Moses, valuing and respecting the disgrace of Christ as more precious than the riches of the Egyptians (Hebrews 11,26). One must ponder the significance of such New Testament verses if one is to understand the use of the Old Testament in the cantata texts.

Bach's church cantatas are heard today far removed and disconnected from their original "Sitz im Leben," that is, from worship [Gottesdienst] and the propers of the day [Detempore]. And when one attempts to understand this original connection to these texts, the task is complicated by different propers and revised Bible versions. Given this situation, I hope that this handbook will prove to be useful!

Ulrich Meyer

Einleitung

I

DIE HOCHSCHÄTZUNG Bachscher Kirchenmusik hat vom vorigen Jahrhundert an bis heute sich häufig mit Geringschätzung ihrer Texte verbunden. Nicht zufällig in der Goethezeit und an Goethe gerichtet schrieb Carl Friedrich Zelter sein hartes Wort von den "ganz verruchten deutschen Kirchentexten"' mit ihrem "dicken Glaubensqualm."[1] Ein halbes Menschenalter später pries Theodor Mosewius die Kantaten "ungeachtet ihrer oft seltsamen, in veralteter Ausdrucksweise sich ergehenden Textesworte"[2]—ein Einwand, der anders als bei Zelter nicht dem Sachgehalt, sondern der Sprachgestalt galt. Philipp Spitta stellte vor gut 100 Jahren für Bachs Schaffenszeit geradezu eine Gegenbewegung von Musik und Poesie fest: "Die Tonkunst hob sich an den kirchlichen Idealen zu einer Stufe empor, die... eine vorher und nachher unerreichte genannt werden muß. Die kirchliche Dichtkunst aber... sank... zu einem gänzlich unwahren und hohlen Scheinwesen herab."[3] Wenn schließlich Werner Neumann in unserer Zeit für die Libretti "Urtextrespekt" forderte, weil "sie einst Bach für wert erachtete, seinen musikschöpferischen Ideen als Stütze zu dienen,"[4] so ist auch hier trotz scheinbarer Aufwertung das abwertende Urteil unüberhörbar.

---

[1] Brief vom 5.4.1827; zitiert nach Werner Neumann, *Sämtliche von Johann Sebastian Bach vertonte Texte* (Leipzig: VEB Deutscher Verlag für Musik, 1974), 14.

[2] Theodor Mosewius, *Johann Sebastian Bach in seinen Kirchen- Cantaten und Choralgesängen* (Berlin, 1845), 6; zitiert Neumann *ibid.*

[3] Philipp Spitta, *Johann Sebastian Bach*, Band II (Leipzig: 1880), 178.

[4] Neumann, op. cit., 17.

Doch wird solches Urteil den Texten nicht gerecht. Wir erkennen das heute deutlicher als noch vor wenigen Jahren, nicht zuletzt dank den Bemühungen der 1976 gegründeten Internationalen Arbeitsgemeinschaft für theologische Bachforschung.[5] Theologie- und frömmigkeitsgeschichtliche Einsicht trifft sich mit germanistischer. So hat Walther Killy 1982 in seinem Würzburger Bachfest-Vortrag "Über Bachs Kantatentexte" auf "zählebige Mißverständnisse" als Hintergrund jener Fehleinschätzungen hingewiesen. Er nennt vor allem die

Vorstellung, nur solche Poesie verdiene diesen Namen, die originell, spontan und ohne Vorbild ganz den Gemütszustand des Dichters ausspreche. Es war diese klassisch-romantische Lehre, die für lange Zeit den Zugang zur Barockdichtung versperrt hat, welche sich niemals als originell verstand, sondern es als ehrenvoll und gewinnbringend ansah, den großen Mustern nachzufolgen. Individualität war noch kein Wert, schon gar kein absoluter, und das Wort Genie war im Deutschen noch nicht erfunden. Dichten war vor allem eine Fertigkeit des Gebildeten..., die man—in Grenzen —lernen konnte.

Der Germanist Killy hat in seinem Vortrag auch das Verfahren benannt, das hier zu lernen war, und die Kenntnisse, die es voraussetzte:

Das Verfahren solcher Poesie [war] weniger individuell als kombinatorisch; [der Librettist] begründete seine Meinung mit biblischen Zitaten und denen der Väter. Dabei war es nicht sehr wichtig, welchem Zusammenhang sie entstammten, wenn sie nur in den Zusammenhang des vorzuweisenden Gedankens paßten; ...das hatte seinen theologischen Grund, denn in jedem Einzelvers war ja der Geist des Herrn anwesend und wirksam. Eine Modifikation aber des Zitats war die Allusion, die vorgeprägte biblische Wendungen benutzte, variierte und kombinierte, um aus ihnen etwas Neues hervorgehen zu lassen. Das stützte die Wahrheit ab dieses

---

[5] Veröffentlichungen der Mitglieder u.a. in *Beiträge zur theologischen Bachforschung*, Neuhausen-Stuttgart 1983 , und *Internationale Arbeitsgemeinschaft für theologische Bachforschung Bulletin*, Heidelberg 1988.

Neuen und bereitete überdies dem kundigen und erkennenden Hörer Genugtuung.[6]

Diese Sätze lassen an die Stelle alter Mißverständnisse bessere Einsicht treten; sie deuten zugleich auf die Aufgabe hin, die ich mir gestellt habe. Wenn Killy über zwei von ihm näher beleuchtete Libretti sagt, sie seien "durchtränkt mit Luthers Bibel," so war einmal systematisch zu untersuchen, ob und wieweit das auch für das Gesamt dieser Texte zutrifft. Das Ergebnis dieser Untersuchung lege ich in Gestalt dieses Handbuchs vor, das Forschung und Praxis dienen soll.

Vor einigen Hinweisen auf Quellen und Methodik meiner Arbeit sei ein Exkurs erlaubt. 1983, im Jahr nach Killys Vortrag, hat der Musikwissenschaftler Christoph Wolff einen "Versuch über die Eigenart der Bachschen Musik"[7] veröffentlicht. Er sagt dort unter anderem: Bachs Apologeten, dem Magister Birnbaum, waren Originalgenie, Individualität des Künstlers und Singularität des Werks dem Kunstbegriff nach noch unbekannt. Doch nahm er sie tastend vorweg, wenn er von den "sonderbaren Vollkommenheiten" Bachs sprach. Worin aber bestanden diese Vollkommenheiten? Gerade nicht, so Wolff, in voraussetzungsloser Neuschöpfung; vielmehr weithin in tiefgreifender variatio, "Veränderung vorgegebenen Materials im Sinne seiner weiteren Ausschöpfung." Das war "eine Arbeitsweise, die sich eher als *elaboratio*, kaum jedoch als *creatio* verstand"; der Bach seine "offensichtlich phänomenale Kombinationsgabe" dienstbar machte; die ihn laut Birnbaum "geschickte fertigkeiten" entwickeln ließ, welche vor ihm so keiner besessen hatte und zu denen es doch, wie Bach meinte, "ein anderer auch bringen" mußte.

Erlernbare Fertigkeiten, Arbeit an und mit Vorgegebenem, Variieren und Kombinieren, Neuschöpfung durch Ausschöpfung–

---

[6] Walter Killy, "Über Bachs Kantatentexte," *Musik und Kirche* 52 (1982), 271-281.

[7] Christoph Wolff, "'Die sonderbaren Vollkommenheiten des Herrn Hofcompositeurs': Versuch über die Eigenart der Bachschen Musik," *Bachiana et alia Musicologica: Festschrift Alfred Dürr zum 65. Geburtstag am 3. März 1983,* hrsg. Wolfgang Rehm (Kassel: Bärenreiter 1983), 356-362.

die Sprach- und die Sachparallelen zwischen dem, was Killy über
die Texte, und dem, was Wolff über die Musik sagt, reichen
erstaunlich weit. Ich wollte sie dem Leser nicht vorenthalten, helfen
sie doch zu verstehen, weshalb der so Komponierende mit dem so
Gedichteten etwas anzufangen wußte.

II

Meine Untersuchung beschränkt sich auf die deutschsprachigen
Texte der uns erhaltenen Kirchenkantaten, berücksichtigt also
weitere Bachsche Werke nicht.[8] Im Blick auf die Textgestalt ist sie
orientiert an dem 1974 von Werner Neumann herausgegebenen,
oben schon angeführten Band *Sämtliche von Johann Sebastian
Bach vertonte Texte.* Auch auf dessen Faksimile-Teil beziehe ich
mich in Anmerkungen, soweit dies erforderlich scheint.

Welcher Bibeltext sollte der Arbeit zugrunde gelegt werden?
Diese Frage war nicht leicht zu entscheiden. Der Text der letzten
zu Luthers Lebzeiten erschienenen Wittenberger Ausgabe von
1545 war ja nicht sakrosankt. Luther selber und seine gelehrten
Helfer arbeiteten weiter am Römerbrief und an beiden Korin-
therbriefen; die Änderungen wurden in die postum erschienene
Ausgabe von 1546 aufgenommen. Solche Revisionsarbeit setzte
sich nach Luthers Tod fort. Nur wissen wir nicht, ob ein Kantaten-
librettist im beginnenden 18. Jahrhundert einen revidierten Text
vorliegen hatte—und wenn ja, welchen. Fragen wie diese sind—so
sagten mir Experten—ganz ungeklärt. Bei solchem Stand der Dinge
habe ich mich entschlossen, einen unrevidierten Text zugrunde zu
legen. Ich danke Frau Dr. Elke Axmacher sehr, daß sie mir lang-
fristig ihr Exemplar der Dilherr-Bibel zur Verfügung gestellt hat.
Diese Nürnberger Ausgabe, 1656 mit einer Vorrede des Professors
und Predigers an St. Sebald Johann Michael Dilherr erschienen,

---

[8] Die mit dem Titel *Oratorium* bezeichneten Werke (BWV 11, 248, 249) sind
deshalb nicht einbezogen werden, obwohl sie im wesentlichen der Kantatenform
entsprechen.

1755 unverändert nachgedruckt, folgt mit größter Genauigkeit, auch in den Glossen, der Wittenberger Ausgabe von 1545. (Die Änderungen von 1546 sind, soweit ich sehe, nur ausnahmsweise berücksichtigt). Lediglich Orthographie und Zeichensetzung sind gegenüber der Vorlage "gebessert."

Nach diesem Text von 1656/1755 also zitiere ich, behalte jedoch die heute übliche Kapitel- und Verszählung bei, damit der Leser sich orientieren kann. Dieser wird manches vermissen. So vermutet er hinter den Kantatensätzen 104/4, 177/3 und 194/12 Jer 15,16 "Dein Wort ward meine Speise"; aber 1755 ist die Stelle wie 1545 übersetzt "Indeß enthalte uns dein Wort." Das "Lösegeld" (174/3) fehlt in Jes 43,3 ebenso wie das "überführte Gewissen" (168/4) in Jh 8,9. Das sind wenige Beispiele für viele, die auf das noch ungelöste Problem hinweisen, wann und wo welche Revision wirksam wurde.

Einige Bemerkungen zur Methodik. Leitend ist die Fragestellung: Wo kommt in diesen Libretti die Lutherbibel zu Wort? Wie geschieht das, und in welchem Ausmaß? Hier interessiert alles:

- Das für sich stehende, wörtliche Zitat;
- Das in Kontext einfließende, oft modifizierte Zitat;
- Die als solche deutlich oder weniger deutlich erkennbare Anspielung;
- Die charakteristische Wortverbindung, Wendung, Sprachform, Variante;
- Schließlich auch das Einzelwort, sofern es biblisch selten ist, als besonders bedeutsam erscheint oder in Bezug zum Tagesproprium, zu Epistel (EP) oder Evangelium (EV) steht.

Es geht in der Untersuchung also um das spezielle Zitat, die gezielte Allusion, darüber hinaus aber um "die allgemeine Orientierung an biblischer Sprache und Begriffsbildung" (Alfred Dürr[9]). Erst so wird das breite Fundament sichtbar, das die Kantatentexte in der Lutherbibel haben—der Niederschlag gleichsam einer bib-

---

[9] *Kritischer Bericht zur Neuen Bach-Ausgabe* I/9 (Kassel: Bärenreiter 1986), 52.

lischen Sprachlehre, die die Autoren damals allesamt durchlaufen hatten.

Meine Untersuchung bezieht die Choräle mit ein. Viele von ihnen—nicht alle—sind schon Traditionsgut, als die Libretti entstehen. Gerade dies forderte die Frage nach ihrer biblischen Substanz heraus. Erst die Berücksichtigung der Choräle macht auch das dichte Geflecht von Stichwortbezügen sichtbar, das oft die Texte als ganze durchzieht.

Das Register enthält alle im Text ausgeschriebenen Bibelstellen, nicht aber die, auf die zum Vergleich verwiesen wird, und auch nicht die in den Anmerkungen angeführten. Wörtliches Zitat ist im Register durch ** gekennzeichnet; abgewandeltes Zitat und Allusion durch *. Die Entscheidung, ob ein Autor bewußt anspielt oder ob ihm die biblische Wendung in die Feder fließt, ist freilich oft ins Ermessen gestellt.

Verzeichnisse der Kantatentitel in alphabetischer Ordnung sowie der BWV-Nummern, die ein rasches Nachschlagen ermöglichen, stehen am Ende des Handbuchs.

Eine Arbeit wie die von mir unternommene kann Vollständigkeit nicht erreichen; sie wird stets ergänzungs- (und korrektur-) bedürftig sein. Auf der anderen Seite stellt sie eine Fülle von Material bereit. Allein diese kann einen Eindruck vermitteln von den vielfältigen und vielschichtigen Möglichkeiten der Assoziation, die der bibelkundige Leser, der Hörer und nicht zuletzt der Komponist Bach angesichts dieser Texte hatte.

III

Eine Reihe von Beobachtungen mag die Einleitung beschließen. Ich beginne mit solchen zum Propriumsbezug der Texte.

In der ganz überwiegenden Zahl der Libretti ist ein Wortbezug zum Evangelium des Tages gegeben. Das kann nicht verwundern; war es doch die Aufgabe der Predigt, Jahr für Jahr das verlesene alte Evangelium neu auszulegen, und die Aufgabe der Kirchen-

musik, an solcher Auslegung mit ihren Möglichkeiten teilzu-
nehmen. Wie aber die uns erhaltenen Predigten der Zeit um 1700
die ganze Bandbreite solcher Auslegung zeigen, so auch die Libretti. Zumal in Choralkantaten ist festzustellen, daß zwar das
Evangelium Stichworte gibt, im übrigen aber der Kantatentext sich
von der Lesung entfernen, gelegentlich sogar ihrem Gefälle entge-
genlaufen kann. Dafür ein Beispiel: Kantate 26 "Ach wie flüchtig,
ach wie nichtig" hat mit dem Evangelium die Stichworte "Tod"
und "Leben" gemeinsam. Während aber das Evangelium Mt 9 mit
einer Totenerweckung schließt, hält die Kantate bis zum Schluß ihr
Memento mori durch.

Unerwartet häufig klingen in den Texten—mindestens im Stich-
wort–auch die Episteln an. Zwei Beispiele: In Kantate 75 "Die
Elenden sollen essen" wirkt 1 Jh 4 "Wer in der Liebe bleibt..." in
Satz 11 "Wer nur in Jesu bleibt..." hinein. Kantate 76 "Die Himmel
erzählen" ist im ersten Teil ganz durch das Evangelium, im zweiten
Teil ganz durch die Epistel geprägt.

Gelegentlich werden Evangeliums- und Epistelbezug nahe zu-
sammengerückt. Der Text von Kantate 21 "Ich hatte viel Bekümmernis" etwa läßt zunächst zu beiden Lesungen keinen Bezug
erkennen. In Satz 8 heißt es dann aber "Ich bin verloren"—
vergleiche das Evangelium Lk 15 vom Verlorenen—gleich darauf
"Entweichet, ihr Sorgen"—vergleiche die Epistel 1 Pt 5 "Alle eure
Sorge werfet auf Ihn."

Im Einzelfall kann der Wortlaut des Librettos bei sonst strittiger
Propriumszuordnung helfen. So ist für Kantate 133 "Ich freue mich
in dir" die Frage, ob sie dem Proprium des 3. Weihnachtstages
oder dem des Gedenktages des Apostels Johannes zuzuordnen sei,
gerade deshalb nicht leicht zu beantworten, weil zu allen vier
Lesungen Bezüge zu zeigen sind. Wenn es aber in Satz 5 heißt
"Wer Jesum recht erkennt, / der stirbt nicht, wenn er stirbt," so ist
der Anklang an Jh 21 "Dieser Jünger stirbt nicht" so deutlich, daß
mir von daher die Zuordnung zum Apostelgedenktag gerecht-
fertigt erscheint.

Schließlich fällt der Propriumsbezug vieler Choräle ins Auge.
Auch er sei mit einigen Beispielen angedeutet. Der Anfang der
Choralkantate 123 "Liebster Immanuel, Herzog der Frommen"

nimmt das Evangelium aus Mt 2 auf: "Aus dir soll Mir kommen der Herzog." In Kantate 59 "Wer mich liebet" stellt der Choral "Komm, heiliger Geist" den Bezug zur Epistel, der Pfingstgeschichte, her. Der Choral "Nun komm, der Heiden Heiland" in den drei Kantaten 61, 62 und 36 knüpft im Stichwort "komm" sowohl an das Evangelium als auch an die Epistel des 1. Advents an.

Ich bin damit bereits zu Beobachtungen an den Chorälen übergegangen. Hier ist eine interessante Frage: Wie geht Luther, wenn er Lieder schreibt, mit "seinem" Bibeltext um? Sieht man die Lieder durch, dann kann die Antwort nur lauten: Er tut es mit Souveränität. "Wär Gott nicht mit uns" etwa schließt sich denkbar eng an den zugrundeliegenden Psalm 124 an. "Ein feste Burg" dagegen geht weit über Psalm 46 hinaus und in die Soteriologie hinein. Aber auch solche Ausweitung geschieht in biblischer Sprache. Die erste Strophe des Nunc-dimittis-Liedes "Mit Fried und Freud ich fahr dahin" (125/1) zeigt, wie Luther dichtend erweitert und auslegt mit Worten "seiner" Bibel. So gut wie alles hat er sich selbst sprachlich vorgegeben: die kleine Änderung "mit Fried" statt "im Frieden," die gewichtige Erweiterung "Fried und Freud," etc. Das entstandene Neue aber, die Liedstrophe, ist nicht Stückwerk, sondern Dichtung aus einem Guß.

Die Lieddichter seiner Kirche sind Luther gefolgt. Die biblische Substanz der Lieder ist oft von erstaunlicher Dichte; in den Kantatentexten überbietet sie manchmal noch die Rezitative. Werden aktuelle Dichtung und Choral ineinandergearbeitet, so erweist sich jene Fähigkeit des Variierens und Kombinierens, von der oben die Rede war, in hohem Maße; man vergleiche als ein Beispiel von vielen Arie und Choral "Dich hab ich je und je geliebet" (49/6), in der Bibel-, Choral- und Librettistenwort eine besonders dichte Verbindung eingehen.

Beobachtungen am sprachlichen Detail zeigen die für uns kaum nachvollziehbare Vertrautheit der Textdichter mit der Lutherbibel. Biblische Redeformen wie Frage, Anrede, Ausruf, Dialog sind in den Kantatentexten beibehalten. So heißt es in 110/4: "Ach Herr, was ist ein Menschenkind, / daß du sein Heil so schmerzlich suchest?" Dahinter steht der fragende Ausruf aus Ps 8: "Was ist...

des Menschen Kind, daß Du Dich sein annimmest?" In 21/8 stehen
Seele und Jesus im Dialog: "Komm, mein Jesu–Ja, ich komme."
Das ist Beibehaltung des Dialogs in Off 22: "Ja, Ich komme bald,
Amen! Ja, komm, HErr JEsu!"
Bibelworte fließen in den Texten häufig ineinander; zum Bei-
spiel in 140/2: "Der Bräutgam kommt!.... Sein Ausgang eilet aus
der Höhe." Dahinter steht einmal Lk 1,78 "...die herzliche Barm-
herzigkeit unseres GOttes, durch welche uns besucht hat der
Aufgang aus der Höhe." Zum andern klingt Mi 5,1 an: "Aus dir
soll mir der kommen, der in Israel HErr sey, welches Ausgang von
Anfang und von Ewigkeit her gewesen ist." Drittens ist das Evangelium Mt 25,6 wörtlich zitiert: "Siehe, der Bräutigam kommt." Der
Hintergrund der wenigen Textworte ist also recht komplex.
    Scheinbar unzutreffende Lesarten im Text werden durch Bibel-
wort abgedeckt. So ist in 46/2 die Stadt Jerusalem angeredet: "O
besser! wärest du in Grund verstört, / als daß man Christi Feind
jetzt in dir lästern hört." Neumann schlägt vor, "verstört" durch
"zerstört" zu ersetzen. Doch würde dies verdecken, daß die Wort-
wahl sich offenbar auf Dan 9,26 bezieht: "Ein Volk des Fürsten
wird kommen und die Stadt ... verstören."
    Hier weitere Beobachtungen in Aufzählung und mit nur kurzem
Verweis auf Beispiele:

• Manche Kantatensätze sind geprägt durch ein einziges biblisches
  Buch (49/2).
• Die Sprache einiger biblischer Bücher gewinnt besondere Bedeu-
  tung (Ps, Jes, Jh, Off).
• Einige Stellen klingen besonders häufig an (1 Mo 32, 27).
• Auf der anderen Seite werden ganz "entlegene" Stellen in den Tex-
  ten wirksam (3 Mo 26,19 in 186/7).
• Nur wenige Sätze sind ohne biblischen Anklang (95/4 und 5).
• Ein Bibelwort kann in die umliegenden Sätze ausstrahlen (Rö 2,4f.
  in 102/3 bis 6).
• Aufzählungen zeigen, wie reich die Bibel den Librettisten Sprach-
  material gibt (197a/5; 122,5).
• Barocke Dichtung liebt Komposita wie "Glaubenbahn" und "Sün-
  denstein" (132/2), "Sündenschlaf" und "Gnadenzeit" (30/5). Wenige wie "Freudenopfer" (120a/7) oder "Freudenöl" (112/4) ste-

hen auch in der Bibel; viele sind ihren Bestandteilen nach dennoch biblisch zu erschließen.

• Spiritualisierung als Möglichkeit der Aktualisierung ist häufig in den Texten anzutreffen; selten aber so begründet wie die "Sündenwassersucht" (114/3) in Hi 15,16.

Zwei Beobachtungen noch, die mir als wichtig erscheinen, mit Exempeln!

Stichworte weisen auf biblische Geschichten hin. Helene Werthemann hat dies für das Alte Testament umfassend dargestellt[10]. Es trifft–über die Evangeliumsbezüge hinaus–auch für das Neue Testament zu. Als Beispiel nenne ich 55/4: "Ich will nicht für Gerichte stehn / und lieber vor dem Gnadenthron / zu meinem frommen Vater gehn." Hier verbindet sich Heb 4,16 "Lasset uns hinzutreten mit Freudigkeit zu dem Gnadenstuhl" mit Lk 15,18 "Ich will... zu meinem Vater gehen," also mit dem Wendepunkt in der Geschichte vom verlorenen Sohn. Ähnlich lassen in 38/5 die Stichworte eine neutestamentliche Rettungsgeschichte durchscheinen (Apg 12,6ff.).

Andere Stichworte zeigen in den unterschiedlichen Assoziationen, die sie ermöglichen, die Vielschichtigkeit der Texte. In der Palmsonntagskantate 182 etwa heißt es in Satz 6: "Jesu, laß durch Wohl und Weh / mich auch mit dir ziehen ... / Kron und Palmen find ich hier." Die Krone ist nach dem Zusammenhang gleichermaßen die Dornenkrone (Mt 27,29) und die Krone des Lebens (Off 2,10); die Palmen sind ebenso die des Einzugs, nach denen der Sonntag den Namen hat (Jh 12,12f.), wie die der großen Schar vor dem Stuhl des Lammes (Off 7,9). Leiden und Vollendung sind in diesen Worten verbunden.

Wie verhält es sich schließlich mit wörtlich zitiertem Bibelwort? Das Register zeigt, was der Text des Handbuchs belegt: die Kantaten enthalten erheblich mehr wörtliche Zitate, als in bisherigen Veröffentlichungen deutlich wird. Die alttestamentlichen Zitate überwiegen etwas. Ich zähle 62 Psalm-Zitate, 24 aus Jh, 17 aus

---

[10] Helene Werthemann, *Die Bedeutung der alttestamentlichen Historien in Johann Sebastian Bachs Kantaten* (Tübingen: J.C.B. Mohr, 1960).

Lk. (Die Zahlen der Zitate aus anderen biblischen Büchern sind einstellig).

Wörtliche Zitate stehen am Anfang, im Inneren und am Ende von Kantatentexten. Von den neutestamentlichen Zitaten am Kantatenanfang sind zwei Drittel konzentriert auf die Kirchenjahreszeit vom Ende der Vorfasten bis Pfingsten. Was der in sein Leiden gehende und der auferstandene Herr seiner Gemeinde zu sagen hat und was diese ihn fragt und bittet, das kommt im Wort des Evangeliums selbst zur Sprache. Im übrigen aber kann auch das Wort des Alten Testaments sagen, was christlich zu sagen ist. Dahinter steht letztlich die Überzeugung, daß Christus schon auf dem Weg des alttestamentlichen Gottesvolkes verborgen wirksam war. Uns mag diese Überzeugung sehr fern liegen; sie ist aber aus dem Neuen Testament geschöpft. Ich denke an das kühne Wort des Paulus von Christus als dem geistlichen Fels, von dem Israel in der Wüste trank und den etliche dort versuchten (1 Ko 10, 4.9); an das noch kühnere Wort im Hebräerbrief über Mose, der die Schmach Christi für größeren Reichtum als die Schätze Ägyptens achtete (Heb 11,26). Man muß die Tragweite solcher neutestamentlichen Sätze bedenken, wenn man den Gebrauch des Alten Testaments in den Texten verstehen will.

Bachs Kirchenkantaten erklingen heute weithin losgelöst von ihrem ursprünglichen "Sitz im Leben": von Gottesdienst und Detempore. Wo man sich aber um diesen Zusammenhang bemüht, da ist es erschwert durch geänderte Proprien und revidierten Bibeltext. Möge das Handbuch in dieser Situation seinen Dienst tun!

Ulrich Meyer

Abbreviations of Biblical Books
Abkürzungen der Biblischen Bücher

1 Mo	1 Mose	Genesis
2 Mo	2 Mose	Exodus
3 Mo	3 Mose	Leviticus
4 Mo	4 Mose	Numbers
5 Mo	5 Mose	Deuteronomy
Jos	Josua	Joshua
Ri	Richter	Judges
Rut	Rut	Ruth
1 Sm	1 Samuel	1 Samuel
2 Sm	2 Samuel	2 Samuel
1 Kö	1 Könige	1 Kings
2 Kö	2 Könige	2 Kings
1 Ch	1 Chronik	1 Chronicles
2 Ch	2 Chronik	2 Chronicles
Esr	Esra	Ezra
Neh	Nehemia	Nehemiah
Hi	Hiob	Job
Ps	Psalmen	Psalms
Spr	Sprüche	Proverbs
Pr	Prediger	Ecclesiastes
Hl	Hoheslied	Song of Solom.
Jes	Jesaja	Isaiah
Jer	Jeremia	Jeremiah
Klg	Klagelieder	Lamentations
Hes	Hesekiel	Ezekiel
Dan	Daniel	Daniel
Hos	Hosea	Hosea
Jo	Joel	Joel
Am	Amos	Amos
Jon	Jona	Jonah
Mi	Micha	Micah
Nah	Nahum	Nahum

Hab	Habakuk	Habakkuk
Zef	Zefanja	Zephaniah
Hag	Haggai	Haggai
Sa	Sacharja	Zechariah
Mal	Maleachi	Malachi
Tob	Tobias	Tobit
Jdt	Judit	Judith
Wsh	Weisheit	Wisdom
Sir	Sirach	Ecclesiasticus
GMn	Gebet Manasses	Pr. of Manasseh
Mt	Matthäus	Matthew
Mk	Markus	Mark
Lk	Lukas	Luke
Jh	Johannes	John
Apg	Apostelgeschichte	Acts
Rö	Römer	Romans
1 Ko	1 Korinther	1 Corinthians
2 Ko	2 Korinther	2 Corinthians
Gal	Galater	Galatians
Eph	Epheser	Ephesians
Phl	Philipper	Philippians
Kol	Kolosser	Colossians
1 Th	1 Thessalonicher	1 Thessalonians
2 Th	2 Thessalonicher	2 Thessalonians
1 Ti	1 Timotheus	1 Timothy
2 Ti	2 Timotheus	2 Timothy
Tit	Titus	Titus
Phm	Philemon	Philemon
1 Pt	1 Petrus	1 Peter
2 Pt	2 Petrus	2 Peter
1 Jh	1 Johannes	1 John
3 Jh	3 Johannes	3 John
Heb	Hebräer	Hebrews
Jak	Jakobus	James

Jud   Judas   Jude
Off   Offenbarung   Revelation

ADVENT

61 Nun komm, der Heiden Heiland I

1. Choral. Mt 21,5.9 (EV) "Sihe, dein König kom̲m̲t̲ zu dir ... Gelobet sey, der da kom̲m̲t̲ in dem Namen des HErrn!" (vgl. Sa 9,9; Ps 118,26) - Rö 13,12 (EP) "Die Nacht ist vergangen, der Tag aber herbey kom̲m̲e̲n̲" - Hag 2,7 "Da soll denn kom̲m̲e̲n̲ aller H̲e̲y̲d̲e̲n̲ Trost" - Lk 2,30.32 "Meine Augen haben deinen H̲e̲i̲l̲a̲n̲d̲ gesehen ... Ein Licht zu erleuchten die H̲e̲y̲d̲e̲n̲" - Jes 7,14 "Sihe, eine J̲u̲n̲g̲f̲r̲a̲u̲ ist schwanger, und wird einen Sohn g̲e̲b̲ä̲h̲r̲e̲n̲" (vgl. Mt 1,23) - Lk 2,18 "Und a̲l̲l̲e̲, vor die es kam, w̲u̲n̲d̲e̲r̲t̲e̲n̲ sich der Rede."

2. Rezitativ. Heb 2,14 "Nachdem nun die Kinder F̲l̲e̲i̲s̲c̲h̲ ̲u̲n̲d̲ ̲B̲l̲u̲t̲ haben, ist Ers gleicher massen theilhaftig worden" - Sir 3,21 "Der HERR ist der A̲l̲l̲e̲r̲h̲ö̲c̲h̲s̲t̲e̲, und t̲h̲u̲t̲ doch grosse Dinge durch die Demütigen" - Ps 126,3 "Der HERR h̲a̲t̲ Grosses a̲n̲ ̲u̲n̲s̲ ̲g̲e̲t̲h̲a̲n̲" - Mt 21,5 (EV, s.o.) - Jh 1,5 "Und das L̲i̲c̲h̲t̲ ̲s̲c̲h̲e̲i̲n̲e̲t̲ in der Finsternis" (vgl. 1 Jh 2,8).

3. Arie. Off 22,20 "A̲m̲e̲n̲! Ja, k̲o̲m̲m̲, HErr J̲E̲S̲u̲!" (vgl. Satz 6) - Mt 21,5 (EV, s.o.) - Ps 115,1 "Nicht uns, HErr, nicht uns, sondern d̲e̲i̲n̲e̲m̲ Namen gib E̲h̲r̲e̲."

4. Rezitativ. = Off 3,20 - Vgl. Lk 12,36 "... auf daß, wenn er kommt und a̲n̲k̲l̲o̲p̲f̲e̲t̲, sie ihm bald a̲u̲f̲t̲h̲u̲n̲."

5. Arie. Mt 21,10 "Und als Er zu Jerusalem e̲i̲n̲z̲o̲g̲, erregte sich die ganze Stadt" - Mt 21,5 (EV, s.o.) - Pr 12,7 "Denn der S̲t̲a̲u̲b̲ muß wieder zur E̲r̲d̲e̲n̲ kommen" - Ps 22,25 "Denn Er hat n̲i̲c̲h̲t̲ verachtet noch v̲e̲r̲s̲c̲h̲m̲ä̲h̲e̲t̲ das Elend des Armen" - Jh 14,23 "Wir werden zu Ihm k̲o̲m̲m̲e̲n̲ und W̲o̲h̲n̲u̲n̲g̲ bey Ihm machen" Off 19,9 "S̲e̲l̲i̲g̲ sind, die zum A̲b̲e̲n̲d̲m̲a̲l̲ des Lamms berufen sind!" (vgl. Satz 4).

6. Choral. Off 22,20 (s.o.) - Hes 16,12 "(Ich) gab dir ... eine s̲c̲h̲ö̲n̲e̲ K̲r̲o̲n̲ auf dein Haupt" - 1 Th 2,19 "Wer ist unsere Hofnung oder F̲r̲e̲u̲d̲ oder K̲r̲o̲n̲ des Ruhms?" (vgl. Phl 4,1) - Ps 119,81 "Meine Seele v̲e̲r̲l̲a̲n̲g̲e̲t̲ nach deinem Heil."

Anm. Neumeister schreibt in Satz 5 "Bin ich gleich nur Asch und Erde" - Vgl. 1 Mo 18,27 "... wiewol ich E̲r̲d̲ und A̲s̲c̲h̲e̲ bin."

62 Nun komm, der Heiden Heiland II
1. Choral. Siehe 61/1.

2. Arie. Eph 5,32 "Das Geheimnis ist groß" - 1 Ti 3,16 "Kündlich groß
ist das gottselige Geheimnis, GOtt ist offenbaret im Fleisch" (vgl. Satz 4) -
Sir 1,7f. "Einer ists, der Allerhöchste ..., der auf seinem Thron sitzet, ein
herrschender GOTT" (vgl. Satz 3) - Jes 45,3 "(Ich) will dir geben die
heimliche Schätze" - Kol 2,2f. "... zu erkennen das Geheimnis ... Christi,
in welchem verborgen ligen alle Schätze der Weisheit und der Erkänntnis"
- Off 2,17 "Wer überwindet, dem will Ich zu essen geben von dem
verborgenen Manna."
3. Rezitativ. Jh 1,14 "Das Wort ward Fleisch, und wohnte unter uns,
und wir sahen seine Herrlichkeit ... als des eingebornen Sohns vom Vater"
(vgl. Satz 4) - 1 Mo 49,9f. "Juda ist ein junger Löw, du bist hoch kommen,
mein Sohn, durch grosse Siege... Es wird das Scepter von Juda nicht
entwendet werden,... bis daß der Held komme" (vgl. Satz 4) - Ps 19,6
"(Die Sonne) gehet heraus ... und freuet sich wie ein Held,zu laufen den
Weg" - Off 5,9 "Du bist erwürgt, und hast uns erkauft mit deinem Blut"
(vgl. 1 Ko 6,20) - Jes 9, 1.5 "Das Volk, so im Finstern wandelt, sihet ein
grosses Licht, und über die da wohnen im finstern Land, scheinet es hell
... Ein Sohn ist uns gegeben ... und Er heisset Wunderbar, Rath, Kraft,
Held" (vgl. die Sätze 4 und 5).
4. Arie. 1 Ti 3,16 (s.o.) - Jh 1,14 (s.o.) - 1 Mo 49,9f. (s.o.) - Jes 9,5
(s.o.) - Ri 6,12 "Der HERR mit dir, du streitbarer Held!" - Jer 20,11 "Der
HErr ist bey mir, wie ein starker Held" - 2 Ko 12,9f. "Darum will ich mich
am allerliebsten rühmen meiner Schwachheit, auf daß die Kraft Christi
bey mir wohne ... Denn wenn ich schwach bin, so bin ich stark" (vgl. Rö.
5,6; Heb 4,15) - 1 Ti 1,12 "Ich danke unserm HErrn Christo JEsu, der
mich stark gemacht ... hat."
5. Rezitativ. Lk 2,16 "Und sie kamen eilend, und funden ... das Kind
in der Krippen ligen" - Ps 63,4 "Meine Lippen preisen Dich" - Jes 9,1
(s.o.) - Ps 36,10 "In deinem Licht sehen wir das Licht."
6. Choral. Off 7,12 "Lob ... sey unserm GOTT, von Ewigkeit zu
Ewigkeit" - Mt 21,9 (EV) "Gelobet sey, der da kommt" - Ps 145,1 "Ich will
... deinen Namen loben immer und ewiglich."

36 Schwingt freudig euch empor
1. Chor. Mt 21,5 (EV) "Saget der Tochter Zion, sihe, dein König
kommt zu dir sanftmütig" (vgl. die Sätze 3 und 4) - Sa 2,14 "Freue dich
und sey frölich, du Tochter Zion: denn sihe, Ich komme, und will bey dir
wohnen, spricht der HErr" - Rö 13,11 (EP) "... sintemal unser Heil jetzt

näher ist" - Phl 4,5 "Der HErr ist nah!" " (vgl. Jak 5,8) - Jak 4,8 "Nahet euch zu GOtt, so nahet Er Sich zu euch" - 1 Ko 2,8 "... hätten sie den HERRN der Herrlichkeit nicht gecreutzigt" (vgl. Jak 2,1).

2. Choral. (Duett). Siehe 61/1.

3. Arie. Mt 21,5 (EV, s.o.) - Jer 31,3 "Ich habe dich je und je geliebt, darum hab Ich dich zu Mir gezogen aus lauter Güte" - Jes 62,5 "Wie sich ein Bräutigam freuet über der Braut, so wird sich dein GOtt über dir freuen" (vgl. Satz 4) - Mt 27,55 "Es waren viel Weiber da, ... die da JEsu waren nachgefolgt."

4. Choral. Ps 66,8 "Lasset seinen Ruhm weit erschallen" - Jes 62,5 (s.o.) - Hl. 1,16 "Mein Freund, du bist schön" - Ps 106,1 "Danket dem HErrn" - Mt 21,5 (EV, s.o.) - Ps 95,3 "Der HERR ist... ein grosser König" - Ps 24,7 "... daß der König der Ehren einziehe" (vgl. V. 8-10).

5. Arie. Mt 5,8 "Selig sind, die reines Herzens sind" (vgl. Ps 51, 12; Spr 20,9) - Mt 21,10 "Und als Er zu Jerusalem einzog, erregte sich die ganze Stadt."

6. Choral. Phl 2,6 "Ob Er wol in Göttlicher Gestalt war, hielt Ers nicht für einen Raub GOTT gleich seyn" - Jes 28,29 "... und führet es herrlich hinaus" - 1 Ti 3,16 "GOtt ist offenbaret im Fleisch" - Dan 7,14 "Seine Gewalt ist ewig" - Mt 28,18 "Mir ist gegeben alle Gewalt."

7. Arie. 1 Th 5,19 "Den Geist dämpfet nicht!" - Rö 8,26 "Der Geist hilft unserer Schwachheit auf" - Heb 1,3 "... hat Er Sich gesetzt zu der Rechten der Majestät in der Höhe" - Gal 4,6 "Weil ihr denn Kinder seyd, hat GOTT gesandt den Geist seines Sohns in eure Herzen, der schreyet: Abba, lieber Vater!" - 2 Mo 3,7 "Und der HErr sprach: Ich ... hab ihr Geschrey gehört."

8. Choral. Siehe 62/6.

ADVENT 4

EP Phl 4,4-7
EV Jh 1,19-28

VIERTER ADVENTSSONNTAG

132 Bereitet die Wege, bereitet die Bahn!

1. Arie. Jes 40,3f. "Bereitet dem HERRN den Weg, machet auf dem Gefild eine ebene Bahn unserm GOTT. Alle Thal sollen erhöht werden, und alle Berge und Hügel sollen genidrigt werden, und was ungleich ist, soll eben ... werden" (vgl. Satz 2) - Jh 1,23 (EV) "Richtet den Weg des HERRN, wie der Prophet Jesajas gesagt hat" - Jh 4,25 "Ich weiß, daß Messias kommt."

2. Rezitativ. Mt 5,9 "Selig sind die Friedfertigen, denn sie werden

GOttes Kinder heissen" - Rö 10,9 "So du mit deinem Munde bekennest
JEsum, daß Er der HERR sey, und glaubest in deinem Herzen, daß Ihn
GOTT von den Todten auferwecket hat, so wirst du selig" - Jh 1,19f. (EV,
s.u.) - Eph 1,13 "... durch welchen ihr auch, da ihr glaubtet, versigelt
worden seyd mit dem Heiligen Geist" (vgl. 2 Ko 1,22) - 1 Pt 5,4 "So
werdet ihr ... die unverwelkliche Kron der Ehren empfahen" - Jes 40,3f.
(s.o.) - Mk 16,4 "Sie ... wurden gewahr, daß der Stein abgewälzt war" - Kol
2,6 "Wie ihr nun angenommen habt den HErrn Christum JEsum, so
wandelt in Ihm."
3. Arie. Jh 1,19f. (EV) "Diß ist das Zeugnis Johannis, da ... sie ihn
fragten: Wer bist du? ... Er bekannte: Ich bin nicht Christus" (vgl. Satz 2) -
Rö 2,15 "(Die Heyden) beweisen: Des Gesetzes Werk sey beschrieben in
ihrem Herzen, sintemal ihr Gewissen sie bezeuget" - Eph 2,3 "(Wir) waren
auch Kinder des Zorns."
4. Rezitativ. Ps 32,5 "Darum bekenne ich Dir meine Sünde" - Mt 15,8
"Diß Volk nahet sich zu Mir mit seinem Mund, und ehret Mich mit
seinen Lippen, aber ihr Herz ist fern von Mir" (vgl. Jes 29,13) - 1 Ti 3,7 "
Er muß aber auch ein gut Zeugnis haben" - Eph 5,25f. "Christus ... hat die
Gemeinde ... gereiniget durch das Wasserbad im Wort" - Tit 3,5 "...
durch das Bad der Wiedergeburt und Erneuerung des Heiligen Geistes" -
Jh 3,5 "Es sey denn, daß jemand geboren werde aus dem Wasser und
Geist..." - Ps 51,4 "Wasche mich wol von meiner Missethat, und reinige
mich von meiner Sünde" - Jh 1,26 (EV) "Ich taufe mit Wasser" - Lk 17,4
"Es reuet mich - Dan 9,4 "GOtt! der Du Bund und Gnade hältest ..."
5. Arie. 1 Ko 6,15 "Wisset ihr nicht, daß eure Leiber Christi Glieder
sind?" - Ehp 5,25f. (s.o.) - 1 Jh 5,6 "Dieser ists, der da kommt mit Wasser
und Blut, JEsus Christus" - Off 7,13f. "Wer sind diese mit weissen Kleidern
angethan? ... Diese ... haben ihre Kleider helle gemacht im Blut des
Lamms" - Off 18,12 "Seiden und Purpur ..."
6. Choral. Rö 6,4 "So sind wir je mit Ihm begraben durch die Taufe
in den Tod, auf daß, gleichwie Christus ist auferwecket ..., also sollen
wir auch in einem neuen Leben wandeln" (vgl. Satz 5) - Kol 3,9f. "Ziehet
den alten Menschen mit seinen Werken aus, und ziehet den neuen an"
(vgl. Eph 4,22ff.) - Jes 26,9 "Von Herzen begehre ich Dein."

CHRISTMAS
WEIHNACHTEN

CHRISTMAS DAY
EP I   Tit 2,11-14
EP II Jes 9,1-6
EV   Lk 2,1-14

ERSTER WEIHNACHTSTAG

63 Christen, ätzet diesen Tag

1. Chor Lk 2,16 "Und sie <u>kamen eilend</u>, und funden ... das Kind in der <u>Krippen</u> ligen" (vgl. Satz 2) - Tit 2,11 (EP I) "Es ist <u>erschienen</u> die heilsame <u>Gnade</u> GOttes allen Menschen."

2. Rezitativ. Lk 2,8.10f. (EV) "Es waren <u>Hirten</u> in derselbigen Gegend ... Und der Engel sprach zu ihnen: ... Ich verkündige euch grosse <u>Freude</u>, die allem <u>Volk</u> widerfahren wird. Denn euch ist <u>heut</u> der Heiland geboren" (vgl. die Sätze 3 bis 5) - 1 Mo 49,9f. "Juda ist ein junger <u>Löw</u> ... Es wird das Scepter von Juda nicht entwendet werden ..., bis daß der Held (hebr. <u>Schilo</u>) komme" (vgl. Satz 4) - 1 Mo 3,14f. "Da sprach <u>GOtt</u> der HErr zu der Schlangen: ... Ich will Feindschafft setzen zwischen dir und dem Weibe, und zwischen deinem Samen und ihrem Samen! Derselbe soll dir den Kopf zertreten, und du wirst Ihn in die Fersen stechen" - Off 12,9 "... die alte Schlang, die da heisset der Teufel und <u>Satanas</u>" - Rö 16,20 "Der GOtt des Friedens zertrete den <u>Satan</u> unter eure Füsse" - Jes 61,1 "Er hat mich gesandt ... zu predigen den <u>Gefangenen</u> eine Erledigung" - Tob 4,22 "<u>Wir sind</u> wol <u>arm</u>" - Ps 53,4 "Sie sind alle <u>abgefallen</u>" - Jes 9,1.5 (EP II) "Das <u>Volk</u>, so im Finstern wandelt, sihet ein grosses Licht ... Denn uns ist ein <u>Kind</u> geboren" - Lk 2,16 (EV, s.o.) - Hos 12,3 "Darum wird der HERR... ihm vergelten nach seinem <u>Verdienst</u>" - Phl 2,6f. "(JEsus Christus,) ob er wol in <u>Göttlicher</u> Gestalt war ..., ward gleich wie ein anderer <u>Mensch</u>" - Ps 147,5 "... und ist <u>unbegreiflich</u>, wie Er regieret."

3. Arie. (Duett). Lk 2,10 (EV, s.o.) - Ps 2,12 "Wol allen, die <u>auf Ihn</u> trauen!"

4. Rezitativ. Lk 2,10 (EV, s.o.) - 1 Mo 49,9 (s.o.) - Ps 7,13 "... so hat Er sein <u>Schwert gewetzt</u>, und <u>seinen Bogen gespannt</u>."

5. Arie. (Duett). Lk 2,10 (EV, s.o.) - Jer 31,13 "Alsdenn werden die Jungfrauen frölich am Reigen seyn ... Denn Ich will ... sie erfreuen."
6. Rezitativ. Sir 50,24 "Nun danket alle GOtt, der grosse Dinge thut" - Ps 103,2.5 "Vergiß nicht, was Er dir Gutes gethan hat... Der deinen Mund frölich machet."
7. Chor. 1 Mo 4,4 "Der HErr sahe gnädiglich an Habel und sein Opfer" - Rö 16,20 (s.o.).

91 Gelobet seist du, Jesu Christ

1. Choral. Ps 118,26 "Gelobet sey, der da kommt" - Lk 2,11.13 (EV) "Euch ist heut der Heiland geboren, welcher ist Christus der HERR ... Und alsbald war da bey dem Engel die Menge der himmlischen Heerschaaren, die lobten GOTT" - Phl 2,7 "(JEsusChristus) ward gleich wie ein anderer Mensch" - Jes 7,14 "Eine Jungfrau ... wird einen Sohn gebähren" - 1 Ti 1,15 "Das ist je gewißlich wahr" - Lk 15,10 "Also ... wird Freude seyn vor den Engeln GOttes".
2. Rezitativ und Choral. Heb 1,3 "(Der Sohn) ist der Glanz seiner Herrlichkeit, und das Ebenbild seines Wesens" - Tit 2,13 (EP I) "... die selige Hofnung und Erscheinung der Herrlichkeit des grossen GOttes" - Gal 4,2.4f. "... bis auf die bestimmte Zeit vom Vater ... Da aber die Zeit erfüllet ward, sandte GOTT seinen Sohn, geboren von einem Weib ..., daß wir die Kindschaft empfiengen" (vgl. Satz 1 und Satz 3) - Jes 9,5 (EP II) "Uns ist ein Kind geboren ... Ewig Vater" - Jes 60,19 "Der HERR wird dein ewiges Licht ... seyn" - Lk 2,12 (EV) "Ihr werdet finden das Kind ... in einer Krippen ligen" - Heb 2,14 "Nachdem nun die Kinder Fleisch und Blut haben, ist Ers gleicher massen theilhaftig worden" - Rö 8,3 "GOtt ... sandte seinen Sohn in der Gestalt des sündlichen Fleisches, und verdammte die Sünde im Fleisch."
3. Arie. Jes 40,22 "Er sitzet über dem Kreiß der Erden" - Lk 2,12 (EV, s.o.) - Jes 60,19 (s.o.) - Jh 12,36 "Glaubet an das Licht, ... auf daß ihr des Lichtes Kinder seyd" (vgl. Eph 5,9; Lk 16,8).
4. Rezitativ. Kol 1,16 "Durch Ihn ist alles geschaffen" - Mt 25,35 "Ich bin ein Gast gewesen" - Sa 9,9 "Dein König kommt zu dir" - Ps 84,7 "Die durch das Jammerthal gehen ..."
5. Arie (Duett). 2 Ko 8,9 "Ob Er gleich reich ist, ward Er doch arm um euret willen, auf daß ihr durch seine Armut reich würdet" - Mt 19,21 "Verkaufe, was du hast, und gibs den Armen; so wirst du einen Schatz im Himmel haben" - Phl 2,7 (s.o.) - Lk 2,13 (EV, s.o.) - Heb 12,22 "Ihr seyd kommen ... zu der Menge vieler tausend Engel".

6. Choral. 1 Jh 3,1 "Sehet, welch eine Liebe hat uns der Vater erzeigt" - Lk 2,10 (EV) "Ich verkündige euch grosse Freude, die allem Volk widerfahren wird."

110 Unser Mund sei voll Lachens

1. Chor. Ps 126,2f. "Denn wird unser Mund voll Lachens, und unsere Zunge voll Rühmens seyn ... Der HERR hat Grosses an uns gethan."

2. Arie. Heb 4,12 "... ein Richter der Gedanken und Sinnen des Herzens" - Ps 126,3 (s.o.) - Phl 2,7 "... ward gleich wie ein anderer Mensch" - Mt 5,45 "... auf daß ihr Kinder seyd eures Vaters im Himmel."

3. Rezitativ. = Jer 10,6.

4. Arie. Ps 8,5 "Was ist ... des Menschen Kind, daß Du Dich sein annimmest?" - Lk 2,48 "Dein Vater und ich, haben dich mit Schmerzen gesucht" - Ps 22,7 "Ich aber bin ein Wurm, und kein Mensch" - Mt 25,41 "Gehet hin von Mir, ihr Verfluchten, in das ewige Feuer, das bereitet ist dem Teufel" - Off 21,7 "Wer überwindet, der wird alles ererben, ... und er wird mein Sohn seyn" (vgl. Rö. 8,17; Gal 4,7; Tit 3,7).

5. Arie (Duett). = Lk 2,14 (EV).

6. Arie. 1 Ko 12,26 "So ein Glied wird herrlich gehalten, so freyen sich alle Glieder mit" - Rö 14,18 "Wer darinnen Christo dienet, der ist GOtt gefällig" - Lk 2,13 (EV) "Die Menge der himmlischen Heerschaaren ... lobten GOTT."

7. Choral. 2 Ko 1,3 "Gelobet sey GOTT" - Ps 36,2 "Es ist von Grund meines Herzens ... gesprochen" - Lk 2,10f. (EV) "Ich verkündige euch grosse Freude ... Denn euch ist heut der Heiland geboren."

197a Ehre sei Gott in der Höhe

1. Chor. = Lk 2,14 (EV).

2. Arie. Ps 19,2 "Die Himmel erzehlen die Ehre GOttes, und die Veste verkündiget seiner Hände Werk" (vgl. Lk 2,14 EV; s. Satz 1) - Hos 4,1 "Es ist keine Treue, keine Liebe ... im Land" - Jh 3,16 "Also hat GOtt die Welt geliebet, daß Er seinen eingebornen Sohn gab, auf daß alle, die an ihn glauben, nicht verloren werden, sondern das ewige Leben haben" (vgl. Satz 3).

3. Rezitativ. Mk 14,61 "Bist du Christus, der Sohn des Hochgelobten?" - Phl 2,7 "(JEsus Christus) nahm Knechts-Gestalt an, ward ... an Geberden als ein Mensch erfunden" - Lk 2,7 (EV) "Sie gebar ihren ersten Sohn, ... und legte Ihn in eine Krippe" (vgl. Satz 4) - Sa 9,9 "Dein König kommt zu dir, ... arm" - 2 Ko 8,9 "... ward Er doch arm um euret willen" -

Jh 3,16 (s.o.) - Mt 19,27 "Was wird uns dafür?" - Off 1,5 "... von JESU
Christo, welcher ist der treue Zeug."
4. Arie. Lk 2,7 (EV, s.o.) - Jes 29,13 "Darum, daß diß Volk ... mit
seinen Lippen Mich ehret, aber ihr Herz fern von Mir ist ..." (vgl. Mt 15,8).
5. Rezitativ. Lk 2,12 (EV) "Ihr werdet finden das Kind" - Jes 9,5 (EP
II) "Uns ist ein Kind geboren" - Hl 2,16 "Mein Freund ist mein, und ich
bin sein" - 2 Ko 8,14 "So diene euer Überfluß ihrem Mangel" - Spr 14,13
"Nach der Freude kommt Leid" - Mt 14,14 "JEsus ... heilte ihre Kranken" -
1 Th 5,14 "Traget die Schwachen" - Mt 18,12 "... gehet hin, und suchet
das verirrte" - Ps 145,14 "Der HERR erhält alle, die da fallen" - Jh 11,25
"Wer an Mich glaubet, der wird leben, ob er gleich stürbe" (vgl. 2 Ko
6,9) - Eph 1,6 "... durch welchen Er uns hat angenehm gemacht in dem
Geliebten."
6. Arie. 1 Mo 32,27 "Ich lasse Dich nicht" - Rö 5,5 "Die Liebe GOttes
ist ausgegossen in unser Herz" - Rö 10,10 "So man von Herzen glaubet ..."
- Ps 27,1 "Der HERR ist mein Licht" (vgl. Mi 7,8).
7. Choral. Heb 11,27 "Er hielte sich an den, den er nicht sahe" - Ps
119,72 "... viel tausend Stück" - Rö 14,8 "Leben wir, so leben wir dem
HERRN" - Mt 17,8 "Da sie aber ihre Augen aufhuben, sahen sie niemand,
denn JEsum allein."

SECOND DAY	**ZWEITER**
OF CHRISTMAS	**WEIHNACHTSTAG**

EP I   Tit 3,4-7
EP II   Apg 6,8f. und 7,54-59
EV I   Lk 2,15-20
EV II   Mt 23,34-39

40 Dazu ist erschienen der Sohn Gottes

1. Chor. = 1 Jh 3,8 - Vgl. Tit 3,4 (EP I) "Da aber erschien die
Freundlichkeit ... GOttes unsers Heilandes ..."
2. Rezitativ. Jh 1,14 "Das Wort ward Fleisch, und wohnte unter uns" -
Jh 1,5.10 "Das Licht ... war in der Welt" - Jh 8,12 "Ich bin das Licht der
Welt" - Jes 40,22 "Er sitzet über dem Kreiß der Erden" - 1 Jh 3,8 (s. Satz
1) - Phl 2,6f. "(Christus,) welcher, ob Er wol in Göttlicher Gestalt war ...,
äusserte Sich Selbst, und nahm Knechts-Gestalt an, ward gleich wie ein
anderer Mensch ..." - Lk 2,16 (EV I) "Und sie kamen eilend und fanden
... das Kind" - Lk 2,51 "Und Er ... war ihnen unterthan" - Lk 2,11 "Euch
ist heut der Heiland geboren."

3. Choral. 2 Ko 1,5 "Gleichwie wir des <u>Leidens</u> Christi viel haben; also werden wir auch reichlich <u>getröstet</u> durch <u>Christum</u>" - Jh 12,46 "Ich bin <u>kommen in die Welt</u> ein <u>Licht</u>" (vgl. Satz 2) - Mt 1,23 "Emanuel, ... das ist verdolmetscht: <u>GOtt mit uns</u>" (vgl. Jes 7,14) - Rö 8,34 "<u>Wer</u> will <u>verdammen</u>?"

4. Arie. 1 Mo 3,14f. "Da sprach GOtt der HErr zu der <u>Schlange</u>: ... Ich will Feindschafft setzen zwischen dir und dem <u>Weibe</u>, und zwischen deinem <u>Samen</u> und ihrem <u>Samen</u>! Derselbe soll dir den <u>Kopf</u> zertreten, und du wirst Ihn in die Fersen <u>stechen</u>" (vgl. die Sätze 5 und 6).

5. Rezitativ. 1 Mo 3,15 (s.o.) - 1 Jh 4,2 "JEsus Christus ist in <u>das Fleisch</u> kommen" (vgl. 2 Jh 7) - Mt 9,2 "<u>Sey getrost</u>, mein Sohn, deine <u>Sünde</u> sind dir vergeben."

6. Choral. 1 Mo 3,15 (s.o.) - Off 12,9 "Die <u>alte Schlang</u>, die da heisset der Teufel und Satanas ..." (vgl. Off 20,2).

7. Arie. Rö 16,20 "Der GOtt des Friedens zertrete den <u>Satan</u> unter eure Füsse in kurzem" (vgl. die Sätze 4 und 6) - Mt 23,37 (EV II) "Wie oft hab Ich deine Kinder versammlen wollen, wie eine Henne versammlet ihre <u>Küchlein</u> unter ihre <u>Flügel</u>."

8. Choral. 1 Ko 12,27 "Ihr seyd aber der Leib Christi, und <u>Glieder</u>" - 1 Pt 4,13 "<u>Freuet</u> euch, daß ihr mit <u>Christo leidet</u>, auf daß ihr auch zur Zeit der Offenbarung seiner Herrlichkeit, <u>Freude</u> und <u>Wonne</u> haben möget" (vgl. Jes 35,10).

121 Christum wir sollen loben schon

1. Choral. Rö. 9,5 (s.u.) - Lk 1,38 "<u>Maria</u> aber sprach: Sihe, ich bin des HERRN <u>Magd</u>" - Ps 19,5 "Ihre Schnur gehet aus in alle Land, und ihre Rede <u>an</u> der <u>Welt Ende</u>; Er hat der <u>Sonnen</u> eine Hütten in denselben gemacht" - Jes 49,6 "... daß du seyest mein Heil bis <u>an</u> der <u>Welt Ende</u>"

2. Arie. Lk 2,18 (EV I) "Und alle, vor die es kam, <u>wunderten</u> sich der Rede" - Ps 139,6 "Solches Erkänntnis ist mir zu <u>wunderlich</u>, und zu hoch; ich kans <u>nicht begreifen</u>" - Eph 2,14 "... in dem, daß Er <u>durch</u> sein <u>Fleisch</u> wegnahm die Feindschaft" - Sir 11,2 "Du solt niemand ... <u>verachten</u> um seines <u>geringen</u> Ansehens willen".

3. Rezitativ. Lk 1,30 "Maria, du hast <u>Gnade</u> bey GOtt funden!" - Tit 3,7 (EP I) "... auf daß wir durch desselbigen <u>Gnade</u> gerecht und Erben seyen" - Jak 4,8 "Machet eure <u>Herzen keusch</u>" - 1 Ko 6,19 "Wisset ihr nicht, daß euer <u>Leib ein Tempel</u> des Heiligen Geistes ist?" - Ps 90,13 "HErr, <u>kehre</u> Dich doch wieder <u>zu</u> uns, und sey deinen Knechten <u>gnädig</u>."

4. Arie. Lk 1,44 "Sihe, da ich die Stimm deines Grusses hörte, hüpfte mit <u>Freuden</u> das Kind in meinem Leib" - Lk 2,28 "Da nahm er Ihn auf seine Arme" - Lk 2,16 (EV I) "Und sie kamen eilend, und funden... das Kind in der Krippen ligen."

5. Rezitativ. Ps 51,19 "Die Opfer, die GOtt gefallen, sind ein geängster Geist; ein geängstes und zerschlagen Herz wirst du, GOTT, nicht verachten" - Ps 50,14 "Opfere GOTT Dank" - Hos 14,3 "... so wollen wir opfern die Farren unserer Lippen" - Phl 2,7 "(Jesus Christus) nahm Knechts-Gestalt an" - 2 Ko 8,9 "(Er) ward ... arm um euret willen, auf daß ihr durch seine Armut reich würdet" - Lk 2,13.20 (EV I) "Und alsbald war da bey dem Engel die Menge der himmlischen Heer-schaaren, die lobten GOTT... Und die Hirten ... lobten GOtt" - Ps 66,1f. "Jauchzet GOTT ... Lobsinget."

6. Choral. Rö 9,5 "Christus ..., der da ist GOTT über alles, gelobet in Ewigkeit" - Lk 1,38 (s.o.) - Off 5,13 "Lob und Ehr... von Ewigkeit zu Ewigkeit."

57 Selig ist der Mann

1. Arie. = Jak 1,12.

2. Rezitativ. Jer 15,16 "Dein Wort ist unsers Herzens Freud und Trost" - Ps 22,7 "Ich aber bin ein Wurm, und kein Mensch" - Mt 10,16 "Sihe, Ich sende euch, wie Schafe, mitten unter die Wölfe" - Mt 23,35 (EV II) "... auf daß über euch komme all das gerechte Blut, das vergossen ist auf Erden, von dem Blut an des gerechten Abels" (vgl. 1 Mo 4,8).

3. Arie. Mk 10,21 "Und JEsus sah ihn an, und liebte ihn."

4. Rezitativ. Spr 31,20 "Sie ... reichet ihre Hand dem Dürftigen" - 2 Ko 1,21f. "GOtt ists aber, der ... in unsere Herzen das Pfand, den Geist gegeben hat" (vgl. 2 Ko 5,5).

5. Arie. Off 12,10 "... weil der Ankläger unserer Brüder verworfen ist, der sie verklaget Tag und Nacht vor GOtt" - Jes 30,26 "Der Sonnen Schein wird sibenmal heller seyn denn jetzt."

6. Rezitativ. 1 Th 4,17 "Wir ... werden also bey dem HERRN seyn allezeit" - 1 Ko 15,52 "Es wird die Posaunen schallen, und die Todten werden auferstehen" - Apg 7,55 (EP II) "(Stephanus) sprach: Sihe, ich sehe den Himmel offen" - Ps 57,8 " Mein Herz ist bereit."

7. Arie. Phl 1,23 "Ich habe Lust abzuscheiden, und bey Christo zu seyn."

8. Choral. Jh 15,13f. "Niemand hat grössere Liebe, denn die, daß er sein Leben lässet für seine Freunde. Ihr seyd meine Freunde, so ihr thut, was Ich euch gebiete" - Ps 94,19 "Deine Tröstungen ergötzten meine Seele" Kol 1,13 "... und hat uns versetzt in das Reich seines lieben Sohns."

THIRD DAY OF CHRISTMAS

DRITTER WEIHNACHTSTAG

EP I   Heb 1,1-14
EP II 1 Jh 1,1-10
EV I   Jh 1,1-14
EV II Jh 21,20-24

64 Sehet, welch eine Liebe hat uns der Vater erzeiget

1. Chor. = 1 Jh 3,1 - Vgl. Jh 1,12 (EV I) "Wie viel Ihn aber aufnahmen, denen gab Er Macht <u>GOttes Kinder</u> zu werden."
2. Choral. 1 Jh 3,1 (s. Satz 1) - Lk 2,10 "Sihe, ich verkündige euch
grosse <u>Freude</u>, die <u>allem</u> Volk widerfahren wird" - 1 Jh 1,4 (EP II) "Solches
schreiben wir euch, auf daß eure <u>Freude</u> völlig sey."
3. Rezitativ. Jh 1,10 (EV I) "(Das Licht) war in der <u>Welt</u>, und die <u>Welt</u>
ist durch dasselbige gemacht, und die <u>Welt</u> kannte es nicht" - 1 Pt 1,4f.18
"... zu einem ... <u>Erbe</u>, das behalten wird im <u>Himmel</u> euch, die ihr ...
bewahret werdet zur Seligkeit ... Und wisset, daß ihr nicht mit
<u>vergänglichem</u> Silber oder <u>Gold</u> erlöst seyd" (vgl. Satz 7).
4. Choral. Siehe 94/1.
5. Arie. 1 Jh 2,17 "<u>Die Welt vergehet</u> mit ihrer Lust; wer <u>aber</u> den
Willen GOttes thut, der <u>bleibet</u> in <u>Ewigkeit</u>" - Ps 37,20 "Die Feinde des
HErrn ... werden ... <u>vergehen, wie</u> der <u>Rauch</u> <u>vergehet</u>" (vgl. Ps 102,4; Jes
51,6) - Hl 3,4 "Da fand ich, den <u>meine Seele liebet</u>."
6. Rezitativ. Heb 11,1 "Es ist aber der <u>Glaub</u> eine <u>gewisse</u> Zuversicht"
-Heb 1,3 (EP I) "(Der Sohn) hat gemacht die Reinigung unserer <u>Sünde</u>,
durch Sich Selbst" (vgl. EP II 1 Jh 1,7) - Jh 1,10.12 (EV I, s.o.) - 1 Jh 3,1 (s.
Satz 1) - Phl 2,7 "(JEsus Christus) ward gleich wie ein anderer <u>Mensch</u>."
7. Arie. 1 Pt 1,4 (s.o.) - 1 Th 1,9 "... das <u>ewige Verderben</u>, von dem
Angesicht des HERRN."
8. Choral. 1 Ko 7,31 "Das <u>Wesen</u> dieser <u>Welt</u> vergehet" - Heb 4,1 "...
und unser keiner <u>dahinten bleibe</u>" - Jh 3,20 "Wer Arges thut, der ...
<u>kommt nicht an das Licht</u>."

133 Ich freue mich in dir

1. Choral. Jes 61,10 "<u>Ich freue mich im</u> HERRN" - 1 Jh 1,4 (EP II)
"Solches schreiben wir euch, auf daß eure <u>Freude</u> völlig sey" - Rö 8,29 "...
auf daß derselbige der Erstgeborne sey unter vielen <u>Brüdern</u>" (vgl. Heb
2,17) - Ps 34,9 "Schmecket und sehet, <u>wie freundlich</u> der HErr ist" Jh 1,14
(EV I) "Wir <u>sahen</u> seine Herrlichkeit ... als des eingebornen <u>Sohns</u> vom

Vater" (vgl. Satz 2) - Heb 1,2 "(GOtt) hat ... am letzten in diesen Tagen zu uns geredt durch den Sohn" - 1 Jh 1,3 (EP II) "Unsere Gemeinschaft sey mit dem Vater, und mit seinem Sohn JEsu Christo."

2. Arie. Heb 1,3 (EP I) "Er ist ... das Ebenbild seines Wesens" - 1 Mo 32,31 "Ich habe GOTT von Angesicht gesehen, und meine Seele ist genesen" - 1 Jh 1,1.3 (EP II) "Das wir gesehen haben mit unsern Augen ... Was wir gesehen und gehört haben, das verkündigen wir euch" - (vgl. EV I Jh 1,14, s.o.).

3. Rezitativ. 1 Mo 3,8 "Adam versteckte sich mit seinem Weibe, für dem Angesicht GOttes des HErrn, unter die Bäume im Garten" - Lk 19,5 "Ich muß heut zu deinem Haus einkehren" - Jer 31,3 "... aus lauter Güte" - Lk 2,21 "Da acht Tag um waren ..., da ward sein Name genennet JEsus" (vgl. Satz 4).

4. Arie. Jes 52,7 "Wie lieblich sind auf den Bergen die Füße der Boten" - Lk 2,11 "Euch ist heut der Heiland geboren" - Lk 2,21 (s.o.) - Apg 2,37 "Da sie aber das hörten, giengs ihnen durchs Herz" - Jer 5,3 "Sie haben ein härter Angesicht denn ein Fels, und wollen sich nicht bekehren."

5. Rezitativ. 2 Sm 22,5 "Es hatten mich umfangen die Schmerzen des Todes" (vgl. Apg 2,24) - Ps 55,5 "Des Todes Furcht ist auf mich gefallen" (vgl. Heb 2,15) - Ps 119,32 "Wenn du mein Herz tröstest, so lauf ich den Weg deiner Gebot" - Lk 23,42 "HERR, gedenke an mich" -Jh 17,3 "Das ist aber das ewige Leben, daß sie ... JEsum Christum er-kennen" - Jh 21,23 (EV II) "Dieser Jünger stirbet nicht."

6. Choral. Siehe 197a/7.

151 Süßer Trost, mein Jesus kömmt

1. Arie. Off 22,20 "Ich komme bald, Amen! Ja, komm, HErr JEsu!" - 2 Ti 1,10 (Die Gnade ist) jetzt aber offenbaret durch die Erscheinung unsers Heilandes JEsu Christi" - Ps 13,6 "Mein Herz freuet sich" - 1 Sm 20,30 "... daß du den Sohn Isai auserkohren hast."

2. Rezitativ. Jh 1,14 (EV I) "... eine Herrlichkeit als des eingebornen Sohns vom Vater" - Heb 1,2 (EP I) "(GOtt) hat ... am letzten in diesen Tagen zu uns geredt durch den Sohn" (vgl. EP II 1 Jh 1,3) - Mk 1,11 "Du bist mein lieber Sohn" - Phl 2,6- 8 "... hielt Ers nicht für einen Raub GOTT gleich seyn: Sondern ... ward gleich wie ein anderer Mensch ... Er nidrigte Sich Selbst."

3. Arie. 2 Ko 8,9 "Ihr wisset die Gnade unsers HErrn JEsu Christi, daß, ob Er gleich reich ist, ward Er doch arm um euret willen, auf daß ihr durch seine Armut reich würdet."

4. Rezitativ. Heb 1,2 (EP I, s.o.) - Jer 31,20 "Ist nicht Ephraim mein theurer <u>Sohn</u>?" - Phl 2,8 (s.o.) - Lk 2,19 "Maria aber behielt alle diese Wort, und bewegte sie <u>in</u> ihrem <u>Herzen</u>."

5. Choral. Off 3,8 "Sihe, Ich habe vor dir gegeben eine offene <u>Thür</u>, und niemand kan sie <u>zuschliessen</u>" - 1 Mo 3,24 "(GOTT) trieb Adam aus; und lagerte <u>vor</u> dem Garten Eden den <u>Cherubim</u>" (vgl. 2 Mo 25,18ff.; Hes 10,1ff.).

<table>
<tr><td>SUNDAY AFTER
CHRISTMAS</td><td>SONNTAG NACH
WEIHNACHTEN</td></tr>
</table>

EP Gal 4,1-7
EP Lk 2,33-40

152 Tritt auf die Glaubensbahn

1. Sinfonia.

2. Arie. Jes 8,14f. "... ein <u>Stein</u> des <u>Anstossens</u>, und ein Fels des Aergernis, ... Daß ihr viel sich <u>daran stossen</u>" (vgl. Rö 9,32f.) - Jes 28,16 "Sihe, Ich <u>lege</u> in <u>Zion</u> einen Grund<u>stein</u>, einen bewährten <u>Stein</u> , einen köstlichen Eck<u>stein</u>, der wol gegründet ist. Wer <u>glaubet</u>, der fleucht nicht" (vgl. 1 Pt 2,6-8).

3. Rezitativ. Lk 2,34 (EV) "Sihe, dieser <u>wird gesetzt zu einem Fall und Auferstehen vieler in Israel</u>, und zu einem Zeichen, dem widersprochen wird" - 1 Ko 3,11f. "Einen andern <u>Grund</u> kan zwar niemand <u>legen</u>, ausser dem, der gelegt ist, welcher ist JEsus Christus. So aber jemand auf diesen <u>Grund</u> bauet, Gold, Silber, <u>Edelgestein</u> ..." - Ps 118,22 "Der <u>Stein</u>, den die Bauleute verworfen, ist zum <u>Eckstein</u> worden" (vgl. Mt 21,42; 1 Pt 2,4) - Mt 21,44 "Wer auf diesen <u>Stein fället</u>, der wird zerschellen" - 1 Ko 1,21 "Dieweil die Welt durch ihre Weisheit GOtt in seiner Weisheit <u>nicht</u> <u>erkannte</u>, gefiel es GOtt wol, durch thörichte Predigt <u>selig</u> zu machen die, so daran <u>glauben</u>" - Apg 4,11f. "Das ist der <u>Stein</u>, von euch Bauleuten verworfen, der zum <u>Eckstein</u> worden ist. Und ist ... kein anderer Name ..., darinnen wir sollen <u>selig</u> werden" - Lk 6,48 "Er ist gleich einem Menschen, der ein Haus baute, und grub tief, und <u>legte den Grund auf</u> den Fels" - Eph 2,20 "... erbauet auf den <u>Grund</u> der Apostel und Propheten, da JEsus Christus der <u>Eckstein</u> ist."

4. Arie. 1 Pt 1,5 "... die ihr aus GOttes Macht, <u>durch den Glauben</u> bewahret werdet zur <u>Seligkeit</u>" - Apg 4,11f. (s.o.).

5. Rezitativ. 1 Ko 1,20.23 "Wo sind die <u>Klugen</u>? ... Hat nicht GOtt die <u>Weisheit</u> dieser <u>Welt</u> zur <u>Thorheit</u> gemacht? ... Wir aber predigen den gecreutzigten Christum, den Jüden eine Aergernis, und den Griechen eine Thorheit" - Heb 2,14.18 "Nachdem nun die Kinder Fleisch und Blut haben, ist Ers gleicher massen theilhaftig worden ... Denn darinnen Er gelitten hat und versucht ist, kan Er helfen denen, die versucht werden" - 1 Ko 2,4 "Mein Wort und meine Predigt war nicht in vernünftigen Reden menschlicher Weisheit" - Mt 15,14 "Lasset sie fahren, sie sind blind, und blinde Leiter."

6. Arie (Duett). Hl 1,7 "... du, den meine Seele liebet" (vgl. Hl 3,1-4) -Mt 16,24 "Will Mir jemand nachfolgen, der verläugne sich selbst" - Mt 19,27 "Sihe, wir haben alles verlassen, und sind Dir nachgefolgt" - Jes 60,19 "Der HERR wird dein ewiges Licht ... seyn" - Mt 11,6 "Selig ist, der sich nicht an Mir ärgert" - Off 2,10 "Ihr ... werdet Trübsal haben zehen Tage. Sey getreu bis an den Tod, so will Ich dir die Krone des Lebens geben."

Anm. Franck schreibt in Satz 3 "Der seinen Glaubens-Bau auf diesen Eckstein gründet" - vgl. Jes 28,16 (s.o.); in Satz 6 "Dir schenk ich die Krone nach Leiden und Schmach" - vgl. Apg 5,41 "... um seines Namens willen, Schmach zu leiden."

122 Das neugeborne Kindelein

1. Choral. Mt 2,2 "Wo ist der neugebohrne König der Jüden?" - Lk 17,13 "JEsu, lieber Meister ..."

2. Arie. 1 Kö 8,46 "Es ist kein Mensch, der nicht sündiget" - Lk 15,10 "Also ... wird Freude seyn vor den Engeln GOttes, über einen Sünder, der Busse thut" - Lk 2,10 "Und der Engel sprach zu ihnen: ...Ich verkündige euch grosse Freude" - Jer 33,11 "... Geschrey von Freuden und Wonne" - 2 Ko 5,19f. "GOtt war in Christo, und versöhnte die Welt mit Ihm Selber ... Lasset euch versühnen mit GOTT."

3. Rezitativ (mit instr. Choral "Das neugeborne Kindelein"). 1 Mo 4,11 "Verflucht seyest du auf Erden" - Ps 120,1 "Ein Lied im höhern Chor" (vgl. Ps 121-134) - Lk 15,10 (s.o.) - 1 Mo 3,24 "(Gott) trieb Adam aus; und lagerte vor den Garten Eden den Cherubim" - Rö 5,10 "So wir GOTT versöhnet sind durch den Tod seines Sohnes, da wir noch Feinde waren, vielmehr werden wir selig werden durch sein Leben" (vgl. die Sätze 2 und 4) - Ps 71,8 "Laß meinen Mund deines Ruhms ... voll seyn täglich" - Jer 31,31 "Sihe, es kommt die Zeit, spricht der HErr, da will Ich mit dem Haus Israel, und mit dem Haus Juda, einen neuen Bund machen."

4. Choral und Arie (Duett). Rö 5,10 (s.o.) - Mt 16,18 "Die Pforten der Höllen sollen sie nicht überwältigen" - Mt 1,23 "GOtt mit uns!"

5. Rezitativ. Ps 118,24 "Diß ist der Tag, den der HErr machet" - Gal 4,4 (EP) "Da aber die Zeit erfüllet ward, sandte GOTT seinen Sohn" - Lk 2,25 "Simeon ... wartete auf den Trost Israel" - 1 Pt 1,9 "(So werdet ihr) das Ende eures Glaubens davon bringen, nemlich der Seelen Selig-keit" - Jer 31,3.13 "Ich habe dich je und je geliebt, darum hab Ich dich zu Mir gezogen ... Ich will ihr Trauren in Freude verkehren und ... sie erfreuen nach ihrem Betrübnis" (vgl. Satz 6) - Hos 14,3 "... so wollen wir opfern die Farren unserer Lippen."

6. Choral. Lk 4,19 "... zu predigen das angenehme Jahr des HERRN" -Jer 31,13 (s.o.).

28 Gottlob! nun geht das Jahr zu Ende

1. Arie. Ps 77,12 "Darum gedenke ich an die Thaten des HErrn" - Lk 16,25 "Gedenke, Sohn, daß du dein Gutes empfangen hast" - Ps 103,2 (s.u.) - Ps 28,7 "Mein Herz ist frölich; und ich will Ihm danken mit meinem Lied."

2. Choral. Ps 103,1-6 "Lobe den HErrn, meine Seele, und was in mir ist, seinen heiligen Namen ... Vergiß nicht, was Er dir Gutes gethan hat. Der dir alle deine Sünde vergibt, und heilet alle deine Gebrechen. Der dein Leben vom Verderben erlöset ... und du wieder jung wirst wie ein Adler. Der HErr schaffet Gerechtigkeit und Gericht allen, die Unrecht leiden" (vgl. Satz 1) - Ps 116,12 "Wie soll ich dem HErrn vergelten alle seine Wolthat ...?" - Jh 1,18 "Der eingeborne Sohn, der in des Vaters Schos ist ..." - Ps 65,5 "... der hat reichen Trost."

3. Rezitativ (Arioso). = Jer 32,41 (vgl. Satz 1; Ps 103,2, s.o.).

4. Rezitativ. Jer 17,13 "Sie verlassen den HErrn, die Quelle des lebendigen Wassers" - 1 Jh 1,5 "... daß GOtt ein Licht ist" - 5 Mo 7,9 "Der HERR ... ist ein treuer GOtt" - Gal 4,6 (EP) "Weil ihr denn Kinder seyd, hat GOTT gesandt den Geist seines Sohns in eure Herzen, der schreyet: Abba, lieber Vater!" (vgl. Satz 6) - Jer 18,11 "Darum kehre sich ein jeglicher von seinem bösen Wesen" - Eph 5,2 "Wandelt in der Liebe, gleichwie Christus uns hat geliebt, und Sich selbst dargegeben für uns, zur Gab" - 1 Jh 5,12 "Wer den Sohn GOttes hat, der hat das Leben."

5. Arie (Duett). Ps 85,11 "... daß Güte und Treue einander begegnen" -Lk 2,38 (EV) "(Hanna) preiste den HERRN."

6. Choral. Lk 2,38 (EV, s.o.) - Gal 4,6 (EP, s.o.) - Ps 17,7 "Beweise deine wunderliche Güte" - Mt 6,26 "Sehet die Vögel unter dem Himmel an ... euer himmlischer Vater nehret sie doch. Seyd ihr denn nicht viel-mehr denn sie?"

NEW YEAR
NEUJAHR

NEW YEAR'S DAY   NEUJAHR
EP Gal 3,23-29
EV Lk 2,21

190 Singet dem Herrn ein neues Lied!
1. Chor. "Singet ..." = Ps 149,1 - "Lobet ..." = Ps 150,4 - "Alles... Halleluja" = Ps 150,6.
2. Chor und Rezitativ. Ps 115,12 "Der HErr denket an uns und segnet uns" - Gal 5,22 "Die Frucht aber des Geistes ist ... Gütigkeit" - 1 Pt 4,3 "... die vergangene Zeit des Lebens" - Ps 127,1 "Wo der HERR nicht die Stadt behütet, so wachet der Wächter umsonst" - 1 Kö 8,37 "... eine Theurung, oder Pestilenz" - Klg 3,22f. "Seine Barmherzigkeit hat noch kein Ende, sondern sie ist alle Morgen neu, und deine Treue ist groß" -Sir 39,41 "Darum soll man den Namen des HErrn loben und danken, mit Herzen und Mund".
3. Arie. Ps 65,2 "GOtt, man lobet Dich in der Stille zu Zion" - Apg 2,47 "(Sie) lobten GOTT mit Freuden" - Jes 43,21 "Diß Volk ... soll meinen Ruhm erzehlen" - Ps 23,1f. "Der HERR ist mein Hirt ... Er weidet mich auf einer grünen Auen."
4. Rezitativ. Eph 6,12 "Wir haben nicht mit Fleisch und Blut zu kämpfen, sondern mit ... den Herren der Welt" - Ps 27,4 "Eins bitte ich vom HErrn, das hätte ich gern" - Heb 13,20 "... den grossen Hirten der Schafe ... JEsum" - 2 Ko 1,6 "... zu Trost und Heil" - Ps 73,26 "... meines Herzens Trost, und mein Theil" - Ps 100,3 "Er hat uns gemacht ... zu Schafen seiner Weide" - Jes 40,11 "Er wird die Lämmer in seine Arme sammeln" - Ps 143,10 "Dein guter Geist führe mich auf ebener Bahn" - Ps 16,11 "Du thust mir kund den Weg zum Leben" - Lk 2,21 (EV) "... da ward sein Name genennet JEsus."
5. Arie (Duett). Off 1,8 "Ich bin ... der Anfang und das Ende" - Rö 5,9 "... nachdem wir durch sein Blut gerecht worden sind."
6. Rezitativ. 1 Sm 2,10 "Der HErr wird ... erhöhen das Horn seines Gesalbten" - Jak 1,22 "Seyd aber Thäter des Worts, und nicht Hörer allein" - Jes 44,3 "Ich will ... giessen ... meinen Segen" - Ps 85,11 "... daß

Güte und Treue einander begegnen, Gerechtigkeit und Friede sich küssen."
7. Choral. Lk 2,21 (EV, s.o.) - Jes 25,1 "Ich lobe deinen Namen" - 2 Th 3,16 "Er ... gebe euch Fried allenthalben" - Tit 2,7 "... mit unverfälschter Lehre" - Jak 1,21 "... das Wort, ... welches kan eure Seelen selig machen."

41 Jesu, nun sei gepreiset
1. Choral. Lk 2,21 (EV) "... da ward sein Name genennet JEsus" - Lk 4,14f. "JEsus ... ward von jederman gepreiset" - Ps 31,22 "... daß Er hat eine wunderliche Güt mir beweiset" (vgl. Ps 17,7) - Jes 49,8 "Ich habe dich erhört zur gnädigen Zeit" - Ps 121,7 "Der HErr ... behüte deine Seele."
2. Arie. 1 Mo 14,19 "Gesegnet seyst du, Abram, dem höchsten GOTT."
3. Rezitativ. Off 1,8 "Ich bin das A und das O, der Anfang und das Ende" - Ps 139,16 "Deine Augen sahen mich, da ich noch unbereitet war, und waren alle Tag auf dein Buch geschrieben."
4. Arie. Jak 1,21 "Nehmet das Wort an ..., welches kan eure Seelen selig machen."
5. Rezitativ und Choral. 2 Sm 7,1 "Da nun ... der HErr ihm Ruh gegeben hatte von allen seinen Feinden ..." - Ps 86,7 "Du wolltest mich erhören" - Ps 41,10 "Auch mein Freund ... tritt mich unter die Füsse" -1 Mo 3,15 "Derselbe soll dir den Kopf zertreten" - Rö 8,18 "... daß dieser Zeit Leiden der Herrlichkeit nicht werth sey, die an uns soll offenbaret werden."
6. Choral. 5 Mo 32,3 "Gebt unserm GOtt allein die Ehre" - Phl 1,23 "Ich habe Lust abzuscheiden" - Rö 15,13 "GOTT ... erfülle euch mit aller Freude und Friede" - Mk 1,24 "Ich weiß, wer Du bist, der Heilige GOttes" - Ps 143,10 "Lehre mich thun nach deinem Wolgefallen" - Gal 3,26 (EP) "Ihr seyd alle GOttes Kinder durch den Glauben an Christo JEsu" - Sir 39,41 "... danken mit Herzen und Mund."

16 Herr Gott, dich loben wir
1. Choral. Jak 3,9 "Durch sie loben wir GOTT den Vater" - 1 Th 1,2 "Wir danken GOTT allezeit" - Jh 5,23 "... wie sie den Vater ehren" - Ps 57,6 "Erhebe ..., GOtt, ... deine Ehre über alle Welt."
2. Rezitativ. Ps 51,19 "Die Opfer, die GOtt gefallen, ... ein geängstes und zerschlagen Herz" - Hos 4,1 "Es ist keine Treue, keine Liebe" - Ps

150,3 "Lobet Ihn mit Psalter und Harfen!" - Sir 39,41 "... danken mit Herzen und Mund" - Ps 149,1 "Singet dem HErrn ein neues Lied."
3. Arie mit Chor. Ps 118,24 "Lasset uns freuen" - Klg 3,22f. "Die Güte des HErrn .. ist alle Morgen neu, und deine Treue ist groß."
4. Rezitativ. 1 Ti 1,15 "... ein theuer werthes Wort" - 1 Mo 3,1 "Die Schlange war listiger, denn alle Thiere auf dem Felde" - Off 20,2 "Die alte Schlang, welche ist der Teufel und der Satan" - Jes 26,3 "Du erhältest stets Friede" - Ps 65,10 "Du suchest das Land heim, und wässerst es ... Also bauest Du das Land" - Ps 2,12 "Wol allen, die auf Ihn trauen" - Lk 2,21 (EV) "... da ward sein Name genennet JEsus."
5. Arie. 1 Ko 1,4f. "... die Gnade GOttes, die euch gegeben ist in Christo JEsu, daß ihr seyd durch Ihn an allen Stücken reich gemacht" -Mt 6,21 "Wo euer Schatz ist, da ist auch euer Herz."
6. Choral. Siehe 28/6.

171 Gott, wie dein Name, so ist auch dein Ruhm

1. Chor. = Ps 48,11.
2. Arie. Ps 36,6 "... deine Warheit, so weit die Wolken gehen" (vgl. Ps 57,11) - Ps 48,11 (s. Satz 1) - Ps 150,6 "Alles, was Odem hat, lobe den HErrn" - Ps 34,4 "Lasset uns mit einander seinen Namen erhöhen."
3. Rezitativ. Lk 2,21 (EV) "... da ward sein Name genennet JEsus" - Jes 38,17 "Sihe, um Trost war mir sehr bang" - Spr 18,10 "Der Name des HErrn ist ein vestes Schloß, der Gerechte laufet dahin" - Ps 20,6 "Im Namen unsers GOttes werfen wir Panir auf" - Jh 1,4 "In Ihm war das Leben, und das Leben war das Licht der Menschen" - Ps 61,4 "Du bist meine Zuversicht."
4. Arie. Off 1,11 "Ich bin ... der Erste und der Letzte" (vgl. V. 17) - Lk 2,21 (EV, s.o.) - Ps 34,2 "Sein Lob soll immerdar in meinem Munde seyn" - Apg 7,58 "Stephanus ... sprach: HErr JEsu, nimm meinen Geist auf!"
5. Rezitativ. Jh 14,13f. "Was ihr bitten werdet in meinem Namen, das will Ich thun" - 2 Ko 1,20 "Alle GOttes Verheissungen sind ja in Ihm, und sein Amen in Ihm" - Jh 4,42 "Dieser ist warlich Christus, der Welt Heyland" (vgl. 1 Jh 4,14) - Ps 27,9 "Verstosse nicht im Zorn deinen Knecht" - Ps 119,105 "Dein Wort ist ... ein Licht auf meinem Wege" (vgl. 2 Pt 1,19) - Dan 11,35 "... auf daß sie bewähret, rein und lauter werden" - Lk 1,77 "... und Erkänntnis des Heils gebest seinem Volk."
6. Choral. Siehe 190/7.

143 Lobe den Herrn, meine Seele II

1. Chor. = Ps 146,1 (vgl. Ps 103,1f.22; Ps 104,1.35).

2. Choral. Jes 9,5f. "Er heisset ... Friede-Fürst. Auf daß seine Herr-
schaft groß werde, und des Friedens kein Ende" (vgl. Satz 7) - Lk 2,21
(EV) "... da ward sein Name genennet JEsus" - Gal 3,26 (EP) "Ihr seyd alle
GOttes Kinder durch den Glauben an Christo JEsu" - 1 Ti 2,5 "... der
Mensch Christus JEsus" - Jh 17,3 "... daß Du allein wahrer GOtt bist" - 1
Jh 5,20 "JEsus Christus ... ist der warhaftige GOTT" - Jer 14,8 "Du bist der
Trost Israel, und ihr Nothhelfer" - Gal 4,6 "GOTT (hat) gesandt den Geist
seines Sohns in eure Herzen, der schreyet: Abba, lieber Vater!" - Jh 16,23
"So ihr den Vater etwas bitten werdet in meinem Namen, so wird Ers
euch geben."

3. Rezitativ. = Ps 146,5.

4. Arie. Rö 2,9 "Trübsal und Angst ..." (vgl. Rö 8,35).

5. Arie. = Ps 146,10.

6. Arie (mit instr. Choral "Du Friedefürst, Herr Jesu Christ"). Lk 18,3
"Rette mich" (vgl. V. 4-8) - Hes 34,11 "Sihe, Ich will Mich meiner Heerde
Selbst annehmen."

7. Choral. "Halleluja" = Ps 146,10 - Ps 25,6 "Gedenke, HErr, an deine
Barmherzigkeit" - Jes 9,5f. (s.o.) - Mt 8,25 "HERR, hilf uns" - 1 Th 2,13 "Da
ihr empfienget von uns das Wort Göttlicher Predigt, nahmet ihrs auf ... als
GOttes Wort."

SUNDAY	SONNTAG
AFTER NEW YEAR	**NACH NEUJAHR**

EP 1 Pt 4,12-19
EV Mt 2,13-23

153 Schau, lieber Gott, wie meine Feind

1. Choral. Ps 3,2 "Ach HErr, wie ist meiner Feinde so viel" (vgl. Satz
4) - Ps 81,15 "... so wolt Ich ihre Feinde bald dämpfen" - Ps 94,18 "Deine
Gnade, HERR, hielt mich."

2. Rezitativ. Mk 9,22 "Erbarme Dich unser, und hilf uns!" - Ps 72,4
"Er wird ... den Armen helfen" - Dan 6,17 "Da befahl der König, daß man
Daniel herbrächte, und wurfen ihn zu den Löwen in den Graben" - Ps
91,13 "Auf den Löwen und Ottern wirst du gehen, und treten auf die
jungen Löwen und Drachen."

3. Arie. = Jes 41,10.

4. Rezitativ. Jer 6,16 "So <u>spricht</u> der HErr: ... Fraget ..., welches der gute Weg sey, und wandelt drinnen, so werdet ihr <u>Ruhe</u> finden für eure <u>Seelen</u>" - 1 Pt 4,13 (EP, s.u.) - Ps 3,2 (s.o.) - Ps 7,13f. "(GOtt hat) seinen <u>Bogen gespannt</u>, und <u>zielet</u>, ... seine <u>Pfeile</u> hat er <u>zugerichtet zu verderben</u>" - Ps 6,5 "<u>Errette meine Seele; hilf</u> mir."

5. Choral. Sa 3,1 "Der Satan stund zu seiner Rechten, daß er ihm <u>widerstünde</u>" - Apg 17,26 "<u>(GOTT)</u> hat <u>Ziel</u> gesetzt."

6. Arie. Nah 1,3 "Er ist der HERR, deß Wege im <u>Wetter</u> und <u>Sturm</u> sind" - Ps 42,7f. "<u>Betrübt</u> ist meine Seele ... Deine <u>Fluten</u> rauschen daher" - Ps 46,4 "... wenn gleich das Meer wütet und <u>wallet</u>" - Lk 16,24 "Ich leide Pein in dieser <u>Flamme</u>."

7. Rezitativ. Ps 112,8 "Sein <u>Herz</u> ist <u>getrost</u>" - Heb 12,2 "(JEsus) <u>erduldete</u> ... das <u>Creutz</u>" - Mt 3,17 "Diß ist mein <u>lieber Sohn</u>" - Mt 2,13 (EV) "Nimm das Kindlein und seine Mutter zu dir, und <u>fleuch</u> ... Denn es ist vorhanden, daß <u>Herodes</u> das Kindlein suche, dasselbe umzubringen" - Ps 73,4 "Sie sind in keiner <u>Gefahr des Todes</u>" - 1 Pt 5,9 "Dem widerstehet <u>vest</u> im <u>Glauben</u>" - 1 Pt 4,13 (EP) "<u>Freuet</u> euch, daß ihr <u>mit Christo leidet</u>, auf daß ihr auch zur Zeit der Offenbarung seiner Herrlichkeit, <u>Freude</u> und <u>Wonne</u> haben möget" (vgl. die Sätze 4 und 8).

8. Arie. 1 Pt 4,13 (EP, s.o.).

9. Choral. Mt 10,38 "Wer nicht sein <u>Creutz</u> auf sich nimmt, und folget Mir <u>nach</u>, der ist Mein nicht werth" - Rö 8,28 "Wir wissen aber, daß denen, die GOTT lieben, alle Dinge <u>zum Besten dienen</u>" - Apg 20,24 "... auf <u>daß ich vollende meinen Lauf</u> mit Freuden" - Ps 86,11 "<u>Erhalte mein Herz</u> bey dem Einigen ..." - Rö 14,8 "<u>Leben</u> wir, so <u>leben</u> wir dem HERRN: <u>sterben</u> wir, so <u>sterben</u> wir dem HERRN" - Phl 1,23 "<u>Ich</u> habe Lust abzuscheiden, und <u>bey</u> Christo zu seyn."

58 Ach Gott, wie manches Herzeleid II

1. Choral und Arie. Jer 2,19 "Jammer und <u>Herzeleid</u> ..." - 1 Pt 4,13 (EP) "<u>Freuet</u> euch, daß ihr mit Christo <u>leidet</u>, auf daß ihr auch zur <u>Zeit</u> der Offenbarung seiner <u>Herrlichkeit, Freude</u> und Wonne haben möget" (vgl. die Sätze 3 und 5) - 2 Th 3,5 "Der HERR aber richte eure <u>Herzen</u> ... zu der <u>Gedult</u> Christi" - Eph 5,16 "<u>Es ist böse Zeit</u>" - Mt 7,14 "Der <u>Weg</u> ist <u>schmal</u>, der zum Leben führet" - Apg 14,22 "... daß wir durch viele <u>Trübsal</u> müssen in das Reich GOttes gehen."

2. Rezitativ. Gal 1,4 "... daß Er uns errettete von dieser gegenwärtigen <u>argen Welt</u>" - Jak 2,23 "Abraham ... ist ein <u>Freund GOttes</u> geheißen" - Mt 2,13 (EV) "Sihe, da erschien der <u>Engel</u> des HERRN dem <u>Joseph</u> im <u>Traum</u>, und sprach: ...<u>Fleuch</u> in <u>Egypten</u>land ... Denn es ist vorhanden,

daß <u>Herodes</u> das Kindlein suche, dasselbe umzubringen" - 1 Pt 4,14 (EP)
"Selig seyd ihr, wenn ihr <u>geschmähet</u> werdet" - Jes 54,10 "Es sollen wol
<u>Berge</u> weichen, und <u>Hügel</u> hinfallen ..." - Ps 69,3 "Ich bin im tiefen
<u>Wasser</u>, und die <u>Flut will</u> mich ersäufen" - Heb 13,5 "<u>Ich will</u> <u>dich nicht</u>
<u>verlassen noch versäumen.</u>"

    3. Arie. 1 Pt 4,13 (EP, s.o.) - Ps 62,8 "<u>Meine Zuversicht ist</u> auf <u>GOTT</u>"
- 2 Ti 2,19 "Der veste Grund GOttes bestehet, und hat dieses <u>Sigel</u> ..." -Ps
147,13 "Er macht <u>veste</u> die <u>Riegel</u> deiner Thore."

    4. Rezitativ. Jh 15,18 "So euch <u>die Welt hasset, so</u> wisset, daß sie Mich
vor euch gehasset hat" - 1 Mo 2,8 "Und GOtt der HErr pflanzte einen
Garten in <u>Eden</u>" - Lk 23,43 "<u>Heut</u> wirst du mit mir <u>im Paradis</u> seyn!" (vgl.
Satz 5).

    5. Choral und Arie. Jos 1,7 "Sey <u>nur getrost</u>" - Ps 112,8 "Sein <u>Herz</u> ist
<u>getrost</u>" - Lk 23,43 (s.o.) - Jh 16,33 "In der Welt habt ihr <u>Angst;</u> aber seyd
<u>getrost</u> ..." - 1 Pt 4,13 (EP, s.o.) - Rö 8,18 "Ich halte es dafür, daß <u>dieser</u>
<u>Zeit Leiden</u> der <u>Herrlichkeit</u> nicht werth sey, die an uns soll offenbaret
werden" (vgl. Satz 1) - Heb 10,19 "So wir denn nun haben ... die
<u>Freudigkeit</u> zum Eingang in das Heilige, durch das <u>Blut</u> JEsu ..." - Heb
11,14 "Die solches sagen, die geben zu verstehen, daß sie ein <u>Vaterland</u>
suchen."

EPIPHANY
EPIPHANIAS

EPIPHANY   EPIPHANIAS
EP Jes 60,1-6
EV Mt 2,1-12

65 Sie werden aus Saba alle kommen

1. Chor. = Jes 60,6 (EP) - Vgl. Mt 2,11 (EV), s.u.
2. Choral. Mt 2,11 (EV) "... und giengen in das Haus, und funden das Kindlein ... und schenkten Ihm Gold, Weyrauch und Myrrhen" (vgl. die Sätze 3 bis 5).
3. Rezitativ. Lk 2,12.15 "Ihr werdet finden das Kind in Windeln gewickelt, und in einer Krippen ligen ... Lasset uns nun gehen gen Bethlehem, und die Geschichte sehen, die da geschehen ist" - Mt 2,1f. (EV) "... da kamen die Weisen vom Morgenland gen Jerusalem, und sprachen: Wo ist der neugebohrne König der Jüden?" - Mt 2,11 (EV, s.o.) - Ps 118,24 "Diß ist der Tag, den der HErr machet, lasset uns freuen" - Apg 3,15 "Den Fürsten des Lebens habt ihr getödtet" - Jes 60,3 (EP) "Die Heyden werden in deinem Licht wandeln" - Spr 23,26 "Gib mir, mein Sohn, dein Herz."
4. Arie. 1 Kö 10,11 "... die Schiffe Hiram, die Gold aus Ophir führten" (vgl. 1 Kö 9,28; Jes 13,12) - Mt 2,11 (EV, s.o.).
5. Rezitativ. Gal 5,22 "Die Frucht aber des Geistes ist ... Geduld ..., Glaube" - Mt 2,11 (EV, s.o.) - 1 Pt 1,7 "... auf daß euer Glaube rechtschaffen, und viel köstlicher erfunden werde, denn das vergängliche Gold" - Off 5,8 "... güldene Schalen voll Rauchwerks, welches sind die Gebete der Heiligen" - Mk 15,23 "Und sie gaben Ihm Myrrhen im Wein zu trinken" - Gal 1,4 "... der Sich Selbst für unsere Sünde gegeben hat" - Ps 73,25 "Wenn ich nur Dich habe, so frage ich nichts nach Himmel und Erden."
6. Arie. 1 Kö 19,4 "So nimm nun, HErr, meine Seel" - Rö 6,19 "Begebet ... eure Glieder zu Dienst der Gerechtigkeit."
7. Choral. 2 Sm 24,14 "Laß uns in die Hand des HERRN fallen" - Jer 26,14 "Sihe, ich bin in euren Händen, ihr mögets machen mit mir, wie es euch recht und gut dünket."

123 Liebster Immanuel, Herzog der Frommen

1. Choral. Mt 2,6 (EV) "Du Bethlehem, ... aus dir soll Mir kommen der <u>Herzog</u>, der über mein Volk Israel ein HErr sey" - Mt 1,21.23 "Sie wird einen Sohn gebären, deß <u>Namen</u> solt du <u>JEsus</u> heissen ... und sie werden seinen Namen <u>Emanuel</u> heissen" (vgl. Satz 2) - Ps 119,81 "<u>Meine</u> <u>Seele</u> verlanget nach deinem <u>Heil</u>" - Off 22,20 "Ja, Ich <u>komme bald</u>, Amen! Ja, <u>komm</u>, HErr JEsu!" - Mt 6,21 "Wo euer <u>Schatz</u> ist, da ist auch euer <u>Herz</u>" - Hl 4,9 "<u>Du hast mir</u> das <u>Herz genommen</u> ..." - Lk 24,32 "<u>Brandte</u> nicht unser <u>Herz</u> in uns ...?" - Rö 5,5 "Die Liebe GOttes ist ausgegossen in unser <u>Herz</u>" - 2 Ko 5,8 "Wir haben vielmehr <u>Lust</u> ausser dem Leib zu <u>wallen</u>, und daheim zu seyn bey dem HERRN" (vgl. Satz 2).

2. Rezitativ. Apg 14,17 "(GOtt hat) unsere <u>Herzen erfüllet</u> mit Speise und <u>Freuden</u>" - Lk 2,21 "... da ward sein <u>Name</u> genennet JEsus" (vgl. Mt 1,21; s.o.) - Off 2,17 "Wer überwindet, dem will Ich zu essen geben von dem <u>verborgenen Manna</u>" - 2 Mo 16,14f. "Und als der <u>Thau</u> weg war, sihe, da lags in der Wüsten rund und klein ... Und da es die Kinder Israel sahen, sprachen sie untereinander: das ist <u>Man</u>: Denn sie wusten nicht, was es war."

3. Arie. Ps 42,4 "Meine <u>Threnen</u> sind meine <u>Speise</u> Tag und Nacht" - Ps 27,1 "Der HERR ist mein <u>Licht</u> und mein <u>Heil</u>". - (Vgl. EP Jes 60,1).

4. Rezitativ. Spr 1,12 "Wir wollen sie lebendig <u>verschlingen</u>, wie die Hölle" - 2 Ti 1,10 "(JEsus Christus), der dem <u>Tod</u> die <u>Macht</u> hat genommen ..."

5. Arie. 1 Jh 4,2 "Ein jeglicher Geist, der da bekennet, daß JEsus Christus ist <u>in das Fleisch kommen</u>, der ist von GOtt" (vgl. 2 Jh 7) - Lk 24,29 "<u>Bleib bey</u> uns."

6. Choral. Hl 2,16 "Mein Freund ist <u>mein</u>, und <u>ich bin</u> sein" - 5 Mo 30,14 "Es ist das Wort fast nahe bey dir in deinem <u>Mund</u> und <u>in</u> deinem Herzen" (vgl. Rö 10,9).

EPIPHANY 1	ERSTER SONNTAG
EP Rö 12,1-6	NACH EPIPHANIAS
EV Lk 2,41-52	

154 Mein liebster Jesus ist verloren

1. Arie. Jer 30,12 "Dein Schade ist <u>verzweifelt</u> böß" - Lk 2,35 "Es wird ein <u>Schwert durch</u> deine <u>Seele dringen</u>."

2. Rezitativ. Hl 5,17 "<u>Wo</u> ist denn dein Freund <u>hingegangen</u>?"

3. Choral. 1 Mo 3,15 "Derselbe soll dir den Kopf zer<u>treten</u>" - Ps 27,1
"Der HERR ist <u>mein Licht</u> ... Der HERR ist <u>meines Lebens</u> Kraft" (vgl. Jh
1,4) - Ps 25,1 "<u>Nach dir</u>, HErr, <u>verlanget mich</u>" - Lk 2,48 (EV) "Sihe, dein
Vater und ich, haben dich <u>mit Schmerzen</u> gesucht" - Off 22,20 "<u>Komm</u>,
HErr <u>JEsu</u>!"
    4. Arie. Lk 2,45 (EV) "Und da sie Ihn nicht <u>funden</u>, giengen sie
wiederum gen Jerusalem, und suchten Ihn" - Ps 18,12 "... <u>dicke Wolken</u>,
darinn Er verborgen war."
    5. Arioso. = Lk 2,49 (EV).
    6. Rezitativ. Hl 2,8 "Das <u>ist die Stimme meines Freundes</u>" - Jes 62,11
"Sihe, der HErr <u>lässet sich hören</u>" - Heb 4,12 "Das Wort GOttes ...
scheidet ... <u>Mark</u> und <u>Bein</u>" - Rö 4,20 "(Abraham) <u>ward stark</u> im <u>Glauben</u>"
- Rö 12,3 (EP) "... nach dem GOTT ausgetheilet hat das Maas des
<u>Glaubens</u>" - Ps 63,6 "Das wäre meines <u>Herzens Freud</u> und <u>Wonne</u>, wenn
ich Dich mit <u>frölichem</u> Mund loben solte" - Mt 17,2 "Sein Angesicht
leuchtet wie die <u>Sonn</u>" - Lk 9,29 "Sein Kleid ward weiß und <u>glänzte</u>" - Lk
2,46 (EV) "Nach dreyen Tagen, <u>funden</u> sie <u>Ihn im Tempel</u>" (vgl. Satz 7) -
1 Ko 11,29 "Welcher <u>unwürdig</u> isset und trinket ..." - Mk 1,14f. "JEsus ...
sprach: ... Thut <u>Busse, und glaubet</u> an das Evangelium" - Ps 2,12 "<u>Küsset</u>
den Sohn."
    7. Arie. (Duett). Lk 2,46 (EV, s.o.) - Hl 3,4 "... da <u>fand</u> ich, <u>den meine</u>
<u>Seele liebet, ich</u> halte ihn, und <u>will</u> ihn <u>nicht lassen</u>" (vgl. Satz 8).
    8. Choral. Hl 3,4 (s.o.) - Off 7,17 "Das Lamm ... wird sie weiden und
<u>leiten</u> zu den <u>leben</u>digen Wasserbrunnen" - 1 Mo 32,27 "<u>Ich lasse</u> Dich
<u>nicht.</u>"

124 Meinen Jesum laß ich nicht

    1. Choral. Hl 3,4 "<u>Ich</u> halte ihn, und will ihn <u>nicht lassen</u>" - 1 Mo
32,27 "<u>Ich lasse</u> Dich <u>nicht</u>" - Tit 2,14 "... der <u>Sich</u> Selbst <u>für</u> uns <u>gegeben</u>
hat" - Ps 27,1 "Der HERR ist mein <u>Licht</u> ... Der HERR <u>ist meines Lebens</u>
Kraft."
    2. Rezitativ. Mt 17,8 "... sahen sie niemand, denn <u>JEsum allein</u>" - Lk
1,49 "Denn Er hat <u>grosse Dinge an mir gethan</u>" - Rö 12,1 (EP) "Ich
ermahne euch ..., daß ihr eure <u>Leiber</u> begebet zum Opfer."
    3. Arie. Jo 3,4 "... der grosse und <u>schröckliche Tag</u> des HERRN" - Jes
8,13 "... den lasset eure <u>Furcht und Schrecken</u> seyn" (vgl. 1 Mo 9,2) - Hl
3,4 (s.o.) - 1 Mo 32,27 (s.o.).
    4. Rezitativ. Heb 11,25 "... mit dem Volk GOttes <u>Ungemach</u> zu
leiden" (vgl. V.37) - Lk 2,48 (EV) "Sihe, dein Vater und ich, haben dich

mit <u>Schmerzen</u> gesucht" - Rö 12,3 (EP) "... nach dem GOTT ausgetheilet hat das Maas des <u>Glaubens</u>" - 2 Ti 4,7 "Ich hab den <u>Lauf vollendet.</u>"
5. Arie. (Duett). Jes 58,7 "<u>Entzeuch dich</u> nicht von deinem Fleisch" - Lk 2,46 (EV) "Nach dreyen Tagen, <u>funden</u> sie Ihn" - Lk 2,30 "Meine <u>Augen</u> haben deinen <u>Heiland</u> gesehen."
6. Choral. Siehe 154/8.

32 Liebster Jesu, mein Verlangen

1. Arie. Ps 25,1 "Nach Dir, HErr, <u>verlanget mich</u>" - Lk 2,45 (EV) "Und da sie Ihn nicht <u>funden</u>, giengen sie wiederum gen Jerusalem, und <u>suchten</u> Ihn" (vgl. Satz 4) - Ps 18,3 "<u>Mein Hort</u>, auf den ich traue."
2. Rezitativ. Lk 2,49 (EV) "<u>Was ists, daß</u> ihr <u>Mich gesucht</u> habt? <u>Wisset ihr nicht, daß Ich seyn muß, in dem, das meines Vaters ist?</u>"
3. Arie. Lk 2,46 (EV) "Nach dreyen Tagen, <u>funden</u> sie Ihn im Tempel" - Lk 2,49 (EV, s.o.) - 1 Sm 18,1 "Da ... <u>verband</u> sich das <u>Herz</u> Jonathan <u>mit</u> dem <u>Herzen</u> David" - 3 Mo 26,11 "Ich will <u>meine Wohnung</u> unter euch haben."
4. Rezitativ. (Dialog). Hes 36,23 "Ich will meinen <u>grossen</u> Namen ... <u>heilig</u> machen" - Off 4,8 "<u>Heilig</u> ist <u>GOTT</u>" - Ps 130,3 "HERR, wer wird <u>bestehen?</u>" - Ps 84,2f. "<u>Wie lieblich</u> sind <u>deine Wohnungen, HErr</u> Zebaoth! Meine Seele <u>verlanget</u> und sehnet sich <u>nach</u> den Vorhöfen des HErrn, <u>mein Leib und Seel freuen sich in dem lebendigen GOTT</u>" - Jes 48,20 "Gehet <u>aus</u> von <u>Babel.</u>"
5. Arie. (Duett). 2 Mo 9,14 "Ich will ... <u>alle</u> meine <u>Plage</u> über dich selbst senden" - Lk 2,48 (EV) "Sihe, dein Vater und ich, haben dich mit <u>Schmerzen</u> gesucht" Hl 3,4 "<u>Ich ... will</u> ihn <u>nicht lassen.</u>"
6. Choral. Ps 119,18 "<u>Oefne mir</u> die Augen" - Rö 12,3 (EP) "... durch die <u>Gnade</u>, die mir gegeben ist" - 1 Pt 2,3 "... so ihr anders <u>geschmeckt</u> habt, daß der HERR freundlich ist" - 1 Jh 4,19 "Lasset uns Ihn <u>lieben</u>, denn Er hat uns erst <u>geliebt</u>" - Sir 3,14 "<u>Betrübe</u> ihn <u>ja nicht.</u>"

EPIPHANY 2
EP Rö 12,6-16
EV Jh 2,1-11

**ZWEITER SONNTAG
NACH EPIPHANIAS**

155 Mein Gott, wie lang, ach lange?

1. Rezitativ. Ps 6,4 "<u>Ach</u> Du, HERR! <u>wie lang!</u>" (vgl. Ps 13,2f.) - 1 Kö 8,57 "Der HERR ... <u>ziehe die Hand</u> nicht ab von uns" - Jes 38,17 "Sihe, um Trost war mir sehr bang" - Jh 2,6f. (EV) "Es waren aber allda sechs steinerne Wasser-Krüge .. und gieng je in einen zwey oder drey Maas. JEsus spricht zu ihnen: Füllet die Wasser-Krüge" - Ps 23,5 "Du ... schenkest mir voll ein" - Jh 2,3 (EV) "Und da es am Wein gebrach ..." Ps 80,6 "... mit grossem Maas voll Threnen."

2. Duett. Jh 2,11 (EV) "Und seine Jünger glaubten an Ihn" - Rö 4,18 "Er hat geglaubet auf Hofnung, da nichts zu hoffen war" (vgl. 1 Ko 13,7.13) - Jh 2,4 (EV) "Meine Stund ist noch nicht kommen."

3. Rezitativ. Ps 116,7 "Sey nun wieder zu frieden, meine Seele" - Hl 5,6 "Da ich meinem Freund aufgethan hatte, war er weg und hingegangen. Da gieng meine Seele heraus" - Jes 54,7 "Ich habe dich ein klein Augenblick verlassen" - Jh 16,16 "Uber ein Kleines, so werdet ihr Mich nicht sehen" (vgl. Jh 14,19) - Rö 12,15 (EP) "Freuet euch mit den Frölichen, und weinet mit den Weinenden" - Hl 4,11 "Deine Lippen, meine Braut, sind wie triefender Honigseim" Klg 3,15.19.33 "Er hat mich mit Bitterkeit gesättigt, und mit Wermuth getränkt ... Gedenke doch, wie ich so elend und verlassen, mit Wermuth und Gallen getränkt bin ... Denn Er nicht von Herzen die Menschen plaget und betrübet" - Ps 94,19 "Deine Tröstungen ergötzten meine Seele" - Jh 2,10 (EV) "Jederman gibt zum ersten guten Wein" (im Text: "zuletzt").

4. Arie. 1 Pt 5,7 "Alle eure Sorge werfet auf Ihn" - Mt 11,28f. "Kommet her zu Mir alle, die ihr mühselig und beladen seyd, Ich will euch erquicken. Nehmet auf euch mein Joch ..." - Lk 15,5 "Und wenn ers funden hat, so legt ers auf seine Achseln mit Freuden."

5. Choral. Lk 24,28 "Und Er stellte Sich, als wolt Er fürder gehen" - Ps 119,133 "Laß meinen Gang gewiß seyn in deinem Wort" - Off 21,5 "Diese Wort sind ... gewiß" - Jes 8,12 "Lasset euch nicht grauen."

3 Ach Gott, wie manches Herzeleid I

1. Choral. Rö 8,18 "'Ich halte es dafür, daß dieser Zeit Leiden der Herrlichkeit nicht werth sey, die an uns soll offenbaret werden" - Mt 7,14 "Der Weg ist schmal, der zum Leben führet" - Rö 12,12 (EP) "Seyd ... geduldig in Trübsal."

2. Chor und Rezitativ. 1 Ko 15,50 "... daß Fleisch und Blut nicht können das Reich GOttes ererben" - Rö 12,16 (EP) "Trachtet nicht nach hohen Dingen" - Phl 3,19 "... die irdisch gesinnet sind" - Ps 4,3 "Wie habt ihr das Eitel so lieb" - Rö 1,28 "Gleich wie sie nicht geachtet haben, daß sie GOtt erkennten ..." - Jer 31,32 "... und Ich sie zwingen muste" - 2 Ti 2,25 "... und strafe die Widerspenstigen" - Jh 6,68 "Wohin sollen wir gehen?" - Mt 26,41 "Der Geist ist willig, aber das Fleisch ist schwach" - Jer

17,14 "<u>Hilf Du mir</u>" - Lk 6,48 "Er ist gleich einem Menschen, der ein Haus <u>baute</u>, und ... legte den <u>Grund</u> auf den Fels" - Jh 1,14 "Das Wort ward <u>Fleisch</u>, und wohnte unter <u>uns</u>" (vgl. 1 Pt 4,1) - 1 Pt 2,3 "... so ihr anders <u>geschmeckt</u> habt, daß der HERR <u>freundlich</u> ist" (vgl. Ps 34,9).

3. Arie. Jer 15,16 "Dein Wort ist unsers <u>Herzens Freud</u> und Trost: denn wir sind ja nach deinem <u>Namen</u> genennet" - 2 Ti 2,19 "... wer den <u>Namen</u> Christi <u>nennet</u>" - Zef 1,15 "Ein Tag der Trübsal und <u>Angst</u>, ... ein Tag der Wolken und <u>Nebel</u> ..."

4. Rezitativ. Ps 73,26 "Wenn <u>mir</u> gleich <u>Leib</u> und Seel <u>verschmacht</u> ..." - Hl 2,16 "Mein Freund ist <u>mein, und ich bin sein</u>" - Ps 119,94 "<u>Ich bin Dein</u>" - Rö 15,13 "GOTT ... <u>erfülle</u> euch <u>mit</u> aller <u>Freude</u>" - Ps 55,5 "<u>Des Todes Furcht</u> ist auf mich gefallen" (vgl. Heb 2,5) - Eph 3,8 "... den unausforschlichen <u>Reichthum</u> Christi" (vgl. 2 Ko 8,9).

5. Arie (Duett). Ps 118,15 "Man <u>singet</u> mit <u>Freuden</u>" - Lk 14,27 "Wer nicht sein <u>Creutz trägt</u> ..." - Rö 8,28 "Wir wissen aber, daß denen, die GOTT lieben, alle Dinge <u>zum Besten dienen</u>."

6. Choral. Siehe 153/9 - Jh 2,11 (EV) "Und seine Jünger <u>glaubten</u> an Ihn."

13 Meine Seufzer, meine Tränen

1. Arie. Ps 56,9 "Fasse <u>meine Threnen</u> in deinen Sack, ohne Zweifel du <u>zehlest</u> sie" - Jer 21,8 "Sihe, Ich lege euch vor den Weg zum Leben, und den <u>Weg zum Tod</u>."

2. Rezitativ. Sir 7,38 "Laß die <u>Weinenden</u> nicht ohne <u>Trost</u>" - Jh 2,4 (EV) "Meine <u>Stund</u> ist <u>noch</u> nicht kommen" - Heb 11,13 "Diese alle ... haben die Verheißung ... <u>von fern gesehen</u>."

3. Choral. Ps 60,13 "Schaffe uns <u>Beystand</u> in der Noth" (vgl. Ps 108,13) - Ps 85,6 "<u>Wilt</u> Du <u>denn</u> ewiglich <u>über</u> uns <u>zürnen</u>, und deinen Zorn gehen lassen immer <u>für und für</u>?" - Sa 1,12 "Wie lang <u>wilt</u> Du denn Dich <u>nicht erbarmen</u> ...?" - Spr 14,31 "Wer sich des <u>Armen erbarmet</u>, der ehret GOTT."

4. Rezitativ. Jh 2,7 (EV) "<u>Füllet</u> die Wasser-<u>Krüge</u>" - Ps 116,3 "Ich kam in <u>Jammer</u> und <u>Noth</u>" - Spr 12,25 "<u>Sorge</u> im <u>Herzen kränkt</u>" (vgl. Satz 5) - Rö 12,15 (EP) "<u>Freuet</u> euch mit den Frölichen, und <u>weinet</u> mit den Weinenden" (vgl. Satz 5) - Jos 1,7 "<u>Sey nur getrost</u> und sehr <u>freudig</u>" - Am 5,7 "Die ihr das Recht in <u>Wermuth verkehret</u> ..." (vgl. Klg 3,15.19) - Jh 2,9 (EV) "Der Speisemeister kostete den <u>Wein</u>, der Wasser gewesen war" - Ps 104,15 "... daß der <u>Wein erfreue</u> des Menschen Herz" - Rö 12,8 (Ep) "Übet jemand Barmherzigkeit, so thue ers mit <u>Lust</u>" - Jes 58,14 "<u>Alsdenn</u> wirst du <u>Lust</u> haben am HErrn."

5. Arie. Apg 7,55 "... <u>sah</u> er auf <u>gen Himmel</u>" - Sir 7,38 (s.o.) - Jh 16,20 "Eure <u>Traurigkeit</u> soll in <u>Freude verkehret</u> werden" (vgl. Satz 4).
6. Choral. Ps 57,2 "Auf Dich <u>trauet</u> meine <u>Seele</u>" - Jes 43,1 "... der HERR, <u>der dich geschaffen hat</u>" - Lk 2,14 "Ehre sey GOtt <u>in der Höhe</u>" - Sir 9,22 "Richte <u>alle</u> deine <u>Sache</u> nach GOttes Wort" - Spr 8,12 "Ich Weisheit ... <u>weiß</u> guten <u>Rath</u> zu geben."

EPIPHANY 3   DRITTER SONNTAG
EP Rö 12,17-21   NACH EPIPHANIAS
EV Mt 8,1-13

73 Herr, wie du willt, so schick's mit mir
1. Choral und Rezitativ. Mt 26,39 "Nicht wie Ich will, sondern <u>wie Du</u> <u>wilt</u>" - Mt 6,10 "<u>Dein Will</u> gescheh" - Rö 14,8 "Wir <u>leben</u> oder <u>sterben</u>, so sind wir des <u>HERRN</u>" - 1 Pt 4,19 "Welche da <u>leiden</u> nach GOttes <u>Willen</u>, die sollen Ihm ihre Seelen befehlen, als dem treuen Schöpfer" (vgl. Satz 5) - Mt 8,25 "<u>HERR, hilf</u> uns, wir <u>verderben!</u>" - Ps 40,18 "<u>Du bist mein</u> <u>Helfer</u>" - Ps 56,9 "Fasse meine <u>Threnen</u> in deinen Sack, ohne Zweifel Du <u>zehlest</u> sie" - Jes 42,3 "Das zerstossene <u>Rohr</u> wird Er <u>nicht zerbrechen</u>" - Jer 15,16 "Dein <u>Wort</u> ist unsers Herzen <u>Freud und Trost</u>" - Heb 10,36 "<u>Gedult</u> aber ist euch noth, auf daß ihr den <u>Willen</u> GOttes thut" - Off 5,1 "... ein <u>Buch</u> geschrieben inwendig und auswendig <u>versigelt</u> mit siben Sigeln" - 5 Mo 32,29 "O daß sie <u>weise</u> wären, und <u>vernähmen</u> solches" - 1 Ko 2,14 "Der natürliche <u>Mensch</u> aber <u>vernimmt nichts</u> vom <u>Geist</u> GOttes ... Denn es muß <u>geistlich</u> gerichtet seyn" (vgl. Satz 2) - 5 Mo 23,6 "Aber der HErr dein GOtt ... wandelte dir den <u>Fluch</u> in den <u>Segen</u>" - 2 Ti 3,16 "Alle Schrift von GOtt eingegeben ist nutz ... zur <u>Straf</u>, ... zur <u>Züchtigung</u>" - Off 14,13 "Selig sind die <u>Todten</u> ... Sie <u>ruhen</u> von ihrer Arbeit" - 2 Sm 22,6 "Der <u>Höllen</u> Bande umfiengen mich, und des <u>Todes</u> Stricke überwältigten mich" (vgl. Ps 18,6) - 2 Ko 3,17 "Wo aber der <u>Geist</u> des HErrn ist, da ist <u>Freyheit.</u>"
2. Arie. Gal 5,22 "Die Frucht aber des <u>Geistes</u> ist, Liebe, <u>Freude</u>" - Lk 7,2 (EV-Par.) "Eines Hauptmanns Knecht lag todt<u>krank</u>" - 1 Ko 2,14 (s.o.).
3. Rezitativ. Jer 17,9 "Es ist das Herz ein <u>trotzig</u> und <u>verzagt</u> Ding" - Ps 90,12 "<u>Lehre</u> uns <u>bedenken</u>, daß wir <u>sterben</u> müssen."
4. Arie. Mt 8,2 (EV) "<u>HErr, so Du wilt</u>, kanst du mich wol reinigen" - 2 Sm 22,5 "Es hatten mich umfangen die <u>Schmerzen</u> des <u>Todes</u>" (vgl. Apg 2,24) - Hi 42,6 "Ich ... thue Buß <u>in Staub und Aschen</u>" - Ps 22,16 "Du

legest mich in des Todes Staub" - Spr 14,34 "Die Sünde ist der Leute Verderben" (vgl. Rö 5,16).

5. Choral. Jh 6,39. "Das ist aber der Wille des Vaters ..." - Mt 7,21 "Es werden nicht alle, die zu Mir sagen: HERR, HERR, in das Himmelreich kommen, sondern die den Willen thun meines Vaters im Himmel" - Gal 5,18 "Regieret euch aber der Geist, so seyd ihr nicht unter dem Gesetz" - 2 Ti 4,18 "Der HERR aber wird ... (mir) aushelfen zu seinem himmlischen Reich; welchem sey Ehr" - Mt 8,11f. (EV) "Viel werden kommen vom Morgen und vom Abend, und mit Abraham und Isaac und Jacob im Himmelreich sitzen; aber die Kinder des Reichs werden ausgestossen."

111 Was mein Gott will, das g'scheh allzeit

1. Choral. Siehe 72/6 - Mt 8,2f.7.13 (EV) "HErr, so Du wilt, kanst Du mich wol reinigen ... Ich wills thun, sey gereinigt ... Ich will kommen und ihn gesund machen ... Dir geschehe, wie du geglaubt hast."

2. Arie. Jos 1,9 "Entsetze dich nicht" - Spr 8,12 "Ich Weisheit ... weiß guten Rath zu geben" - Rö 16,27 "GOtt, der allein weis ist ..." (vgl. 1 Ti 1,17; Jud 25).

3. Rezitativ. Jon 1,3 "Aber Jona machte sich auf, und flohe vor dem HERRN" - Mt 10,30 "Nun aber sind auch eure Haare auf dem Haupt alle gezehlet" - Rö 8,25 "So wir aber deß hoffen, das wir nicht sehen, so warten wir sein durch Gedult."

4. Arie. Ps 139,16 "... und waren alle Tag auf dein Buch geschrieben, die noch werden solten" - 1 Sm 15,32 "Also muß man des Todes Bitterkeit vertreiben."

5. Rezitativ. Ps 31,6 "In deine Hände befehl ich meinen Geist" - 1 Jh 3,8 "Wer Sünde thut, der ist vom Teufel" - Rö 6,23 "Der Tod ist der Sünden Sold" - 1 Jh 5,4 "Unser Glaub ist der Sieg, der die Welt überwunden hat" - Mt 10,22 "Wer aber biß ans Ende beharret, der wird selig!"

6. Choral. Ps 27,4 "Eins bitte ich vom HErrn" - 1 Sm 16,14 "Ein böser Geist vom HErrn machte ihn sehr unruhig" - Ps 46,9-11 "Kommet her, und schauet die Werke des HErrn ..., der den Kriegen steuret in aller Welt ... Ich will Ehre einlegen auf Erden" - Ps 20,5f. "Er gebe dir, was dein Herz begehret ... Der HERR gewähre dich aller deiner Bitt."

72 Alles nur nach Gottes Willen

1. Chor. 1 Pt 4,19 "Welche da leiden nach GOttes Willen, die sollen Ihm ihre Seelen befehlen" - Eph 5,16 " Es ist böse Zeit."

2. Rezitativ und Arioso. Lk 22,42 "Vater! wilt Du, so nimm diesen Kelch von Mir; doch nicht Mein, sondern Dein Will geschehe!" - Mt 8,2f.7.13 (EV) "HErr, so Du wilt, kanst Du mich wol reinigen ... Und alsbald ward er von seinem Aussatz rein ... Ich will kommen, und ihn gesund machen ... Und sein Knecht ward gesund zu derselbigen Stund" - Jh 16,20 "Eure Traurigkeit soll in Freude verkehret werden" - Mt 8,8.10 (EV) "Sprich nur ein Wort, so wird mein Knecht gesund ... Solchen Glauben hab Ich in Israel nicht funden" - Mt 19,11 "Das Wort fasset nicht jederman, sondern denen es gegeben ist" - Ps 131,2 "Wenn ich meine Seele nicht setzete und stillete ..." - Jh 11,25 "Wer an Mich glaubet, der wird leben, ob er gleich stürbe" - Off 14,13 "Ja, der Geist spricht, daß sie ruhen ..."
3. Arie. Hos 2,8; 14,6 "Sihe, Ich will deinen Weg mit Dornen vermachen ... Ich will Israel wie ein Thau seyn, daß er soll blühen wie eine Rose."
4. Rezitativ. Mt 8,3.8 (EV) "Und JEsus streckte seine Hand aus, rührte ihn an, und sprach: Ich wills thun ... HERR, ich bin nicht werth, daß Du unter mein Dach gehest."
5. Arie. Mt 8,3.10 (EV, s.o.) - Ps 94,19 "Ich hatte viel Bekümmernisse in meinem Herzen" - 1 Pt 3,4 "... mit sanftem und stillem Geist" - Jes 40,11 "Er wird die Lämmer in seine Arme sammlen."
6. Choral. Mt 8,13 (EV) "Dir geschehe, wie du geglaubt hast" - Mt 6,10 "Dein Will gescheh" - Mt 26,42 "... so geschehe dein Wille" - Kol 2,5 "(Ich) sehe ... euren vesten Glauben an Christum" - Ps 34,7 "Da dieser Elende rief, hörte der HERR, und half ihm aus allen seinen Nöten" - Ps 25,8 "Der HErr ist gut und fromm" - Jer 10,24 "Züchtige mich, HErr, doch mit Mase" (vgl. Jer 46,28) - Heb 3,6 "... so wir anderst das Vertrauen ... bis ans Ende vest behalten" - Jos 1,5 "Ich will dich nicht verlassen" (vgl. Jes 41,17; Heb 13,5).

156 Ich steh mit einem Fuß im Grabe

1. Sinfonia.
2. Arie und Choral. Hi 17,1 "Meine Tage sind abgekürzt, das Grab ist da!" - Jer 26,14 "Sihe, ich bin in euren Händen, ihr mögets machen mit mir, wie es euch recht und gut dünket" - Ps 51,3 "GOTT, sey mir gnädig nach deiner Güte" - Jes 38,1 "Bestelle dein Haus" - Hi 12,10 "In seiner Hand ist die Seel alles deß, das da lebet" - Ps 31,6 "In deine Hände befehl ich meinen Geist."
3. Rezitativ. Ps 119,143 "Angst und Noth haben mich troffen" - Rö 8,38f. "Ich bin gewiß, daß weder Tod noch Leben ... mag uns scheiden

von der <u>Liebe GOttes</u>" - Ps 31,16 "Meine Zeit <u>stehet in deinen Händen</u>" -
2 Mo 33,12 "Du ... hast <u>Gnade</u> vor meinen <u>Augen</u> funden" - Mt 9,2.6
"Deine <u>Sünde</u> sind dir vergeben ... Hebe dein <u>Bett</u> auf, und gehe heim!" -
1 Pt 4,19 "Welche da <u>leiden</u> nach GOttes <u>Willen</u> ..." - Apg 21,13 "<u>Ich bin
bereit</u> ... zu sterben" (vgl. Lk 22,33) - Mt 6,10 "<u>Dein Wille geschehe</u>" (vgl.
Mt 26,42).

4. Arie. Ps 115,3 "GOTT ... kan schaffen, <u>was</u> Er <u>will</u>" - Spr 14,13
"Nach der <u>Freude</u> kommt <u>Leid</u>" - Eph 6,18 "Betet stets in allem Anligen,
mit <u>Bitten und Flehen</u>" - Mt 26,39 "Nicht wie Ich will, sondern <u>wie Du
wilt.</u>"

5. Rezitativ. Mt 8,2.7 (EV) "HErr, so <u>Du wilt</u>, kanst du mich wol
reinigen ... Ich <u>will</u> kommen, und ihn <u>gesund</u> machen" - Eph 6,17 "... das
Schwert des <u>Geistes</u>, welches ist das <u>Wort</u> GOttes" - Ps 73,26 "<u>Wenn mir</u>
gleich <u>Leib und Seel verschmacht</u>, so <u>bist Du</u> doch, <u>GOTT</u>, allezeit
<u>meines Herzens Trost, und mein Theil.</u>"

6. Choral. Siehe 73/1.

EPIPHANY 4
EP Rö 13,8-10
EV Mt 8,23-27

VIERTER SONNTAG
NACH EPIPHANIAS

81 Jesus schläft, was soll ich hoffen?

1. Arie. Mt 8,24 (EV) "Und Er <u>schlief.</u>"

2. Rezitativ. Ps 10,1 "<u>HERR, warum trittest Du so fern? Verbirgest
Dich zur Zeit der Noth?</u>" - Mt 2,1f. "Sihe, da kamen die <u>Weisen</u> ... und
sprachen: Wo ist der <u>neugebohrne</u> König der Jüden? Wir haben seinen
<u>Stern</u> gesehen" - Mt 21,32 "Johannes ... lehrte euch <u>den rechten Weg</u>" - Ps
32,8 "Ich will dich mit meinen <u>Augen leiten.</u>"

3. Arie. 2 Sm 22,5 "Die <u>Bäche Belial</u> erschröckten mich" - 2 Ko 6,15
"Wie stimmet Christus mit <u>Belial?</u>" - Mt 8,24 (EV) "Sihe, da erhub sich ein
groß Ungestümm im Meer, also, daß auch das Schifflein mit <u>Wellen</u>
bedeckt ward" - Ps 46,4 "Wenn gleich das Meer <u>wütet</u> und wallet" - 1 Ko
2,5 "... auf daß euer Glaube bestehe ... auf GOttes <u>Kraft.</u>"

4. Arioso. = Mt 8,26 (EV).

5. Arie. Mt 8,26 (EV) "... und stund auf, und bedrohte den <u>Wind</u> und
das <u>Meer</u>; da ward es ganz still" - Mk 4,39 "Er stund auf und bedrohete
den <u>Wind</u>, und <u>sprach</u> zu dem <u>Meer: Schweige</u> und <u>verstumme!</u>" (vgl.
Satz 6) - Apg 17,26 "(GOtt) hat <u>Ziel gesetzt</u>" - Jes 42,1 "Sihe, das ist ... <u>mein
Auserwehlter.</u>"

6. Rezitativ. Mt 8,8 "Sprich nur ein Wort" - Mk 4,39 (s.o.).
7. Choral. Ps 91,1.4f. "Wer unter dem Schirm des Höchsten sitzet ...
Er wird dich mit seinen Fittigen decken ... Seine Wahrheit ist Schirm und
Schild, daß du nicht erschrecken müssest" - 1 Ko 9,1 "Bin ich nicht frey?" -
Jes 63,10 "Sie erbitterten und entrüsteten seinen Heiligen Geist, darum
ward Er ihr Feind."

14 Wär Gott nicht mit uns diese Zeit

1. Choral. Ps 124,1f. "Wo der HERR nicht bey uns wäre, so sage
Israel. Wo der HERR nicht bey uns wäre, wenn die Menschen sich wider
uns setzen ..." - Mt 1,23 "Emanuel ..., das ist verdolmetscht: GOtt mit uns"
- Rö 8,18 "Ich halte es dafür, daß dieser Zeit Leiden der Herrlichkeit nicht
werth sey, die an uns soll offenbaret werden" - Jer 46,27 "Du, Israel,
verzage nicht" - Ps 125,3 "Der Gottlosen Scepter wird nicht bleiben über
dem Häuflein der Gerechten" - Jes 41,14 "Fürchte dich nicht, du ... armer
Haufe Israel!"
2. Arie. 2 Ko 12,9f. "Meine Kraft ist in den Schwachen mächtig ...
Wenn ich schwach bin, so bin ich stark" - Ri 2,14 "Sie kunten nicht mehr
ihren Feinden widerstehen" - Ps 124,1 (s.o.) - Jes 25,4 "Du bist der
Geringen Stärke, ... wenn die Tyrannen wüten" (vgl. Jes 29,5).
3. Rezitativ. Ps 124,3-5 "... so verschlüngen sie uns lebendig, wenn ihr
Zorn über uns ergrimmte. So ersäufte uns Wasser, Ströme giengen über
unsere Seele. Es giengen Wasser allzu hoch über unsere Seele" (vgl. die
Sätze 2 und 4) - Ps 16,10 "Du wirst ... nicht zugeben, daß dein Heiliger
verwese" - Ps 8,3 "... daß Du vertilgest den Feind, und den Rachgierigen"
(vgl. Satz 2) - Dan 9,26 "... daß ein Ende nehmen wird, wie durch eine
Flut" - Am 8,8 "Es soll ganz, wie mit einem Wasser ... überschwemmet
werden."
4. Arie. Ps 59,10f. "GOTT ist mein Schutz ... GOtt lässt mich meine
Lust sehen an meinen Feinden" - Mt 8,24 (EV) "... also, daß auch das
Schifflein mit Wellen bedeckt ward" - Ps 124,3 (s.o.).
5. Choral. Ps 124,6-8 "Gelobet sey der HERR, daß Er uns nicht gibt
zum Raub in ihre Zähne! Unsere Seele ist entrunnen, wie ein Vogel dem
Strick des Voglers, der Strick ist zerrissen, und wir sind los. Unsere Hülfe
stehet im Namen des HErrn, der Himmel und Erden gemacht hat" - Rö
3,13 "Ihr Schlund ist ein offen Grab."

PRE-LENT
VORFASTENZEIT

SEPTUAGESIMA
EP 1 Ko 9,24-10,5
EV Mt 20,1-16

SEPTUAGESIMAE

144 Nimm, was dein ist, und gehe hin

1. Chor. = Mt 20,14 (EV).

2. Arie. Mt 20,11 (EV) "Da sie den (Groschen) empfiengen, murreten sie wider den Hausvater" - 4 Mo 14,27 "Wie lang murret diese böse Gemeine wider Mich? Denn Ich habe das Murren der Kinder Israel, das sie wider Mich gemurrt haben, gehört" - 1 Ko 10,10 "Murret auch nicht, gleichwie jener etliche murrten, und wurden umbracht durch den Verderber" - Ps 107,30 "... nach ihrem Wunsch" - Ps 116,7 "Sey nun wieder zu frieden, meine Seele" - Jes 48,17 "... dein GOTT, der dich lehret, was nützlich ist."

3. Choral. Ps 13,6 "Ich will dem HErrn singen, daß Er so wol an mir thut" - Mt 20,13-15 (EV) "Mein Freund, ich thue dir nicht unrecht ... Ich will aber diesem Letzten geben gleichwie dir. Oder hab ich nicht Macht zu thun, was ich will, mit dem Meinen?" - Ps 37,7 "Sey still dem HErrn" - Ps 63,9 "Deine rechte Hand erhält mich."

4. Rezitativ. 1 Ti 6,6 "Es ist aber ein grosser Gewinn, wer gottselig ist, und lässet ihm genügen" (vgl. Phl 4,11) - Jak 3,4 "Sihe, die Schiffe, ob sie wol so groß sind, ... werden sie doch gelenket mit einem kleinen Ruder, wo der hin will, der es regieret" - Ps 116,7 (s.o.) - 2 Th 2,5 "Gedenket ihr nicht daran ...?" - Ps 13,6 (s.o.).

5. Arie Jh 10,11 "Ich bin kommen, daß sie das Leben und volle Gnüge haben sollen" - 2 Ko 9,8 "GOTT kan aber machen, ... daß ihr in allen Dingen volle Genüge habt."

6. Choral. Siehe 72/6.

92 Ich hab in Gottes Herz und Sinn

1. Choral. Phl 4,7 "Der Friede GOttes ... bewahre eure Herzen und Sinne in Christo JEsu" - Phl 1,21 "Christus ist mein Leben, und Sterben ist

mein Gewinn" - Jes 60,10 "In meinem Zorn hab Ich dich geschlagen" - Ps
68,20 "GOtt leget uns eine Last auf."
2. *Choral und Rezitativ.* Off 1,5 "(JEsus Christus) ... der treue Zeuge
... der uns geliebet hat, und gewaschen von den Sünden mit seinem Blut"
-Jes 54,10 "Es sollen wol Berge weichen, und Hügel hinfallen, aber meine
Gnade soll nicht von dir weichen" - 1 Jh 3,1 "Sehet, welch eine Liebe hat
uns der Vater erzeigt" - Jes 49,16 "Sihe, in die Hände hab Ich dich
gezeichnet" - 1 Ko 10,1.4 (EP) "Unsere Väter ... sind alle durch das Meer
gegangen ... Sie trunken aber von dem geistlichen Fels, der mitfolgte,
welcher war Christus" - Ps 18,17 "Er ... zog mich aus grossen Wassern"
(vgl. Ps 77,20; Ps 144,7) - Ps 107,24-26 "... seine Wunder im Meer. Wenn
Er sprach, und einen Sturmwind erregte, der die Wellen erhub, und sie
... in Abgrund fuhren" (vgl. Satz 6) - Jes 43,2f. "So du durchs Wasser
gehest, will Ich bey dir seyn, daß dich die Ströme nicht sollen ersäufen ...
Denn Ich bin der HErr ..., dein Heyland" - Jon 2,4 "(Jona sprach:) Du
warfest mich in die Tiefe mitten im Meer" - Mt 14,29-31 "Petrus ... gieng
auf dem Wasser ... Da erschrak er, und hub an zu sinken, schrie und
sprach: HERR, hilf mir! JEsus aber ... ergriff ihn, und sprach zu ihm: O du
Kleinglaubiger, warum zweifelst du?" - Rö 4,20 "(Abraham) zweifelte nicht
..., sondern ward stark im Glauben" - Ps 87,1 "(Zion) ist vest gegründet auf
den heiligen Bergen" (vgl. Kol 1,23) - Kol 2,5 "(Ich sehe) euren vesten
Glauben an Christum" - 1 Pt 5,6 "Demütiget euch nun unter die gewaltige
Hand GOttes, daß er euch erhöhe zu seiner Zeit."
3. *Arie.* 1 Ko 15,58 "Seyd veste, unbeweglich" - Jes 9,5 "Ein Sohn ist
uns gegeben, ... Er heisset ... Held, ... Friede-Fürst" (vgl. Satz 7) - Lk 4,36
"Er gebeut mit Macht" - Jer 32,18 "Du grosser und starker GOtt."
4. *Choral.* Spr 23,23 "... Weisheit ... und Verstand" (vgl. Off 13,18) -
Mt 20,15 (EV) "Hab ich nicht Macht, zu thun, was ich will, mit dem
Meinen?" (vgl. Satz 8) - Rö 8,16.28 "Derselbige Geist gibt Zeugnis unserm
Geist, daß wir GOttes Kinder sind ... Wir wissen aber, daß denen, die
GOTT lieben, alle Dinge zum Besten dienen."
5. *Rezitativ.* Jos 8,1 "Fürchte dich nicht, und zage nicht" - Gal 1,16 "...
und besprach mich nicht darüber mit Fleisch und Blut" - Jes 35,10 "Ewige
Freude ..." - Heb 10,36 "Gedult aber ist euch noth."
6. *Arie.* Ps 107,25 (s.o.) - Mk 4,28 "Die Erde bringet von ihr selbst ...
den vollen Wäitzen in den Aehren" - Hes 1,4 "Sihe, es kam ein un-
gestümmer Wind" - Heb 12,11 "Alle Züchtigung ... wird ... geben eine
friedsame Frucht der Gerechtigkeit denen, die dadurch geübt sind" (vgl.
Satz 2) - Ps 2,12 "Küsset den Sohn."
7. *Choral und Rezitativ.* 2 Sm 24,14 "Laß uns in die Hand des
HERRN fallen" - Heb 2,11 "Darum schämet Er sich auch nicht, sie Brüder

zu heißen" - 2 Mo 34,6 "GOtt ... von grosser Gnade und Treu!" - 1 Ti 4,8
"Die Gottseligkeit ist zu allen Dingen nütz" - Mt 20,1 (EV) "Das Himmelreich ist gleich einem Haus-Vater ..." - Lk 17,21 "Das Reich Gottes ist
inwendig in euch" - Phl 1,9 "... daß eure Lieb je mehr und mehr reich
werde" - 1 Jh 3,19 "(Wir) können unser Herz vor Ihm stillen" - Jes 9,5 (s.o.)
- Ps 33,3 "... ein neues Lied ... auf Saitenspiel."

8. Arie. Ps 23,1.4 "Der HERR ist mein Hirt ... Ob ich schon wandert
im finstern Thal, fürchte ich kein Unglück, denn du bist bey mir" (vgl. Satz
9) - Mt 26,39 "Ists müglich, so gehe dieser Kelch von Mir, doch nicht wie
Ich will, sondern wie Du wilt" - Mt 20,15 (EV, s.o.) - Ps 30,6 "Den Abend
lang währet das Weinen, aber des Morgens die Freude" - Rö 14,8 "Leben
wir, so leben wir dem HERRN."

9. Choral. Ps 23,1.4 (s.o.) - Ps 32,8 "Ich will dich mit meinen Augen
leiten" - Mk 14,15 "Er wird euch einen grossen Saal zeigen ...; daselbst
richtet für uns zu."

84 Ich bin vergnügt mit meinem Glücke

1. Arie. Jh 10,11 "Ich bin kommen, daß sie das Leben und volle
Gnüge haben sollen" (vgl. Satz 5) - 3 Mo 26,5 "... und sollet Brods die
Fülle haben" - 2 Ko 9,15 "GOtt aber sey Dank für seine unaussprechliche
Gabe" - Mt 8,8 "Ich bin nicht werth, daß Du unter mein Dach gehest"
(vgl. Lk 15,19).

2. Rezitativ. Mt 20,8.14 (EV) "Ruffe den Arbeitern, und gib ihnen den
Lohn ... Ich will aber diesen Letzten geben, gleichwie dir" - Rö 11,6 "Ists
aber aus Gnaden, so ists nicht aus Verdienst der Werke" (vgl. Rö 3,24) -
Lk 17,10 "Wenn ihr alles gethan habt, was euch befohlen ist, so sprecht:
Wir sind unnütze Knecht, wir haben gethan, das wir zu thun schuldig
waren" - Lk 6,38 "Ein ... überflüssiges Maas wird man in euren Schos
geben" - Jes 55,1 "Kaufet ohne Geld, und umsonst" - Mt 6,26.28f.34 "Die
Vögel ... säen nicht, sie erndten nicht, ... und euer himmlischer Vater
nehret sie doch. Seyd ihr denn nicht vielmehr denn sie? ... Die Liljen ...
arbeiten nicht, auch spinnen sie nicht. Ich sage euch, daß auch Salomon
... nicht bekleidet gewesen ist, als derselbigen eines ... Es ist genug, daß ein
jeglicher Tag seine eigene Plage habe!" - Jh 12,32 "Wenn Ich erhöhet
werde von der Erden, so will Ich sie alle zu Mir ziehen."

3. Arie. Pr 9,7 "Iß dein Brod mit Freuden" - Lk 2,20 "Die Hirten ...
preisten und lobten GOtt" (vgl. Lk 24,53).

4. Rezitativ. 1 Mo 3,19 "Im Schweiß deines Angesichts solt du dein
Brod essen" - Mt 20,1f. (EV) "Das Himmelreich ist gleich einem Haus-
Vater ... Da er mit den Arbeitern eins ward um einen Groschen zum

Taglohn, sandte er sie in seinen Weinberg" (vgl. V.8-10.13) - Lk 6,23 "Euer
Lohn ist groß im Himmel" - Rö 4,4 "Dem aber, der mit Werken umgehet,
wird der Lohn nicht aus Gnaden zugerechnet."
    5. Choral. Jh 10,11 (s.o.) - 1 Ti 6,6 "Es ist aber ein grosser Gewinn,
wer gottselig ist, und lässet ihm genügen" (vgl. Phl 4,11) - Rö 8,38 "Ich bin
gewiß ..." - Heb 11,1 "Es ist aber der Glaub eine gewisse Zuversicht" - Rö
3,25 "(Christus JEsus,) welchen GOtt hat vorgestellt zu einem Gnaden-Stul,
durch den Glauben in seinem Blut" - 1 Mo 50,20 "GOtt gedachts gut zu
machen."

SEXAGESIMA   SEXAGESIMAE
EP 2 Ko 11,19-12,9
EV Lk 8,4-15

18 Gleichwie der Regen und Schnee vom Himmel fällt
    1. Sinfonia.
    2. Rezitativ. = Jes 55,10f.
    3. Rezitativ und Choral. Lk 8,5.8.11 (EV) "Es gieng ein Säemann aus
zu säen seinen Samen ... Und etliches fiel auf ein gut Land ... und trug
hundertfältige Frucht ... Der Same ist das Wort GOttes" (vgl. 1 Pt 1,23) -
Ps 118,25 "O HErr, hilf! O HErr, laß wol gelingen!" - 1 Ko 2,4 "Mein Wort
... war ... in Beweisung des Geistes und der Kraft" - Lk 8,12-14 (EV)
"Darnach kommt der Teufel, und nimmt das Wort von ihrem Herzen, auf
daß sie nicht glauben und selig werden ... Eine Zeitlang glauben sie, und
zur Zeit der Anfechtung fallen sie ab ... Und gehen hin unter den Sorgen,
Reichthum und Wollust dieses Lebens, und ersticken" - Rö 16,20 "Der
GOtt des Friedens zertrete den Satan unter eure Füsse" (vgl. 1 Mo 3,15) -
2 Ko 12,7 (EP) "... des Satans Engel - 1 Ti 5,8 "... der hat den Glauben
verläugnet" - 2 Ko 4,9.17 "Wir leiden Verfolgung ... Unsere Trübsal, die
zeitlich und leicht ist, schaft eine ewige ... Herrlichkeit" - Mt 15,19 "... arge
Gedanken, Mord, ... Lästerung" - Phl 3,19 "... welchen der Bauch ihr Gott
ist" (vgl. Rö 16,18) - Mt 6,24 "Ihr könnet nicht GOtt dienen und dem
Mammon" - 1 Ti 6,10 "Etliche ... sind vom Glauben irre gegangen" - Hes
34,16 "Ich will ... das Verirrte wieder bringen."
    4. Arie. Ps 119,56 "Das ist mein Schatz, daß ich deinen Befehl halte" -
Ps 31,5 "Du woltest mich aus dem Netz ziehen" - Mk 4,15 (EV-Par.) "... so
kommt alsbald der Satan, und nimmt weg das Wort."
    5. Choral. Ps 36,2 "Es ist von Grund meines Herzens ... gesprochen
..." - Ps 119,43 "Nimm ja nicht von meinem Mund das Wort der Warheit"

- 2 Ko 1,9 "... daß wir unser <u>Vertrauen</u> nicht auf uns selbst stellten, sondern auf GOTT, der die <u>Todten</u> auferwecket" - Jh 8,51 "So jemand mein <u>Wort</u> wird halten, <u>der wird den Tod</u> nicht sehen ewiglich."

181 Leichtgesinnte Flattergeister

1. Arie. Ps 119,113 "Ich hasse die <u>Fladergeister</u>" - Heb 4,12 "Das <u>Wort</u> GOttes ist ... <u>kräftig</u>" - 5 Mo 13,13 "Etliche <u>Kinder</u> Belial ... haben ... gesagt: Lasset uns gehen, und andern Göttern dienen" - 2 Ko 6,15 "Wie stimmt Christus mit <u>Belial</u>?"

2. Rezitativ. Lk 8,12f. (EV) "Die aber <u>an dem Weg</u> sind, das sind, die es hören, darnach kommt der Teufel, und nimmt das <u>Wort</u> von ihrem <u>Herzen</u>, auf daß sie <u>nicht glauben</u> und selig werden. Die aber auf dem <u>Fels</u> ... haben nicht Wurzel" - 2 Ko 12,7 (EP) "Des <u>Satans</u> Engel ..." - Eph 6,11 "... die <u>listigen</u> Anläufe des Teufels" - Eph 4,18 "... welcher <u>Verstand</u> verfinstert ist ... durch die <u>Blindheit</u> ihres <u>Herzens</u>" - Mt 27,52 "Die <u>Felsen</u> zerrissen" - Mt 28,2 "Der <u>Engel</u> des HERRN ... wälzte den <u>Stein</u> von der Thür" - 2 Mo 17,5f. "Nimm deinen <u>Stab</u> ... Da solt du den <u>Fels</u> schlagen, so wird <u>Wasser</u> heraus laufen ... <u>Mose</u> thät also" - 2 Mo 7,14 "Das <u>Herz</u> Pharao ist <u>hart</u>" - Mk 16,14 "(JEsus) schalt ihren Unglauben, und ihres <u>Herzens Härtigkeit</u>" (vgl. Mt 19,8).

3. Arie. Lk 8,14 (EV) "Das aber unter die <u>Dornen</u> fiel, sind die, so es hören, und gehen hin unter den <u>Sorgen</u>, Reichthum und <u>Wollust</u> dieses Lebens, und <u>ersticken</u>" (vgl. Satz 4) - Mt 6,19 "Ihr solt euch nicht <u>Schätze</u> sammlen auf Erden" - 5 Mo 32,22 "Das <u>Feuer</u> ... wird brennen bis in die unterste <u>Höll</u>" (vgl. Mt 5,22; 18,9) - Lk 16,23 "Als er nun in der <u>Höll</u> und in der <u>Qual</u> war ..."

4. Rezitativ. Lk 8,14 (EV, s.o.) - Ps 126,6 "... und tragen <u>edlen Samen</u>" - Lk 8,15 (EV) "Das aber auf dem <u>guten Land</u>, sind, die das <u>Wort</u> hören, und behalten in einem feinen guten <u>Herzen</u>, und bringen <u>Frucht</u> in Gedult" (vgl. Satz 5) - Ri 9,11 "Soll ich meine <u>Süssigkeit</u>, und meine <u>gute Frucht</u> lassen ...?" (vgl. Satz 5) - Heb 6,5 "... und <u>geschmeckt</u> haben das gütige <u>Wort</u> GOttes, und <u>die Kräfte</u> der <u>zukünftigen</u> Welt."

5. Chor. Jer 15,16 "Dein Wort ist unsers <u>Herzens</u> Freud und <u>Trost</u>" - Ri 9,11 (s.o.) - Lk 8,15 (EV, s.o.).

126 Erhalt uns, Herr, bei deinem Wort

1. Choral. Lk 8,5.11 (EV) "Es gieng ein Säemann aus zu säen seinen Samen ... Der Same ist das <u>Wort</u> GOttes" - Ps 119,116 "<u>Erhalte</u> mich durch <u>dein Wort</u>" - Ps 46,10 "... der den Kriegen <u>steuret</u>."

2. Arie. Jh 19,11 "Du hättest keine <u>Macht</u> über Mich, wenn sie dir nicht wäre <u>von oben</u> herab gegeben" - Off 17,14 "Es ist der <u>HErr</u> aller <u>HErren</u>" - Jer 32,18 "Du ... <u>starker GOtt</u>" - Ps 80,7 "Unsere <u>Feinde spotten</u> unser."

3. Rezitativ und Choral. Ps 60,13 "Schaffe uns <u>Beystand in der</u> <u>Noth</u>; denn <u>Menschen</u>-Hülf ist kein <u>nütz</u>" - Jes 41,14 "... ihr <u>armer Haufe</u> Israel" - Ps 125,3 "... über dem <u>Häuflein</u> der Gerechten" - Jh 14,26 "Der <u>Tröster</u> der <u>Heilige Geist</u> ..." - 2 Ko 11,26 (EP) "... in <u>Fährlichkeit</u> unter den <u>falschen Brüdern</u>" - 2 Ko 13,11 "Habt <u>einerley Sinn</u>" - 1 Ko 12,27 "Ihr seyd aber der <u>Leib Christi</u>, und <u>Glieder</u>" - Jh 17,20f. "Ich bitte ... für die, so durch ihr Wort an Mich <u>glauben</u> werden. Auf daß sie alle <u>eines</u> seyen" - 1 Ko 15,26 "Der <u>letzte Feind</u>, der aufgehaben wird, ist der <u>Tod</u>" - 1 Jh 3,14 "Wir wissen, daß wir <u>aus dem Tod</u> in das Leben kommen sind."

4. Arie. Ps 73,18f. "Du <u>stürzest</u> sie <u>zu Boden</u>. Wie werden sie so plötzlich zu nicht?"

5. Rezitativ. Ps 119,130 "Wenn <u>dein Wort offenbar wird</u>, so erfreuet es" - Jh 17,17 "<u>Dein Wort</u> ist die <u>Warheit</u>" - Lk 8,15 (EV) "Das aber auf dem guten Land, sind, die das <u>Wort</u> hören ... und bringen <u>Frucht</u>" - Ps 90,13 "HErr, <u>kehre Dich</u> doch wieder <u>zu uns</u>" - 4 Mo 6,24.26 "Der HERR <u>segne</u> dich ... und gebe dir <u>Friede!</u>" (vgl. Ps 29,11).

6. Choral. Siehe 42/7.

QUINQUAGESIMA   ESTOMIHI
EP 1 Ko 13,1-13
EV Lk 18,31-43

22 Jesu nahm zu sich die Zwölfe

1. Arioso, Arie und Chor. = Lk 18,31.34 (EV).

2. Arie. Lk 18,31.34 (EV, s. Satz 1) - Lk 22,33 "<u>Ich bin bereit</u> mit Dir ... in den Tod zu <u>gehen</u>" - 2 Ko 4,17 "... eine ewige und über alle Maas <u>wichtige</u> Herrlichkeit."

3. Rezitativ. Lk 18,31.34 (EV, s. Satz 1) - Jh 6,44 "... es sey denn, daß ihn <u>ziehe</u> der Vater" - Lk 23,27 "Es folgte Ihm aber nach ein <u>grosser Haufe</u> Volks" - Mt 17,1f.4 "JEsus ... führte sie beyseits auf einen hohen <u>Berg</u>. Und ward <u>verklärt</u> vor ihnen .. Wilt Du, so <u>wollen</u> wir drey Hütten machen" - Mt 27,33.35 "Da sie an die Stätte kamen, mit Namen <u>Golgatha</u> ... Da sie Ihn aber <u>gecreutziget</u> hatten ..." - Heb 13,12 "Auch JESUS ... hat ... <u>gelitten</u> aussen vor dem Thor" - Apg 8,33 "<u>In</u> seiner <u>Nidrigkeit</u> ist sein Gericht erhaben" - Gal 6,14 "... von dem <u>Creutz</u> unsers HErrn JEsu Christi, durch

welchen <u>mir</u> die <u>Welt gecreutziget</u> ist, und ich der <u>Welt</u>" - Gal 5,24
"Welche aber Christo angehören, die <u>creutzigen</u> ihr <u>Fleisch</u>, samt den
<u>Lüsten</u> und Begierden" (vgl. Satz 4).
    4. Arie. 1 Ko 15,28 "... auf daß GOTT sey <u>alles in allem</u>" (vgl. 1 Ko
12,6) - Rö 12,2 "<u>Verändert</u> euch" - Jes 64,11 "HErr, wilt Du ... uns so sehr
<u>niderschlagen</u>?" - Gal 5,16 "Wandelt im <u>Geist</u>, so werdet ihr die <u>Lüste des</u>
<u>Fleisches</u> nicht vollbringen" (vgl. Satz 3) - Jh 6,44 (s.o.) - Lk 2,29 "HErr,
nun lässest Du deinen Diener <u>im Friede</u> fahren."
    5. Choral. Siehe 132/6.

23 Du wahrer Gott und Davids Sohn

    1. Arie. (Duett). Lk 18,38 (EV) "<u>Du Sohn David, erbarme Dich mein!</u>"
- Spr 8,23 "Ich bin eingesetzt <u>von Ewigkeit</u>" - 1 Mo 29,32 "Der HErr <u>hat</u>
<u>angesehen mein</u> Elend" (vgl. Lk 1,48) - 2 Mo 15,6 "Deine rechte <u>Hand</u>
thut grosse <u>Wunder</u>" - Ps 51,14 "<u>Tröste</u> mich wieder mit deiner <u>Hülfe</u>."
    2. Rezitativ. (mit instr. Choral "Christe, du Lamm Gottes"). Mt 20,30
"Und sihe, zween <u>Blinden</u> sassen am Weg, und da sie hörten, daß JESUS
<u>vorüber gieng</u>, schrien sie, und sprachen: Ach HERR, <u>Du Sohn David, er-</u>
<u>barme Dich unser!</u>" (vgl. die Sätze 1 und 4) - Lk 10,31 "Da er ihn sahe,
gieng er <u>vorüber</u>" (vgl. V.32) - Lk 5,31 "Die <u>Gesunden</u> dürfen des Arztes
nicht, sondern die <u>Kranken</u>" - 1 Mo 32,27 "<u>Ich lasse Dich nicht</u>, Du
<u>segnest</u> mich dann!"
    3. Chor. Ps 145,15 "<u>Aller Augen warten auf Dich</u>" - Jes 29,18 "Die
<u>Augen</u> der Blinden werden aus dem Dunkel und <u>Finsternis</u> sehen" - Jh
12,46 "Ich bin kommen in die Welt ein <u>Licht</u>, auf daß, wer an Mich
glaubet, <u>nicht im Finsternis</u> bleibe."
    4. Choral. Jh 1,29 "Sihe, das ist <u>GOttes Lamm</u>, welches <u>der Welt</u>
<u>Sünde trägt</u>" - Mt 20,30 (s.o.) - Jh 14,27 "Meinen <u>Frieden gebe</u> Ich euch."

127 Herr Jesu Christ, wahr' Mensch und Gott

    1. Choral (mit instr. Choral "Christe, du Lamm Gottes"). 1 Ti 2,5 "...
der <u>Mensch Christus JEsus</u>" - 1 Jh 5,20 "<u>JESUS Christus</u> ... ist der
<u>warhaftige GOTT</u>" (vgl. Rö 9,5) - Lk 18,32f. (EV) "Er wird ... <u>verspottet</u> ...
werden, und sie werden Ihn geisseln und <u>tödten</u>" - Apg 20,28 "... die
Gemeine GOttes, welche Er durch sein eigen Blut <u>erworben</u> hat" - Lk
18,13 "<u>Sey mir Sünder gnädig!</u>" (vgl. Ps 51,3).
    2. Rezitativ. Jes 2,2 "Es wird <u>zur letzten Zeit</u> der Berg ... gewiß seyn"
-Lk 22,44 "Es kam, daß Er mit dem <u>Tod</u> rang ... Es ward aber sein <u>Schweis</u>
wie Blutstropfen" - Jer 23,9 "Mein <u>Herz</u> will mir in meinem Leib <u>brechen</u>"

- 2 Ti 1,12 "Ich weiß, an welchen ich glaube" - Ps 23,4 "Du bist bey mir" -
Lk 18,31 (EV) "Sehet, wir gehen hinauf gen Jerusalem" - 2 Ko 1,5
"Gleichwie wir des Leidens Christi viel haben ..." - Heb 4,9 "Darum ist
noch eine Ruhe vorhanden dem Volk GOttes."

3. Arie. Hi 12,10 "In seiner Hand ist die Seel alles deß, das da lebet"
(vgl. Ps 31,6) - Jh 5,21 "Wie der Vater die Todten auferwecket ..., also
auch der Sohn."

4. Rezitativ und Arie. 1 Ko 15,52 "Es wird die Posaune schallen" - Jes
24,19 "Es wird dem Land übel gehen ... und wird zerfallen" - Neh 13,31
"Gedenke meiner, mein GOTT, im besten!" - Rö 2,15f. "... darzu auch die
Gedanken, die sich unter einander verklagen oder entschuldigen, auf den
Tag, da GOTT das Verborgene der Menschen durch JEsum Christ
richten wird" - 1 Jh 2,1 "Ob jemand sündiget, so haben wir einen
Vorsprecher bey dem Vater, JEsum Christ" - Mt 24,35 "Himmel und
Erden werden vergehen" - 2 Pt 3,7 "Der Himmel ... und die Erde werden
... zum Feuer behalten werden, am Tag des Gerichts" -Jh 5,24 "Warlich,
warlich, Ich sage euch: Wer mein Wort höret und glaubet dem, der Mich
gesandt, der hat das ewige Leben, und kommt nicht in das Gericht" - Jh
8,51f. "Warlich, warlich, Ich sage euch: ... So jemand mein Wort hält, der
wird den Tod nicht schmecken ewiglich" -Spr 1,8 "Mein Kind, gehorche
... "Heb 11,27 "(Moses) hielte sich an den, den er nicht sahe, als sähe er
ihn" (vgl. Jer 15,19) - 2 Mo 3,19 "... durch eine starke Hand" - Ps 18,5 "Es
umfiengen mich des Todes Bande" - Off 1,18 "Ich ... habe die Schlüssel
der Hölle und des Todes."

5. Choral. Mt 6,12 "Vergib uns unser Schuld" - Rö 8,25 "... so warten
wir sein durch Gedult" - Sir 11,19 "Er weiß nicht, daß sein Stündlein so
nah ist" - Heb 3,6 "... so wir anderst das Vertrauen ... bis ans Ende vest
behalten."

159 Sehet! Wir gehn hinauf gen Jerusalem

1. Arioso und Rezitativ. "Sehet ..." = Lk 18,31 (EV) - Klg 1,12
"Schauet doch, und sehet ..." - Jh 16,5 "Wo gehest Du hin?" - Phl 2,8 "Er
... ward gehorsam bis zum Tod ... am Creutz" - Lk 18,33 (EV) "Sie werden
Ihn geisseln und tödten" - Apg 20,23 "Bande und Trübsal warten mein."

2. Arie und Choral. Mt 10,38 "Wer nicht sein Creutz auf sich nimmt,
und folget Mir nach, der ist Mein nicht werth" - Jh 19,25 "Es stunden aber
bey dem Creutz JEsu seine Mutter, und seiner Mutter Schwester" - Lk
18,32 (EV) "Er wird ... geschmähet und verspeyet werden" - Ps 69,21 "Die
Schmach bricht mir mein Herz" - 1 Mo 32,27 "Ich lasse Dich nicht."

3. Rezitativ. Ps 119,28 "Ich gräme mich" - Apg 26,26 "Solches ist nicht im Winkel geschehen" - Mt 16,27 "Es wird je geschehen, daß des Menschen Sohn komme in der Herrlichkeit seines Vaters" - 2 Ti 4,18 "Der HERR aber wird mich erlösen von allem Übel" - Rö 15,32 "... und mich mit euch erquicke."

4. Arie. Jh 19,30 "Es ist vollbracht!" - Rö 3,23f. "Sie sind allzumal Sünder, ... Und werden ohne Verdienst gerecht aus seiner Gnade" - Rö 8,33 "GOtt ist hie, der da gerecht macht."

5. Choral. Siehe 182/7.

LENT
FASTENZEIT

LENT 3
EP Eph 5,1-9
EV Lk 11,14-28

54 Widerstehe doch der Sünde

1. Arie. Heb 12,4 "Ihr habt noch nicht bis aufs Blut <u>widerstanden</u> über dem Kämpfen <u>wider</u> die <u>Sünde</u>" - Ps 40,13 "Es haben mich meine <u>Sünden ergriffen</u>, daß ich nicht sehen kann" - Lk 11,18 (EV) "Ist denn der <u>Satanas</u> auch mit ihm selbst uneins, wie will sein Reich bestehen?" - Jak 3,8 "Die Zunge ... voll <u>tödtliches Gifts</u>."

2. Rezitativ. Mt 23,27f "Weh euch ... ihr Heuchler! die ihr gleich seyd, wie die <u>übertünchten Gräber</u>, welche auswendig hübsch scheinen ... Also auch ihr, <u>von aussen</u> scheinet ihr vor den Menschen fromm" - Jes 3,9 "... und rühmen ihre <u>Sünde</u>, wie die zu <u>Sodom</u>" - Jer 23,14 "Sie sind alle vor Mir, <u>gleich</u> wie <u>Sodoma</u>" - Lk 11,20 (EV) "So Ich aber durch GOttes Finger die Teufel austreibe, so kommt je das <u>Reich GOttes</u> zu euch" - Eph 5,5 (EP) "Das solt ihr wissen, daß kein Hurer ... Erbe hat an dem <u>Reich</u> Christi und <u>GOttes</u>" - Ps 57,5 "... und ihre Zungen <u>scharfe Schwerter</u>" - Sir 21,4 "Eine jegliche <u>Sünde ist wie</u> ein <u>scharfes Schwert</u>" - Lk 2,35 "Es wird ein <u>Schwert durch</u> deine <u>Seele</u> dringen."

3. Arie. 1 Jh 3,8 "<u>Wer Sünde thut, der ist vom Teufel, denn</u> der Teufel sündiget von Anfang" - Heb 12,4 (s.o.) - Jak 4,7 "<u>Widerstehet</u> dem <u>Teufel</u>, so fliehet er von euch."

PALM SUNDAY   PALMARUM
EP I Phl 2,5-11
EP II 1 Ko 11,23-32
EV Mt 21,1-9

182 Himmelskönig, sei willkommen

1. Sonata.

2. Chor. Mt 21,5.9 (EV) "Saget der Tochter <u>Zion</u>, sihe, dein <u>König</u> <u>kommt</u> zu Dir ... Gelobet sey, der da <u>kommt</u> in dem Namen des HErrn!" (vgl. Sa 9,9; Ps 118,26) - 1 Mo 24,31 "<u>Komm herein</u>, du Gesegneter des HERRN" - Hl 4,9 "<u>Du hast</u> mir <u>das Herz</u> genommen."

3. Rezitativ. = Ps 40,8f. - Vgl. Mt 21,5 (EV, s.o.).

4. Arie. Hl 8,6 "<u>Liebe</u> ist <u>stark</u> wie der Tod" - Phl 2,6-8 (EP I) "... hielt Ers nicht für einen Raub <u>GOTT</u> gleich seyn: Sondern äusserte Sich Selbst ... und ward gehorsam bis zum Tod ... am <u>Creutz</u>" (vgl. Satz 6) -Jer 14,21 "Laß den <u>Thron deiner Herrlichkeit</u> nicht verspottet werden" - Ps 98,3 "Aller <u>Welt</u> Ende sehen das <u>Heil</u> unsers GOttes" - Eph 5,2 "... gleichwie Christus uns hat <u>geliebt</u>, und Sich selbst dargegeben für uns, zu Gab und <u>Opfer</u>" - Heb 10,9f. "Da sprach er: Sihe, ich komme zu Thun, GOtt, deinen Willen ... In welchem Willen wir sind geheiligt, einmal geschehen, durch das <u>Opfer</u> des Leibes JEsu Christi" (vgl. Ps 40,8; s. Satz 3) - Rö 3,25 "welchen GOtt hat <u>vorgestellt</u> ... in seinem <u>Blut</u>" - Off 5,9 "<u>Du</u> ... hast uns erkauft <u>mit</u> deinem <u>Blut</u>" - 1 Ko 11,25 (EP II) "Dieser Kelch ist das Neue Testament in meinem <u>Blut</u>."

5. Arie. Mt 21,7f. (EV) "(Die Jünger) brachten die Eselin und das Füllen, und <u>legten</u> ihre <u>Kleider</u> darauf, und satzten Ihn darauf. Aber viel Volks breitete die <u>Kleider</u> auf den Weg" - Off 7,14 "Diese ... haben ihre <u>Kleider</u> helle gemacht im Blut des Lammes" - Jud 23 "Hasset den <u>befleckten</u> Rock des Fleisches" - 1 Ko 6,13 "Der <u>Leib</u> ... dem HERRN."

6. Arie. Jh 11,16 "<u>Lasset</u> uns <u>mitziehen</u>, daß wir mit ihm sterben" - Mt 27,23 "Sie <u>schrien</u> aber noch mehr, und sprachen: Laß Ihn <u>creutzigen</u>!" - Jes 28,16 "Wer glaubet, der <u>fleucht nicht</u>" - Mt 26,56 "Da verliessen Ihn alle Jünger, und <u>flohen</u>" - 2 Mo 17,15 "Der <u>HErr</u> Nissi (Das heisst mein <u>Panir</u>)" -Mt 27,29 "... und flochten eine dornene <u>Cron</u>, und satzten sie auf sein Haupt" - Off 2,10 "Sey getreu bis an den Tod, so will Ich dir die <u>Krone</u> des Lebens geben" - Jh 12,12f. "Viel Volks, ... da es hörte, daß JEsus kommet gen Jerusalem, nahmen sie <u>Palm</u>-Zweige, und giengen hinaus Ihm entgegen" - Off 7,9 "Darnach sahe ich, und sihe, eine grosse Schaar, ... vor dem Stuhl stehende, und vor dem Lamm, angetan mit weissen Kleidern, und <u>Palmen</u> in ihren Händen."

7. Choral Jes 53,5 "Durch seine <u>Wunden</u> sind wir geheilet" - Mt 27,29 (s.o.) - Jh 14,3 "Ob Ich hingienge, euch die <u>Stätte</u> zu bereiten, will Ich doch wieder kommen, und euch zu Mir nehmen."

8. Chor. Ps 76,3 "Zu <u>Salem</u> ist sein Gezelt" - Heb 7,1.3 "Melchisedech aber war ein <u>König</u> zu <u>Salem</u> ... Er ist aber vergleicht dem Sohn GOttes" (vgl. 1 Mo 14,18) - Ps 137,6 "... wo ich nicht lasse <u>Jerusalem</u> meine höchste <u>Freude</u> seyn" - Sa 9,9 "Du Tochter Zion, <u>freue</u> dich sehr, und du Tochter <u>Jerusalem</u>, jauchze!" Spr 31,12 "Sie thut ihm <u>Liebes</u>, und kein Leids."

EASTER
OSTERN

EASTER DAY
EP 1 Ko 5,6-8
EV Mk 16,1-8

ERSTER OSTERTAG

4 Christ lag in Todes Banden

1. Sinfonia.

2. Versus 1. Ps 18,5 "Es umfiengen mich des <u>Todes Bande</u>" - Gal 1,4 (<u>Christus</u>), der Sich Selbst <u>für unsere Sünde</u> gegeben hat ..." - Mk 16,6 (EV) "Ihr suchet JEsum von Nazareth, den <u>Gecreutzigten</u>; Er ist auf- <u>erstanden</u>" (vgl. Satz 6) - 2 Ti 1,10 "(<u>Christus,</u>) der <u>dem Tod</u> die Macht <u>hat genommen</u>, und <u>das Leben</u> ... ans Licht <u>bracht</u>" (vgl. Satz 4) - Ps 90,14 "... so wollen <u>wir</u> rühmen und <u>frölich seyn</u>" - Ps 146,1 "<u>Halleluja.</u> Lobe den HERRN, meine Seele."

3. Versus 2. Rö 5,12 "Wie durch einen Menschen die <u>Sünde</u> ist <u>kommen</u> in die Welt, und <u>der Tod</u> durch die Sünde, und ist also <u>der Tod</u> zu <u>allen Menschen</u> durchgedrungen ..." - 2 Mo 34,7 "(GOtt,) vor welchem niemand <u>unschuldig</u> ist ..." (vgl. Nah 1,3) - Rö 7,23f. "Ein ander Gesetz in meinen Gliedern ... nimmt mich <u>gefangen</u> in der <u>Sünden</u> Gesetz ... Wer wird mich erlösen von dem Leibe dieses <u>Todes</u>?"

4. Versus 3. Jes 43,4 "Ich habe dich lieb, darum gebe Ich Menschen <u>an</u> deine <u>Statt</u>" - 2 Ti 1,10 (s.o.) - Heb 2,14 "... auf daß Er durch den <u>Tod</u> die Macht <u>nähme</u> dem, der <u>des Todes Gewalt</u> hatte" (vgl. Satz 5) - 1 Ko 15,55-57 "Der <u>Tod</u> ist <u>verschlungen</u> in den <u>Sieg!</u> <u>Tod</u>, wo ist dein <u>Stachel?</u> ... Aber <u>der Stachel des Todes</u> ist die <u>Sünde</u> ... GOtt aber sey <u>Dank</u>, der uns den <u>Sieg</u> gegeben hat durch unsern HERRN <u>JEsum Christum</u>" (vgl. die Sätze 2 und 5).

5. Versus 4. Lk 22,44 "Und es kam, daß er mit dem <u>Tode</u> rang" - 1 Ko 15,55-57 (s.o.) - Jes 25,8 "Er wird <u>den Tod verschlingen</u> ewiglich" - Heb 2,14 (s.o.).

6. Versus 5. 1 Ko 5,7 (EP) "Wir haben auch ein <u>Osterlamm</u>, das ist Christus, <u>für uns</u> geopfert" (vgl. Satz 2) - Jes 53,7 "... wie ein <u>Lamm</u>, das zur Schlachtbank geführt wird" - Jh 1,29 "Sihe, das ist <u>GOttes Lamm</u>, welches der Welt Sünde trägt" - 2 Mo 12,3.7f.13 "Am zehenden Tag dieses Monden, nehme ein jeglicher ein <u>Lamm</u> ... Und solt seines <u>Bluts</u> nehmen, und beyde Pfosten an der <u>Thür</u>, und die oberste Schwelle damit bestreichen ... Und solt also Fleisch essen in derselben Nacht am Feuer <u>gebraten</u>, und <u>ungesäuert</u> Brod ... Und das Blut soll euer <u>Zeichen</u> seyn" (vgl. Satz 8) - Off 7,14 "(Sie) haben ihre Kleider helle gemacht im <u>Blut</u> des <u>Lamms</u>" - 1 Pt 3,13 "Wer ist, der euch <u>schaden könte</u>?"

7. Versus 6. Ps 63,6 "Das wäre meines <u>Herzens Freud und Wonne</u>, wenn ich Dich mit <u>frölichem</u> Mund <u>loben</u> solte" (vgl. Satz 2) - Ps 84,12 "GOtt <u>der HERR ist Sonn</u> und Schild" - Heb 1,3 "Er ist der <u>Glanz</u> seiner Herrlichkeit" - Ps 118,27 "<u>Der HErr</u> ist GOtt, <u>der uns erleuchtet</u>" - Eph 5,14 "Stehe auf von den Todten, so wird dich Christus <u>erleuchten</u>" - Hi 20,8 "... wie ein Gesicht in der <u>Nacht verschwindet</u>."

8. Versus 7. 2 Mo 29,2 "... ungesäuerte <u>Fladen</u>" - 1 Ko 5,8 (EP) "Lasset uns <u>Ostern</u> halten <u>nicht</u> im <u>alten Sauerteig</u>" - Apg 20,32 "Ich befehle euch GOTT und dem <u>Wort</u> seiner <u>Gnade</u>" - Jh 6,55 "Mein Fleisch ist die <u>rechte Speis</u>" (vgl. Satz 6) - Gal 2,20 "<u>Christus</u> lebet in mir. Denn was ich jetzt <u>lebe</u> im Fleisch, das <u>lebe</u> ich in dem <u>Glauben</u> des Sohns GOttes."

31 Der Himmel lacht! die Erde jubilieret

1. Sonata.

2. Chor. Kol 2,12.15 "GOTT (hat Christum) auferweckt ... <u>von</u> den Todten ... und hat ausgezogen die Fürstenthum und die Gewaltigen, und sie Schau getragen öffentlich und einen <u>Triumph</u> aus ihnen gemacht" - Ps 18,5 "Es umfiengen mich des <u>Todes</u> Bande" - Mk 16,2 (EV) "Und sie kamen zum <u>Grab</u>" - Ps 16,10 "Du wirst ... <u>nicht</u> zugeben, daß dein <u>Heiliger</u> <u>verwese</u>."

3. Rezitativ. Off 1,11.18 "Ich bin <u>das A und das O, der Erste und der</u> <u>Letzte</u> ... Ich <u>war todt, und sihe</u>, Ich bin <u>lebendig</u> ..., <u>und habe die</u> <u>Schlüssel der Hölle und des Todes</u>" - Kol 1,18 "Er ist das <u>Haupt</u> des Leibes" - 1 Ko 12,27 "Ihr seyd aber der Leib Christi, und <u>Glieder</u>" - Jes 63,1f. "Wer ist der, so von Edom kommt, mit <u>röthlichen</u> Kleidern von Bazra, der so <u>geschmückt</u> ist in seinen Kleidern ... Warum ist denn dein <u>Gewand</u> so <u>rothfarb</u>?" - Off 19,13 "... und war angethan mit einem Kleid, das mit <u>Blut</u> besprengt war" - Ps 8,6 "<u>Mit Ehren und Schmuck</u> wirst Du ihn krönen."

4. Arie. Apg 3,15 "Den <u>Fürsten des Lebens</u> habt ihr getödtet" - Mk 14,61 "Bist Du Christus, der <u>Sohn</u> des <u>Hochgelobten</u>?" - Mk 16,6 (EV) "Ihr suchet ... den Gecreutzigten; Er ist <u>auferstanden</u>" (vgl. die Sätze 5 und 7) - 1 Mo 28,12 "Sihe, eine <u>Leiter</u> stund auf <u>Erden</u>, die rührte mit der Spitzen an den Himmel" (vgl. Satz 2) - Jer 17,12 "Der Thron Göttlicher Ehre ist allezeit vest blieben" - Jes 63,1f. (s.o.).

5. Rezitativ. Mk 16,6 (EV, s.o.) - Eph 5,14 "Stehe auf von den Todten" - Kol 3,1 "Seyd ihr nun mit Christo auferstanden, so suchet, was droben ist" - Heb 9,14 "... von den todten Werken" - Jh 15,5 "Ich bin der Weinstock, ihr seyd die Reben" - 1 Mo 3,22 "Nun aber, daß er nicht ... breche auch von dem Baum des Lebens, und esse, und lebe ewiglich" (vgl. 1 Mo 2,9) - Spr 3,18 "(Die Weisheit) ist ein Baum des Lebens allen, die sie ergreifen" - Mk 16,4.8 (EV) "Sie ... wurden gewahr, daß der Stein abgewälzt war ... Und sie giengen schnell heraus, und flohen von dem Grab" - Off 20,4 "Diese lebten ... mit Christo tausend Jahr."

6. Arie. Eph 4,24 "Ziehet den neuen Menschen an, der nach GOTT geschaffen ist" - 1 Ko 15,42.44f. "Es wird gesäet verweslich ... und wird auferstehen ein geistlicher Leib ... Der erste Mensch Adam ist gemacht ins natürliche Leben, und der letzte Adam ins geistliche Leben" - Mk 16,6 (EV, s.o.) - Ps 80,4 "Laß leuchten dein Antlitz, so genesen wir" (vgl. V.8.20; 1 Mo 32,31) - 1 Ko 12,27 "Ihr seyd aber der Leib Christi, und Glieder" (vgl. die Sätze 3 und 7).

7. Rezitativ. Jh 12,32 "Wenn Ich erhöhet werde von der Erden, so will Ich sie alle zu Mir ziehen" - 1 Pt 4,13 "Freuet euch, daß ihr mit Christo leidet, auf daß ihr auch zur Zeit der Offenbarung seiner Herrlichkeit, Freude und Wonne haben möget" - Rö 8,17 "... so wir anders mit leiden, auf daß wir auch mit zur Herrlichkeit erhaben werden" - Mk 16,6 (EV, s.o.) - Hi 19,26 "... und werde in meinem Fleisch GOTT sehen."

8. Arie (mit instr. Choral "Wenn mein Stündlein vorhanden ist"). 1 Jh 2,18 "Es ist die letzte Stund" - Jes 9,1 "Das Volk ... sihet ein grosses Licht, und über die da wohnen im finstern Land, scheinet es hell" (vgl. 2 Ko 4,6) - Mt 22,30 "In der Auferstehung ... sind (sie) gleichwie die Engel GOttes im Himmel."

9. Choral. Pr 12,5 "Der Mensch fähret hin, da er ewig bleibet" (vgl. Ps 39,14) - Jh 11,11 "(JEsus) spricht ... zu ihnen: Lazarus, unser Freund, schläft; aber Ich gehe hin, daß Ich ihn aufwecke" - Off 4,1 "Sihe, eine Thür ward aufgethan im Himmel" - 1 Ti 1,16 "... zum ewigen Leben."

Anm. Franck schreibt in Satz 5 "daß dein Heyland in dir lebt" - Vgl. Gal 2,20 "Christus lebet in mir."

EASTER MONDAY   ZWEITER OSTERTAG
EP Apg 10,34-43
EV Lk 24,13-35

66 Erfreut euch, ihr Herzen

1. Chor. Jes 35,10 "<u>Freude</u> und Wonne werden sie ergreifen, und
<u>Schmerz</u> und Seufzen wird weg müssen" - Lk 24,17.23 (EV) "Was sind das
für Reden, die ihr zwischen euch handelt unter Wegen, und seyd <u>traurig</u>?
... Engel ..., welche sagen: Er <u>lebe</u>" - Jos 8,1 "Fürchte dich nicht, und <u>zage</u>
nicht."

2. Rezitativ. Ps 71,15 "Mein <u>Mund</u> soll <u>verkündigen</u> deine Gerechtigkeit" - Lk 24,32 (EV, s.o.).

3. Arie. Apg 10,36 (EP) "GOTT ... hat ... verkündigen lassen den
<u>Frieden</u> durch <u>JEsum</u> Christum" - Rö 1,6 "... die da <u>berufen</u> sind von <u>JEsu</u>
Christo" - 1 Ti 6,12 "Ergreife das ewige <u>Leben</u>, darzu du auch <u>berufen</u>
bist" - Klg 3,22f. "<u>Seine Barmherzigkeit</u> ... ist alle Morgen <u>neu</u>, und deine
<u>Treue</u> ist groß."

4. Rezitativ (Dialog) und Arioso (Duett). Apg 9,31 "Die Gemeine ...
ward <u>erfüllt mit Trost</u>" - Lk 17,21 "Das <u>Reich</u> GOttes ist inwendig <u>in</u> euch"
- Mit 12,43 "Der unsaubere <u>Geist ... suchet Ruh</u>, und findet sie nicht" - Lk
24,22.25.31.34 (EV) "Etliche Weiber der Unsern ... sind früh bey dem
<u>Grab</u> gewesen ... O ihr Thoren und träges Herzens! zu <u>glauben</u> ... Da
wurden ihre <u>Augen</u> geöffnet, und erkanten Ihn ... Der HERR ist warhaftig
<u>auferstanden</u>" - 2 Ko 4,10 "(Wir) tragen um allezeit das <u>Sterben</u> des
HERRN JEsu an unserm Leib, auf daß auch das <u>Leben</u> des HERRN JEsu
an unserm Leib offenbar werde" - Ps 110,3 "Nach Deinem <u>Sieg</u> wird Dir
Dein Volk willig <u>opfern</u>" - Ps 118,15 "Man singet mit Freuden vom <u>Sieg</u>" -
Apg 10,40.43 (EP) "Denselbigen hat GOtt <u>auferwecket</u> ... Daß durch
seinen Namen alle, die an Ihn <u>glauben</u>, Vergebung der Sünden empfahen
sollen" - Ps 18,5 "Es umfiengen mich des <u>Todes Bande</u>" - 1 Ko 15,55 "Der
<u>Tod</u> ist verschlungen in den <u>Sieg</u>" - Mt 27,66 "Sie ... verwahrten das <u>Grab</u>
mit Hütern, und <u>versiegelten</u> den <u>Stein</u>" - Mk 9,24 "<u>Ich glaube</u>, lieber HErr,
<u>hilf</u> meinem Unglauben" - Ps 77,15 "Du bist <u>der GOtt, der Wunder thut</u>."

5. Arie (Duett). Lk 24,21 (EV) "Wir aber <u>hoften</u>, Er solte Israel
erlösen" - Ps 73,26 "... so bist Du doch, GOTT, allezeit <u>meines Herzens</u>
<u>Trost</u>" - 2 Ko 2,14 "<u>GOTT</u> sey gedanket, der uns allzeit <u>Sieg</u> giebet <u>in</u>
Christo" (vgl. 1 Ko 15,57).

6. Choral. Jh 20,20 "Da wurden die Jünger <u>froh</u>, daß sie den HERRN
sahen" - 2 Ko 1,5 "... also werden wir auch reichlich <u>getröstet</u> durch
<u>Christum</u>."

6 Bleib bei uns, denn es will Abend werden

1. Chor. = Lk 24,29 (EV).

2. Arie. Mk 14,61 "Bist Du Christus, der <u>Sohn</u> des <u>Hochgelobten</u>?" - Jh 8,12 "Ich bin das <u>Licht</u> der Welt. Wer Mir nachfolget, der wird nicht wandeln im <u>Finsternis</u>" (vgl. Jes 9,1).

3. Choral. Lk 24,29 (EV, s. Satz 1) - Sa 14,7 "Um den <u>Abend</u> wirds <u>licht</u> seyn" - Ps 119,105 "<u>Dein Wort</u> ist ... ein <u>Licht</u> auf meinem Wege" - Jes 2,2 "Es wird zur <u>letzten Zeit</u> der Berg, da des HErrn Haus ist, gewiß seyn" (vgl. 2 Ti 3,1) - Apg 2,42 "Sie blieben aber <u>beständig</u> in der Apostel Lehr, und in der Gemeinschaft, und im Brodbrechen, und im Gebet" (vgl. EP Apg 10,36.40f. und EV Lk 24,27.30) - Heb 3,14 "Wir sind Christi theilhaftig worden, so wir anderst das angefangene Wesen <u>bis</u> <u>ans Ende</u> vest <u>behalten</u>."

4. Rezitativ. 2 Pt 1,19 (s.u.) - Ps 115,13 "... beyde <u>Kleine und Grosse</u>" -Rö 3,22 "Ich sage aber von solcher <u>Gerechtigkeit vor GOtt</u>, die da kommt durch den Glauben an JEsum Christ" - Off 2,5 "Thue Buß, und thue die ersten Werke. Wo aber nicht, werd Ich dir kommen bald, und deinen <u>Leuchter</u> wegstossen."

5. Arie. Heb 12,1f. "Lasset <u>uns</u> ablegen die <u>Sünde</u> ... und <u>aufsehen auf</u> <u>JEsum</u>" - Ps 1,1 "Wol dem, der <u>nicht</u> ... tritt <u>auf</u> den <u>Weg</u> der <u>Sünder</u>" -2 Pt 1,19 "Wir haben ein vestes Prophetisch <u>Wort</u>, und ihr thut wol, daß ihr darauf achtet, als auf ein <u>Licht</u>, das da <u>scheinet</u> in einem <u>tunkeln Ort</u>" (vgl. Satz 4).

6. Choral. Ps 77,15 "Du hast <u>deine Macht beweiset</u> unter den Völkern" - Off 19,16 "... ein <u>HErr aller Herren</u>" - Ps 5,12 "<u>Ewiglich</u> laß sie rühmen, denn Du beschirmest sie."

EASTER TUESDAY   DRITTER OSTERTAG
EP Apg 13,26-33
EV Lk 24,36-47

134 Ein Herz, das seinen Jesum lebend weiß

1. Rezitativ. Off 1,18 "Ich war todt, und sihe, Ich bin <u>lebendig</u>" - Ps 45,2 "Mein <u>Herz dichtet</u> ein feines Lied."

2. Arie. Kol. 3,16 "Vermahnet euch selbst mit ... <u>lieblichen Liedern</u>, und <u>singet</u> dem HErrn in euren Herzen" - 1 Jh 2,8 "Das wahre <u>Licht</u> <u>scheinet</u> jetzt" - Ps 50,14 "<u>Opfere</u> GOTT <u>Dank</u>, und <u>bezahle dem</u> <u>Höchsten</u> deine Gelübde."

3. Rezitativ (Dialog). Ps 128,2 "<u>Wol dir</u> ..." 1 Pt 2,9 "Ihr aber seyd ... das Volk des <u>Eigenthums</u>" - Jak 2,19 "Die Teufel glaubens auch, und

zittern" - Heb 9,22 "Ohne <u>Blutvergiessen</u> geschiehet keine Vergebung" -
1 Jh 5,4 "Unser Glaub ist der <u>Sieg</u>, der die Welt <u>überwunden</u> hat" - Lk
2,35 "Es wird ein Schwert durch deine <u>Seele dringen</u>" - Mt 27,29 "(Sie)
flochten eine <u>dornene Cron</u>, und satzten sie auf sein Haupt" (vgl. Jh 19,5) -
Jh 20,28 "<u>Mein HErr</u> und <u>mein GOtt</u>!" - Lk 24,46 (EV) "Also muste
Christus leiden, und <u>auferstehen</u>" - Off 2,10 "Sey <u>getreu</u> bis an den Tod,
so will Ich dir die <u>Krone</u> des Lebens geben" - Apg 13,29f. (EP) "Sie ...
legten Ihn in ein <u>Grab</u>. Aber GOtt hat Ihn auferwecket von den Todten" -
1 Ko 15,26 "<u>Der letzte Feind</u>, der aufgehaben wird, <u>ist</u> der <u>Tod</u>."
    4. Arie (Duett). Hos 14,3 "... so wollen wir <u>opfern</u> die Farren unserer
<u>Lippen</u>" - Ps 118,15 "Man singet mit <u>Freuden</u> vom <u>Sieg</u>" - Ps 85,5 "<u>Tröste</u>
uns, GOtt, unser <u>Heiland</u>."
    5. Rezitativ. Phl 2,13 "GOTT ists, der <u>in</u> euch <u>wirket</u>, beyde das
Wollen und das Thun" - Am 8,7 "Was gilts, ob ich solcher ihrer <u>Werke</u>
ewig <u>vergessen</u> werde?" - Ps 73,26 "... so bist Du doch, GOTT, allezeit
meines <u>Herzens Trost</u>" - Ps 57,2 "Sey mir <u>gnädig</u>, denn auf Dich <u>trauet</u>
meine Seele" - Lk 24,46 (EV, s.o.) - Jh 11,25f. "Wer an Mich glaubet, der
wird leben, ob er <u>gleich stürbe</u>. Und wer da lebet und glaubet an Mich,
der wird <u>nimmermehr sterben</u>" - Lk 24,26 "Muste nicht Christus solches
leiden, und zu seiner <u>Herrlichkeit eingehen</u>?" - 2 Mo 15,2 "Das ist mein
<u>GOtt</u>, ich will Ihn <u>preisen</u>. Er ist meines Vaters <u>GOtt</u>, ich will Ihn
<u>erheben</u>" - Off 21,5 "Sihe, Ich <u>mache</u> es alles <u>neu</u>!" (vgl. Klg 3,22f.) - 1 Mo
49,9 "Du bist hoch kommen, mein Sohn, durch <u>grosse Siege</u>."
    6. Chor. Ps 96,11 "<u>Himmel freue</u> sich, und <u>Erde</u> sey frölich" - Ps 97,1
"Der HERR ist König, deß <u>freue</u> sich das <u>Erdreich</u>" - Ps 34,9 "<u>Schmecket</u>
und sehet, wie freundlich der HErr ist" - Ps 85,5 (s.o.).

145 Ich lebe, mein Herze, zu deinem Ergötzen

    a) Choral. Off 1,10 "Ich war im Geist an <u>des HErrn Tag</u>" - Apg
13,29f. (EP) "Sie ... legten Ihn in ein <u>Grab</u>. Aber GOtt hat Ihn auferwecket
von den <u>Todten</u>" - 1 Jh 3,14 "Wer den Bruder nicht liebet, der <u>bleibet im</u>
<u>Tod</u>".
    b) Chor. = Rö 10,9 - Vgl. Apg 13,30 (EP, s.o.).
    1. Arie (Duett). Jh 14,19 "<u>Ich lebe</u>, und ihr solt auch <u>leben</u>" - Kol 2,14
"(Christus hat) ausgetilgt <u>die Handschrift</u>, so wider uns war" - Lk 24,36
(EV) "<u>Friede</u> sey mit euch!" - Jes 60,11 "Deine <u>Thore</u> sollen stets <u>offen</u>
stehen" (vgl. Off 21,25).
    2. Rezitativ. Jh 5,45 "Es ist einer, der euch <u>verklaget</u>, der <u>Moses</u>" (vgl.
Satz 1) - 5 Mo 31,26 "(<u>Mose</u> sprach:) Nehme das Buch dieses <u>Gesetzes</u>, ...
daß es ... ein Zeuge sey wider dich" - 1 Pt 1,18f. "Wisset, daß ihr ... <u>erlöst</u>

seyd ... mit dem theuren <u>Blut</u> Christi" - Jes 53,5 "Die Strafe ligt auf Ihm,
auf daß wir <u>Friede</u> hätten, und durch seine <u>Wunden</u> sind wir geheilet" -
Gal 5,1 "Bestehet nun in der Freyheit, damit uns Christus <u>befreyet</u> hat" -
Rö 5,1 "... so haben wir <u>Fried mit</u> GOtt" - Off 12,10f. "... weil der <u>Ankläger</u>
unserer Brüder verworfen ist ... Und sie haben ihn überwunden durch des
Lammes <u>Blut</u>" - Lk 24,46 (EV) "Also muste Christus leiden, und
<u>auferstehen</u>" - 2 Ti 2,6 "<u>Merke</u>, was ich sage!"

3. Arie. Off 1,18 "Ich war todt, und sihe, Ich bin <u>lebendig</u>" - Kol 1,23
"... so ihr anders bleibet im <u>Glauben, gegründet</u> und <u>vest</u>" - 1 Ti 3,15 "...
ein Pfeiler und <u>Grundveste</u> der Warheit."

4. Rezitativ. Jh 14,19 (s.o.) - Off 1,18 (s.o.) - Rö 8,38 "<u>Ich bin gewiß</u> ..."
- 2 Ko 3,4 "Ein solch <u>Vertrauen</u> aber <u>haben</u> wir durch Christum zu
GOTT" - Apg 13,29 (EP, s.o.) - Rö 8,17 "... so wir anders mit leiden, auf
daß wir auch mit <u>zur Herrlichkeit</u> erhaben werden" - 1 Mo 45,28 "<u>Ich
habe gnug</u>, daß mein Sohn Joseph noch <u>lebet:</u> Ich <u>will hin</u>, und ihn sehen,
ehe ich sterbe."

5. Choral. Ps 92,5 "<u>HERR</u>, Du lässest mich <u>frölich singen</u>" - Ps 63,6
"... wenn ich Dich mit <u>frölichem</u> Mund <u>loben</u> solte" - Lk 24,46 (EV, s.o.).

158 Der Friede sei mit dir

1. Rezitativ. Lk 24,36 (EV) "<u>Er selbst,</u> JEsus, (trat) mitten unter sie, und
<u>sprach zu</u> ihnen: <u>Friede sey mit</u> euch!" (vgl. Jh 20,19.21.26) - 1 Ti 2,5 "Es
ist ein GOtt und ein <u>Mittler</u> zwischen GOtt und den Menschen, nemlich
der Mensch <u>Christus</u> JEsus" - Gal 3,13 "Christus aber hat uns erlöst von
dem <u>Fluch des Gesetzes</u>" - Jh 12,31 "Nun wird <u>der Fürst dieser Welt</u>
ausgestossen werden" - Off 12,11 "Sie haben ihn überwunden <u>durch des
Lammes Blut</u>" - Klg 1,22 "<u>Mein Herz</u> ist <u>betrübt</u>" - Rö 8,35.39 "Wer will
uns scheiden von der <u>Liebe GOttes? Trübsal?</u> oder <u>Angst?</u> ... von der
<u>Liebe GOttes</u>, die in <u>Christo</u> JEsu ist."

2. Arie und Choral. Ps 6,7 "<u>Ich bin</u> so <u>müd</u> von Seufzen" - Ps 76,3
"Zu <u>Salem</u> ist sein Gezelt" - Lk 24,36 (EV, s.o.) - Mt 5,8 "<u>Selig</u> sind, die
reines Herzens sind, denn sie werden <u>GOTT</u> schauen" - Jes 32,17f. "Der
Gerechtigkeit Nutz wird <u>ewige</u> Stille und Sicherheit seyn, daß mein Volk
in Häusern des <u>Friedes wohnen</u> wird ... und in <u>stolzer Ruhe</u>" - Jak 4,1
"Woher kommt <u>Streit und Krieg</u> unter euch?" - Eph 4,17 "Die andern
Heyden wandeln in der <u>Eitelkeit</u> ihres Sinnes" (vgl. Rö 8,20) - Spr 4,9 "Sie
wird ... dich <u>zieren mit</u> einer hübschen <u>Krone</u>" - Rö 15,13 "GOtt aber der
Hoffnung, erfülle euch mit aller <u>Freude</u> und <u>Friede.</u>"

3. Rezitativ und Arioso. Kol 3,15 "Der <u>Friede</u> GOttes <u>regiere</u> in euren
Herzen" - Lk 24,36 (EV, s.o.) - Jes 54,13 "... und grossen <u>Frieden</u> deinen

Kindern" - Lk 24,46 (EV) "Also muste Christus leiden, und auferstehen" -
Lk 2,29 "(Simeon sprach:) HErr, nun lässest Du deinen Diener im Friede
fahren" - Spr 4,9 (s.o.).
    4. Choral. Siehe 4/6.

EASTER 1   **QUASIMODOGENITI**
EP 1 Jh 5,4-10
EV Jh 20,19-31

67 Halt im Gedächtnis Jesum Christ

    1. Chor. = 2 Ti 2,8.
    2. Arie. 2 Ti 2,8 (s. Satz 1) - 1 Jh 5,4 (EP) "Unser Glaub ist der Sieg,
der die Welt überwunden hat" - Jak 4,1 "Woher kommt Streit und Krieg
unter euch?" - Tit 2,11 "Es ist erschienen die heilsame Gnade GOttes"
(vgl. Satz 4).
    3. Rezitativ. Hos 13,14 "Tod, Ich will dir ein Gift seyn. Höll, Ich will
dir ein Pestilenz seyn" (vgl. 1 Ko 15,55) - Lk 1,64 "Alsbald ward ... seine
Zunge aufgethan, und ... lobete GOtt."
    4. Choral. Ps 118,24 "Diß ist der Tag, den der HErr machet, lasset uns
freuen" - Kol 2,15 "(Christus) hat ausgezogen die Fürstenthum und
Gewaltigen, ... und einen Triumph aus ihnen gemacht" - Eph 4,8 "Er ...
hat das Gefängnis gefangen geführt."
    5. Rezitativ. 5 Mo 12,10 "(GOtt) wird euch Ruhe geben, von allen
euren Feinden" - Jes 9,5 "Und Er heisset ... Friede-Fürst."
    6. Arie (mit Chor). Jh 20,19.21.26 (EV) "Friede sey mit euch!" - Rö
15,30 "Ich ermahne euch ..., daß ihr mir helfet kämpfen" - Ps 81,15 "... so
wolt Ich ihre Feinde bald dämpfen" - Mit 4,10 "Hebe dich weg von Mir,
Satan" - Jer 31,25 "Ich will die müden Seelen erquicken" - Jes 57,15 "... auf
daß Ich erquicke den Geist der Gedemüthigten" - Ps 118,25 "O HErr, hilf!
O HErr, laß wol gelingen!" - Jh 5,24 "... sondern er ist vom Tod zum
Leben hindurch gedrungen" - Dan 7,14 "... der gab Ihm Gewalt, Ehr und
Reich" (vgl. 1 Ti 6,16).
    7. Choral. Siehe 143/2.

42 Am Abend aber desselbigen Sabbats

    1. Sinfonia.
    2. Rezitativ. = Jh 20,19 (EV).
    3. Arie. Mt 18,20 "Wo zween oder drey versammlet sind in meinem
Namen, da bin Ich mitten unter ihnen" - Jh 20,19 (EV, s. Satz 2).

4. Choral (Duett). 5 Mo 20,3 "Ihr gehet heut in den Streit wider eure Feinde: euer Herz <u>verzage nicht</u>" - Ps 125,3 "Der Gottlosen Scepter wird nicht bleiben über dem <u>Häuflein</u> der Gerechten" - Ps 27,12 "Gib mich nicht in den <u>Willen</u> meiner <u>Feinde</u>" - 2 Ko 4,8 "Wir haben allenthalben Trübsal, aber wir <u>ängsten</u> uns nicht. Uns ist <u>bang</u>, aber wir <u>verzagen</u> <u>nicht</u>."

5. Rezitativ. Jak 5,10 "Nehmet ... zum <u>Exempel</u> des Leidens und der Gedult, die Propheten" - Lk 24,18 "Bist Du allein unter den Fremdlingen zu <u>Jerusalem</u>, der nicht wisse, <u>was</u> in diesen Tagen darinnen <u>geschehen</u> ist?" - Jh 20,19 (EV, s. Satz 2) - 1 Jh 5,9f. (EP) "So wir der Menschen <u>Zeugnis</u> annehmen, so ist GOttes <u>Zeugnis</u> grösser, denn GOttes <u>Zeugnis</u> ist das, daß Er gezeugt hat von seinem Sohn. Wer da glaubet an den Sohn GOttes, der hat solch <u>Zeugnis</u> bey ihm."

6. Arie. Ps 84,12 "GOtt der HERR ist <u>Sonn</u> und <u>Schild</u>" - Mt 13,21 "<u>Wenn</u> sich Trübsal und <u>Verfolgung</u> erhebt um des Worts willen, so ärgert er sich bald."

7. Choral. Jh 20,19.21.26 (EV) "<u>Friede</u> sey mit euch!" - Sir 50,25f. "(GOtt) verleihe immerdar <u>Friede zu unser Zeit</u> in Israel, und daß seine <u>Gnade</u> stets bey uns bleibe" - 2 Mo 14,14 "Der HERR wird <u>für</u> euch <u>streiten</u>" (vgl. Jos 10,42) - 1 Ti 2,2 "... für die Könige und für <u>alle Obrigkeit</u>, auf <u>daß wir ein geruhliches und stilles Leben führen mögen in aller</u> <u>Gottseligkeit und Erbarkeit</u>."

EASTER 2   MISERICORDIAS DOMINI
EP 1 Pt 2,21-25
EV Jh 10,12-16

104 Du Hirte Israel, höre

1. Chor. = Ps 80,2.

2. Rezitativ. 1 Pt 5,7 "Alle eure <u>Sorge</u> werfet auf Ihn, denn Er <u>sorget</u> <u>für</u> euch" - Klg 3,22f. "Die <u>Güte</u> des HErrn ists, daß wir nicht gar aus sind, seine Barmherzigkeit ... ist <u>alle Morgen neu</u>" - 1 Ko 10,13 "<u>GOtt ist</u> <u>getreu</u>."

3. Arie. Ps 23,1 (s.u.) - Ps 89,47 "HErr, wie <u>lang</u> wilt Du Dich so gar <u>verbergen</u>?" - Lk 15,4 "Welcher Mensch ist unter euch, der hundert Schafe hat, und so er der eines verleuret, der nicht lasse die neun und neunzig in der <u>Wüsten</u>, und hingehe nach dem verlohrnen, bis daß ers finde?" - Ps 80,2 (s. Satz 1) - 1 Th 2,13 "... welcher auch <u>wirket in</u> euch, die ihr <u>glaubet</u>" - Gal 4,6 "Weil ihr denn Kinder seyd, hat GOTT gesandt den

Geist seines Sohnes in eure Herzen, der schreyet: Abba, lieber Vater!"
(vgl. Rö 8,15).

4. Rezitativ. Jer 31,10 "Der Israel zerstreuet hat, der wird es auch
wieder sammlen, und wird ihrer hüten, wie ein Hirt seiner Heerde" - Jh
10,12.14 (EV) "Ich bin ein guter Hirt" - 1 Pt 2,25 (EP) "Ihr waret wie die
irrende Schafe, aber ihr seyd nun bekehrt zu dem Hirten und Bischof
eurer Seelen" - Jes 53,6 "Wir giengen alle in der Irre, wie Schafe" - Hes
34,12 "Wie ein Hirt seine Schafe suchet, wenn sie von seiner Heerde
verirret sind: Also will Ich meine Schafe suchen" - Ps 119,176 "Ich bin wie
ein verirret und verlohren Schaf" - Ps 77,21 "Du führtest dein Volk, wie
eine Heerd Schafe" - Jh 10,1 "Wer nicht zur Thür hinein gehet in den
Schafstall ..."

5. Arie. Jh 10,16 (EV) "... und wird eine Heerde, und ein Hirt
werden" - Heb 13,20 "Gott aber des Friedes, der von den Todten
ausgeführt hat den grossen Hirten der Schafe, ... unsern HErrn JEsum ..." -
1 Pt 2,3 "... so ihr anders geschmeckt habt, daß der HERR freundlich ist" -
Jes 40,10f. "Sihe, der HErr HErr kommt gewaltig, ... sihe, sein Lohn ist bey
Ihm ... Er wird seine Heerde weiden wie ein Hirt, Er wird die Lämmer in
seine Arme sammlen" (vgl. Satz 4) - Jer 31,26 "Ich ... habe so sanft
geschlafen" - Mt 9,24 "Das Mägdlein ist nicht todt, sondern es schläft!"

6. Choral. Ps 23,1-3 "Der HERR ist mein Hirt ... Er weidet mich auf
einer grünen Auen, und führt mich zum frischen Wasser. Er erquicket
meine Seel" - Hes 34,14 "Ich will sie auf die beste Weide führen" - Apg
20,32 "Ich befehle euch GOTT und dem Wort seiner Gnade" - Eph 2,5
"Aus Gnaden seyd ihr selig worden."

85 Ich bin ein guter Hirt

1. Arie. = Jh 10,12 (EV) - Vgl. 1 Pt 2,25 (EP) "Ihr waret wie die irrende
Schafe, aber ihr seyd nun bekehrt zu dem Hirten und Bischof eurer
Seelen."

2. Arie. Jh 10,12 (EV, s. Satz 1) - Jh 10,18 "Niemand wird sie Mir aus
meiner Hand reissen."

3. Choral. Siehe 104/6.

4. Rezitativ. Jh 10,12 (EV) "Ein Miedling ... fleucht, und der Wolf
erhaschet und zerstreuet die Schafe" (vgl. V.13) - Ps 23,2 (s. zu Satz 3) - Jes
35,6 "Es werden Wasser in der Wüsten hin und wieder fliessen, und
Ströme in den Gefilden" - Hes 47,9 "Alles, was drinnen lebt und webt,
dahin diese Ströme kommen, das soll leben" - Jh 7,38 "Wer an Mich
glaubet, ... von deß Leib werden Ströme des lebendigen Wassers fliessen"
- Off 22,1 "Er zeigte mir einen lautern Strom des lebendigen Wassers" - 1

Pt 5,8 "Euer Widersacher, der Teufel, gehet umher ... und <u>suchet</u>, welchen er <u>verschlinge</u>" - Jes 5,14 "Daher hat die <u>Hölle</u> .. .den <u>Rachen</u> aufgethan" - Dan 6,23 "Mein GOtt hat seinen Engel gesandt, der den Löwen den <u>Rachen zugehalten</u> hat."

5. Arie. Rö 13,10 "<u>Die Liebe thut</u> dem Nechsten nichts Böses" - Jh 10,3 "Er ruffet <u>seinen</u> Schafen mit Namen" (vgl. EV Jh 10,14) - Mt 26,28 "Das ist mein <u>Blut</u> ..., welches <u>vergossen</u> wird <u>für</u> viele" - 1 Pt 1,19 "... (erlöst) ... mit dem <u>theurem Blut</u> Christi."

6. Choral. Ps 59,10 "<u>GOTT ist mein Schutz</u>" - Ps 23,1.4 "Der HERR ist <u>mein Hirt</u> ... Und ob ich schon wandert im finstern Thal, fürchte ich <u>kein Unglück</u>" - Ps 6,9.11 "<u>Weichet</u> von mir alle Übelthäter ... Es müssen <u>alle meine Feinde</u> zu Schanden werden" - 2 Mo 33,11 "Der HErr aber redete mit Mose ..., wie ein Mann mit seinem <u>Freund</u> redet."

112 Der Herr ist mein getreuer Hirt

1. Choral. Ps 23,1f. "<u>Der HERR ist mein Hirt, mir wird nichts mangeln. Er weidet mich</u> auf einer grünen Auen ..." - Jh 10,12 (EV) "Ich bin ein guter <u>Hirt</u>" - 1 Pt 2,25 (EP) "Ihr seyd nun bekehrt zu dem <u>Hirten</u> und Bischof eurer Seelen" - 1 Th 5,24 "<u>Getreu ist</u> Er, der euch ruffet" - Ps 84,12 "Er <u>wird</u> kein <u>Gutes mangeln</u> lassen den Frommen" - 1 Th 5,17 "Betet <u>ohn Unterlaß</u>!" - 2 Ti 1,13 "Halt an dem Vorbild, der <u>heilsamen Worte</u>" (vgl. Tit 2,8).

2. Arie. Ps 23,2f. "... und führet <u>mich zum</u> frischen <u>Wasser</u>. Er <u>erquicket</u> meine Seel, <u>Er führet mich auf rechter Strasse</u>, um <u>seines Namens willen</u>" - Hes 36,25 "(Ich) will <u>rein Wasser</u> über euch sprengen" - Heb 10,22 "... gewaschen am Leib mit <u>reinem Wasser</u>" - Ps 119,35 "<u>Führe mich auf</u> dem Steig deiner <u>Gebot</u>."

3. Rezitativ. Ps 23,4 "<u>Und ob ich</u> schon <u>wandert im finstern Thal, fürchte ich kein Unglück, denn du bist bey mir, dein Stecken und Stab trösten mich</u>" - Mt 13,21 "Wenn sich <u>Trübsal</u> und <u>Verfolgung</u> erhebt ..."

4. Arie (Duett). Ps 23,5 "<u>Du bereitest vor mir einen Tisch</u> gegen <u>meine Feinde, Du salbest mein Haupt mit Oel, und schenkest mir voll ein</u>" - Ps 112,7 "Sein <u>Herz</u> hoffet <u>unverzagt</u> auf den HERRN" (vgl. Jes 7,4) - Ps 45,8 "... <u>gesalbet mit Freuden-Oel</u>" (vgl. Heb 1,9) - Jes 61,1.3 "Der <u>Geist</u> des HErrn HERRN ist über mir, darum hat mich der HErr <u>gesalbt</u> ..., zu schaffen den Traurigen zu Zion ... <u>Freuden-Oel</u> für Traurigkeit" - 2 Ko 1,21f. "GOtt ists aber, der ... uns <u>gesalbt</u>, und ... den <u>Geist</u> gegeben hat."

5. Choral. Ps 23,6 "<u>Gutes und Barmherzigkeit</u> werden <u>mir folgen</u> mein <u>Leben</u>lang, <u>und werde bleiben im Haus des HErrn immerdar</u>" - Ps 1,5

"Darum <u>bleiben</u> die Gottlosen nicht ... <u>in der Gemeine</u> der Gerechten" - Gal 1,22 "Ich war aber unbekannt ... den <u>Christlichen Gemeinen</u> in Judäa" - 1 Th 4,17 "Wir ... <u>werden</u> also <u>bey</u> dem <u>HERRN seyn</u> allezeit."

EASTER 3   **JUBILATE**
EP 1 Pt 2,11-20
EV Jh 16,16-23

12 Weinen, Klagen, Sorgen, Zagen

1. Sinfonia.

2. Chor. Jh 16,20f. (EV) "Ihr werdet <u>weinen</u> ... Ein Weib, wenn sie ... das Kind geboren hat, denket sie nicht mehr an die <u>Angst</u>" - Ps 80,6 "Du speisest sie mit <u>Threnen-Brod</u>."

3. Rezitativ (Arioso). = Apg 14,22.

4. Arie. Mt 27,29.31 "(Die Kriegs-Knechte) flochten eine dornene <u>Cron</u>, und satzten sie auf sein Haupt ... und spotteten Ihn ... Und da sie Ihn verspottet hatten ..., führten (sie) Ihn hin, daß sie Ihn <u>creutzigten</u>" - Heb 2,9 "JEsus ..., durch Leiden des Todes <u>gekrönt</u> mit Preis und Ehren" - 1 Ko 9,24f. "Einer erlanget das <u>Kleinod</u>. Laufet nun also, daß ihrs ergreifet. Ein jeglicher aber, der da <u>kämpfet</u>, enthält sich alles Dinges, jene also, daß sie eine vergängliche <u>Krone</u> empfahen, wir aber eine unvergängliche" - 1 Ko 15,30 "Was stehen wir <u>alle Stunden</u> in der Fahr?" - Jes 53,5 "Durch seine <u>Wunden</u> sind wir geheilet" (vgl. 1 Pt 2,24).

5. Arie. Mt 10,38 "Wer nicht sein <u>Creutz</u> auf sich nimmt, und <u>folget</u> Mir <u>nach</u>, der ist Mein nicht werth" (vgl. Mt 16,24) - Hi 27,6 "Von meiner Gerechtigkeit ... <u>will ich nicht lassen</u>" - Heb 11,25f. "(Moses) erwehlte viel lieber mit dem Volk GOttes <u>Ungemach</u> zu leiden, denn die zeitliche Ergötzung der Sünden zu haben, und achtete die <u>Schmach Christi</u> für grössern Reichthum, denn die Schätze Egypti."

6. Arie (mit instr. Choral "Jesu, meine Freude"). Off 2.10 "<u>Sey getreu</u> bis an den Tod, so will Ich dir die <u>Krone</u> des Lebens geben" (vgl. Satz 4) - Jh 16,16ff. (EV) "Uber <u>ein Kleines</u> ..." - Hag 2,6 "Es ist noch <u>ein kleines</u> dahin , daß Ich Himmel und Erden ... bewegen werde" - Spr 10,25 "... wie ein <u>Wetter</u>, das überhin <u>gehet</u>, und nicht mehr ist."

7. Choral. Siehe 75/4.

103 Ihr werdet weinen und heulen

1. Chor und Arioso. = Jh 16,20 (EV).

2. Rezitativ. Ps 119,81 "Meine <u>Seele</u> verlanget nach deinem <u>Heil</u>".

3. Arie. Jer 8,22 "Ist denn keine Salbe in <u>Gilead</u>? Oder ist kein <u>Arzt</u> nicht da? Warum ist denn die Tochter meines Volks nicht <u>geheilt</u>?" (vgl. Jer 46,11) - Jes 53,5 "Er ist ... um unserer <u>Sünde</u> willen zerschlagen ... Durch seine <u>Wunden</u> sind wir <u>geheilet</u>" - Ps 104,29 "<u>Verbirgest Du</u> dein Angesicht, <u>so</u> erschrecken sie, Du nimmst weg ihren Odem, so vergehen sie" - Ps 28,7 "Auf Ihn <u>hoffet mein Herz</u>".

4. Rezitativ. Ps 138,7 "Wenn ich mitten in der <u>Angst</u> wandele, so <u>erquickest</u> Du mich" - Jh 16,20 (EV, s. Satz 1).

5. Arie. Jh 16,22 (EV) "Ihr habt auch nun <u>Traurigkeit</u>; aber Ich will euch <u>wieder sehen</u>, und euer Herz soll sich <u>freuen</u>" - Ps 51,19 "Die <u>Opfer</u>, die GOtt gefallen, sind ein geängster Geist; ein geängstes und zerschlagen <u>Herz</u> wirst Du, GOTT, nicht verachten."

6. Choral. Jes 54,7 "<u>Ich habe dich ein</u> klein <u>Augenblick verlassen</u>" - 1 Th 2,19 "Wer ist unsere ... <u>Freud</u>, oder <u>Kron</u> des Ruhms?" - 1 Pt 2,20 (EP) "Wenn ihr um Wohlthat willen <u>leidet</u> und erduldet, das ist Gnade bey GOtt" - Jh 16,20 (EV, s. Satz 1).

Anm. Ziegler schreibt in Satz 4 "Daß meine Traurigkeit, Und dieß vielleicht in kurtzer Zeit, Nach bäng- und ängstlichen Gebehrden, In Freude soll verkehret werden" - Vgl. 1 Ko 7,29 "Die <u>Zeit</u> ist <u>kurz</u>" - 2 Ko 4,8 "Wir <u>ängsten</u> uns nicht. Uns ist <u>bang</u>, aber wir verzagen nicht."

146 Wir müssen durch viel Trübsal in das Reich Gottes eingehen
1. Sinfonia.
2. Chor. = Apg 14,22.
3. Arie. Hes 16,49 "Sihe, das war deiner Schwester <u>Sodom</u> Missethat, Hofart, und alles vollauf, und guter <u>Friede</u> ... Aber den Armen und Dürftigen halfen sie nicht" - Heb 13,14 "Wir haben <u>hier</u> keine <u>bleibende</u> Stadt."

4. Rezitativ. Jh 16,20 (EV) "Ihr werdet <u>weinen</u> und <u>heulen</u>; aber die <u>Welt</u> wird sich <u>freuen</u>; Ihr aber werdet <u>traurig</u> seyn, doch eure <u>Traurigkeit</u> soll in <u>Freude</u> verkehret werden" (vgl. die Sätze 6, 7 und 8) - Ps 35,19 "Laß sich nicht über mich <u>freuen</u>, ... die mich <u>ohn</u> Ursach <u>hassen</u>" - Phl 1,23 "Ich habe Lust abzuscheiden, und <u>bey</u> Christo zu seyn" - Lk 23,43 "<u>JEsus</u> sprach zu ihm: ... <u>Heut</u> wirst du mit mir <u>im</u> Paradis seyn!"

5. Arie. Ps 126,5 "Die mit Threnen <u>säen</u>, werden mit Freuden <u>erndten</u>" - Rö 8,18 (s.u.).

6. Rezitativ. Apg 21.13 "<u>Ich bin bereit</u>, nicht allein mich binden zu lassen ..." - Rö 8,18 "Ich halte es dafür, daß dieser Zeit <u>Leiden der Herrlichkeit nicht werth</u> sey, die <u>an</u> uns soll <u>offenbaret werden</u>" - Jh 16,20

(EV, s.o.) - Klg 1,2 "(Die Stadt) <u>weinet</u> des Nachts, daß ihr die Thränen über die Backen laufen; es ist niemand unter allen ihren Freunden, der sie <u>tröste</u>" - 1 Mo 32,25 "Da <u>rang</u> ein Mann mit ihm" - 2 Ti 4,7f. "Ich hab einen guten Kampf gekämpfet, ... hinfort ist mir <u>beygelegt die Krone</u> der Gerechtigkeit" - Mt 4,6 "Sie werden Dich auf den <u>Händen tragen</u>" (vgl. Ps 91,12).

7. Arie. Jh 16,20 (EV, s.o.) - Apg 14,22 (s. Satz 2) - 2 Ko 4,17 "Unsere <u>Trübsal</u>, die zeitlich und leicht ist, schaft eine ewige und über alle Maas wichtige <u>Herrlichkeit</u>" (vgl. Satz 6) - Mt 17,2 "Sein Angesicht <u>leuchtet wie</u> die <u>Sonn</u>" - Off 21,4 "(Nicht) Leid, noch <u>Geschrey</u>, noch Schmerzen wird mehr seyn, denn das erste ist <u>vergangen</u>."

8. Choral. Jes 63,1 "Wer ist der, ... der so <u>geschmückt</u> ist in seinen <u>Kleidern</u>?" - Off 4,4 "... Aeltesten, <u>mit weissen Kleidern</u> angethan, und hatten auf ihren Häuptern <u>güldene Kronen</u>" - 1 Pt 5,4 "So werdet ihr ... die unverwelkliche <u>Kron</u> der <u>Ehren</u> empfahen" - Klg 5,15 "Unsers Herzens <u>Freude</u> hat ein <u>Ende</u>" - Jh 16,20 (EV, s.o.).

EASTER 4   **CANTATE**
EP Jak 1,17-21
EV Jh 16,5-15

166 Wo gehest Du hin?

1. Arie. = Jh 16,5 (EV).

2. Arie. Jh 16,7f.11 (EV) "Der Tröster ... wird die <u>Welt</u> strafen ... um das Gericht, daß der Fürst dieser <u>Welt</u> gerichtet ist" - 1 Jh 2,15 "Habt <u>nicht</u> lieb die <u>Welt</u>" - Jh 16,5 (EV, s. Satz 1).

3. Choral. Heb 10,23 "<u>Lasset</u> uns halten an der Bekäntnis der Hofnung, und <u>nicht wanken</u>" - Ps 84,3 "Mein Leib und <u>Seel</u> freuen sich in dem lebendigen GOTT. Denn der Vogel hat ein Haus funden, und die Schwalbe ihr <u>Nest</u>" - Heb 9,24 "Christus ist ... eingegangen ... <u>in den Himmel</u> selbst" - 2 Ko 5,1 "Wir wissen aber, so unser irdisch Haus dieser Hütten zerbrochen wird, daß wir einen Bau haben ... im <u>Himmel</u>."

4. Rezitativ. 1 Jh 2,18 "Kinder, es ist <u>die letzte Stund</u>."

5. Arie. Sir 18,26 "<u>Es kan vor Abends</u> wol <u>anders werden</u>, weder es am Morgen war."

6. Choral. Heb 8,13 "Was aber alt und überjahrt ist, das ist <u>nahe bey</u> seinem <u>Ende</u>" - 2 Ko 11,23 "... in <u>Todes-Nöthen</u> ..." - Eph 2,13 "Ihr ... seyd nun nah worden <u>durch</u> das <u>Blut Christi</u>" - 4 Mo 23,10 "Meine Seele müsse sterben des Todes der Gerechten, und <u>mein Ende</u> werde, wie dieser Ende".

108 Es ist euch gut, daß ich hingehe

1. Arie. = Jh 16,7 (EV).

2. Arie. Jh 16,7 (EV, s. Satz 1) - Jes 1,10 "Höret des HErrn Wort" - Jes 35,10 "Die Erlösten des HErrn werden wieder kommen."

3. Rezitativ. Jh 16,7 (EV, s. Satz 1) - Jh 16,13 (EV, s. Satz 4) - Gal 5,18 "Regieret euch aber der Geist, so seyd ihr nicht unter dem Gesetz" - Spr 14,2 "Wer den HErrn fürchtet, der gehet auf rechter Bahn."

4. Chor. = Jh 16,13 (EV) - Vgl. Jak 1,18 (EP) "Er hat uns gezeugt nach seinem Willen, durch das Wort der Warheit."

5. Arie. Ps 20,5f. "Er gebe dir, was dein Herz begehret ... Der HERR gewähre dich aller deiner Bitt" - 1 Mo 24,27 "Der HERR hat mich den Weg geführet" - 2 Mo 33,18 "Laß mich deine Herrlichkeit sehen."

6. Choral. Jh 16,13 (EV, s. Satz 4) - Jak 1,17 (EP) "Alle gute Gabe ... kommt von oben herab, von dem Vater des Lichts" - Lk 1,79 "(Er) richte unsere Füsse auf den Weg des Friedens."

Anm. Ziegler schreibt in Satz 3: "Daß ich, so lang ich hier die Wallfahrth muß verführen, Nicht von der rechten Bahn gleite"; in Satz 5: "Leite mich auf deinen Wegen" - Vgl. 1 Mo 47,9 "Die Zeit meiner Wallfahrt ... langet nicht an die Zeit meiner Väter, in ihrer Wallfahrt" - Ps 139,24 "Leite mich auf ewigem Weg."

EASTER 5   **ROGATE**
EP Jak 1,22-27
EV Jh 16,23-30

86 Wahrlich, wahrlich, ich sage euch

1. Arioso. = Jh 16,23 (EV).

2. Arie. Hl 2,2 "Wie eine Rose unter den Dornen, so ist meine Freundin unter den Töchtern" - Phl 1,6 "(Ich) bin desselben in guter Zuversicht, daß, der in euch angefangen hat das gute Werk, der wirds auch vollführen" - Eph 6,18 "Betet stets in allem Anligen, mit Bitten und Flehen im Geist."

3. Choral. Jh 16,23 (EV, s. Satz 1) - Heb 6,5 "... das gütige Wort GOttes" - 5 Mo 6,13 "... bey seinem Namen schwören" - 1 Mo 22,16 "Ich habe bey mir selbst geschworen, spricht der HERR" - Ps 33,4 "Was Er zusagt, das hält Er gewiß" (vgl. die Sätze 4, 5 und 6) - Heb 12,22 "Ihr seyd kommen ... zu der Menge vieler tausend Engel" - Jh 1,17 "... durch JEsum Christum ..."

4. *Rezitativ.* Jh 14,27 "<u>Nicht</u> gebe Ich euch, <u>wie die Welt</u> gibt" - Spr
25,14 "Wer <u>viel</u> geredt, <u>und hält</u> nicht, der ist wie Wolken und Wind ohne
Regen" - Ps 33,4 (s.o.) - Mt 24,6 "Das <u>muß ... geschehen</u>" - Mi 7,9 "... daß
ich meine <u>Lust an</u> seiner Gnade <u>sehe</u>."
5. *Arie.* Ps 46,6 "<u>GOTT hilft</u> ihr früh" - Ps 33,4 (s.o.) - Gal 3,17 "Das
Testament ... <u>wird nicht aufgehoben</u>."
6. *Choral.* Rö 8,25 "So wir aber deß <u>hoffen</u>, das wir nicht sehen, so
<u>warten</u> wir sein durch Gedult" - Ps 33,4 (s.o.) - Mt 24,36 "Von dem <u>Tag</u>
aber, und von der Stund, <u>weiß</u> ... allein mein Vater" - Jh 2,25 "Er <u>wuste
wol</u>, was im Menschen war" - Sir 2,6 "<u>Vertraue GOTT</u> ... und <u>hoffe</u> auf
Ihn."

87 Bisher habt ihr nichts gebeten in meinem Namen

1. *Arioso.* = Jh 16,24 (EV).
2. *Rezitativ.* Heb 4,12 "Das <u>Wort</u> GOttes ... durchdringet, bis daß
scheidet <u>Seele und Geist</u>" - Mt 24,15 "Wer das lieset, der <u>merke</u> drauf" -
Jak 2,11 "So du nun nicht ehebrichst, tödtest aber, bist du ein <u>Ubertreter</u>
des <u>Gesetzes</u>" - Ps 17,3 "Ich habe mir <u>vorgesetzt</u>, daß mein Mund nicht
soll <u>übertreten</u>."
3. *Arie.* Mt 6,9.12 "Unser <u>Vater</u> ... <u>Vergib</u> uns <u>unser Schuld</u>" - Mt
18,26 "<u>Habe Gedult mit</u> mir" - 2 Pt 3,9 "Er <u>hat Gedult mit uns</u>" - Jh 16,25
(EV) "Es kommt aber die Zeit, daß Ich <u>nicht mehr</u> durch <u>Sprichwort</u> mit
euch reden werde" (vgl. V.29) - Rö 8,26.34 "Der Geist <u>hilft unserer</u>
Schwachheit auf. Denn wir wissen nicht, was wir <u>beten</u> sollen, ... sondern
der Geist selbst <u>vertritt uns</u> aufs beste ... Christus ... ist zur Rechten GOttes
... und <u>vertritt uns</u>."
4. *Rezitativ.* Esr 9,6 "<u>Unsere Schuld</u> ist groß <u>bis</u> in <u>den Himmel</u>" - 1
Kö 8,39 "<u>Du</u> allein <u>kennest</u> das <u>Herz</u>" - Lk 16,15 "GOtt <u>kennet</u> eure
Herzen" - 1 Sm 3,17 "<u>Verschweige</u> mir <u>nichts</u>" (vgl. V.18) - Ps 32,3 "Da
ichs wolte <u>verschweigen</u>, verschmachteten meine Gebeine" - Ps 51,14
"<u>Tröste mich</u> wieder."
5. *Arioso.* Jh 16,33.
6. *Arie.* Ps 39,10 "<u>Ich will schweigen</u>" - Tob 3,22 "Wer GOtt dienet,
der wird <u>nach</u> der Anfechtung <u>getröstet</u>" - Jes 35,4 "Saget den <u>verzagten</u>
Herzen: Seyd <u>getrost</u>" - Sir 4,3 "Einem <u>betrübten Herzen</u> mache nicht
mehr Leides" (vgl. Klg 1,22).
7. *Choral.* Ps 42,6.12 "Was <u>betrübst</u> du dich, meine Seele?" - Mk
10,21 "<u>JEsus</u> sah ihn an, und <u>liebte</u> ihn" - Gal 2,20 "... in dem Glauben des
Sohns GOttes, der <u>mich geliebt</u> hat" - Ps 19,10f. "Die Rechte des HERRN
... sind <u>süsser</u> denn <u>Honig</u> und <u>Honig</u>seim" - Hes 3,3 "(Der Brief) war in

meinem Mund so <u>süß</u> als <u>Honig</u>" (vgl. Off 10,9f.) - Jh 16,24 (EV) "Bittet, so werdet ihr nehmen, daß eure <u>Freude</u> vollkommen sey."

Anm. Ziegler schreibt in Satz 6 "Seele, du darffst nicht verzagen" - Vgl. Ps 107,26 "... daß ihre <u>Seele</u> für Angst <u>verzagte</u>."

ASCENSION
HIMMELFAHRT

ASCENSION DAY   HIMMELFAHRT
EP Apg 1,1-11
EV Mk 16,14-20

37 Wer da gläubet und getauft wird

1. Chor. = Mk 16,16 (EV) - Vgl. Apg 1,5 (EP) "Johannes hat mit Wasser getauft, ihr aber solt mit dem Heiligen Geist getauft werden".

2. Arie. Jh 13,1 "Wie Er hat geliebt die Seinen, ... so liebte Er sie bis ans Ende" - Off 17,8 "... derer Namen nicht geschrieben stehen in dem Buch des Lebens" - Phl 3,14 "... und jage nach ... dem Kleinod" (vgl. 1 Ko 9,24) .

3. Choral (Duett). Jer 20,11 "Der HErr ist bey mir, wie ein starker Held" - Jes 9,5 "Ein Sohn ist uns gegeben .. und Er heisset ... Held, Ewig Vater" - Jh 17,24 "Du hast mich geliebt, ehe denn die Welt gegründet ward" - Hos 2,21 "Ich will Mich mit dir vertrauen" - Jes 61,10 "Ich freue mich im HERRN ... Denn Er hat mich ... mit dem Rock der Gerechtigkeit gekleidet ... wie eine Braut" (vgl. Satz 4) - Mt 2,10 "Da sie den Stern sahen, wurden sie hoch erfreuet" - Mk 16,19 (EV) "Der HERR ... ward ... aufgehaben gen Himmel" - Apg 2,19 "... oben im Himmel" - Rö 1,25 "... der da gelobet ist in Ewigkeit."

4. Rezitativ. Ps 17,15 "Ich aber will schauen dein Antlitz in Gerechtigkeit" - Mt 5,16 "... daß sie eure gute Werke sehen, und euren Vater im Himmel preisen" (vgl. 1 Pt 2,12) - Rö 11,22 "Schaue die Güte und den Ernst GOttes" - Rö 3,28 "So halten wir es nun, daß der Mensch gerecht werde ohne des Gesetzes Werk, allein durch den Glauben."

5. Arie. Jes 40,31 "... daß sie auffahren mit Flügeln, wie Adler" - Mk 16,16.19 (EV, s.o.) - 1 Pt 3,21 "... welches nun auch uns selig machet in der Taufe."

6. Choral. Ps 19,13 "Verzeihe mir die verborgene Fehle" - Jh 1,29 "Sihe, das ist GOttes Lamm, welches der Welt Sünde trägt" - Ps 81,7 "Da Ich ihre Schulter von der Last entledigt hatte ..."

128 Auf Christi Himmelfahrt allein

1. Choral. Mk 16,19 (EV) "Und der HERR ... ward ... aufgehaben gen Himmel, und sitzet zur rechten Hand GOttes" (vgl. die Sätze 3, 4 und 5) - Apg 1,10 (EP) "Als sie Ihm nachsahen, gen Himmel fahren ..." - Mt 28,17 "Etliche aber zweifelten" - Jh 16,33 (s.u.) - Eph 4,15f. "Das Haupt ... Christus, aus welchem der ganze Leib zusammen gefügt, und ein Glied am andern hanget ..." - 2 Kö 2,1 "Da aber der HERR wolte Elia im Wetter gen Himmel holen ..."

2. Rezitativ. Apg 21,13 "Ich bin bereit, ... zu sterben" (vgl. Lk 22,33) - Jh 16,33 "In der Welt habt ihr Angst; aber seyd getrost, Ich habe die Welt überwunden" (vgl. Satz 1) - Ps 76,3 "Zu Salem ist sein Gezelt" - Phl 3,21 "... welcher unsern nichtigen Leib verklären wird" (vgl. 2 Ko 3,18) - 1 Ko 13,12 "Wir sehen ... denn ... von Angesicht zu Angesicht."

3. Arie und Rezitativ. Mk 16,19 (EV, s.o.) - Ps 110,1 "Setze Dich zu meiner Rechten" - Apg 1,11 (EP) "Dieser JEsus, welcher von euch ist aufgenommen gen Himmel, wird kommen" - Hi 19,25.27 "Ich weiß, daß mein Erlöser lebet ... Meine Augen werden Ihn schauen" - Mt 17,2.4 "... und ward verklärt vor ihnen ... Wilt Du, so wollen wir drey Hütten machen" - 1 Kö 8,27 "Meinest du auch, daß GOTT auf Erden wohne?" - Ps 39,10 "Ich will schweigen, und meinen Mund nicht aufthun."

4. Arie (Duett). Ps 39,3 "Ich bin verstummet und still, und schweige" - Mk 16,19 (EV, s.o.) - Apg 7,55 "(Stephanus) sahe die Herrlichkeit GOttes, und JEsum stehen zur Rechten GOttes, und sprach: Sihe, ich sehe den Himmel offen, und des Menschen Sohn zur Rechten GOttes stehen" (vgl. Satz 5).

5. Choral. Mt 25,31.33 "Denn wird Er sitzen auf dem Stul seiner Herrlichkeit ... und wird die Schafe zu seiner Rechten stellen und die Böcke zur Linken" - Apg 7,55 (s.o.) - 2 Mo 33,18 "Laß mich deine Herrlichkeit sehen!" - Jud 25 "... zu aller Ewigkeit."

43 Gott fähret auf mit Jauchzen

1. Chor. = Ps. 47,6f.

2. Rezitativ. Eph 4,8 "Er ist aufgefahren in die Höh, und hat das Gefängnis gefangen geführt" (vgl. Ps 68,19) - Ps 47,6 (s. Satz 1) - 1 Mo 32,3 "Es sind GOttes Heere" - Ps 115,1 "Deinem Namen gib Ehre" - Off 19,1 "Darnach hörte ich eine Stimm grosser Schaaren im Himmel, die sprachen: Halleluja, Heil und Preis, Ehr und Kraft sey GOTT" (vgl. Off 12,10).

3. Arie. Ps 68,18 "Der <u>Wagen</u> GOttes ist <u>viel tausendmal tausend</u>"
(vgl. Dan 7,10) - 1 Ti 6,15 "Der <u>König</u> aller <u>König</u> ..." (vgl. Off 17,14) -
Heb 11,33 "... welche haben durch den Glauben Königreich <u>bezwungen</u>."
4. Rezitativ. = Mk 16,19 (EV) - Vgl. Apg 1,9 (EP) "Da Er solches
gesagt, <u>ward Er aufgehaben</u> zusehens."
5. Arie. Jh 17,4 "Ich <u>habe ... vollendet das Werk</u>" (vgl. Jh 4,34) - Apg
7,55 "(Stephanus,) als er aber voll Heiliges <u>Geistes</u> war, ... sprach: Sihe, ich
<u>sehe</u> den <u>Himmel offen</u>, und des Menschen Sohn <u>zur Rechten GOttes</u>
stehen" (vgl. Satz 9) - Apg 1,11 (EP) "Dieser <u>JEsus</u>, welcher von euch ist
<u>aufgenommen gen Himmel</u>, wird kommen."
6. Rezitativ. 1 Mo 49,10 "... bis daß <u>der Held komme</u>" - 1 Ko 15,55f.
"Der <u>Tod</u> ist verschlungen in den <u>Sieg</u> ... Aber der Stachel des <u>Todes</u> ist
die <u>Sünde</u>" - Ps 51,3 "<u>Tilge</u> meine <u>Sünde</u>" - Heb 6,5 "... die <u>Kräfte</u> der
zukünftigen Welt."
7. Arie. Jes 63,3 "Ich <u>trete die Kelter allein</u>" (vgl. Off 19,15) - Jes 53,3
"Er war ... <u>voller Schmerzen</u>" - 1 Ko 6,20 "Ihr seyd <u>theuer erkauft</u>" (vgl. 1
Ko 7,23) - Kol 1,16 "... die <u>Thronen</u> und Herrschaften."
8. Rezitativ. Gal 4,2 "... bis auf die <u>bestimmte</u> Zeit vom <u>Vater</u>" - Apg
1,6f. (EP) "Wirst Du auf diese Zeit wieder aufrichten das <u>Reich Israel</u>? ...
Es gebühret euch nicht zu wissen Zeit oder <u>Stund</u>" (vgl. Satz 11) - Ps
145,13 "Dein <u>Reich</u> ist <u>ein ewiges Reich</u>" (vgl. 2 Pt 1,11; Mt 6,13) - Heb 2,9
"JEsus ... durch Leiden des Todes <u>gekrönt</u>" - Spr 8,1f. "<u>Ruffet</u> nicht die
Weisheit ... ? ... <u>Am Weg</u> ... <u>stehet</u> sie" (vgl. die Sätze 9 und 10).
9. Arie. Apg 7,55 (s.o.) - Ps 110,1 "Setze Dich <u>zu</u> meiner <u>Rechten</u>, bis
Ich deine <u>Feinde</u> zum Schemel deiner Füsse lege" - Ps 2,9 "Wie Töpfen
solt du sie <u>zerschmeissen</u>" - Ps 46,2 "... eine <u>Hülfe</u> in den grossen <u>Nöthen</u>"
- Ps 116,3 "Ich kam in <u>Jammer</u> und <u>Noth</u>" - Hi 7,2 "Wie ein <u>Knecht</u> sich
<u>sehnet</u> ...."
10. Rezitativ. Jh 14,2 "In meines Vaters Haus sind viel <u>Wohnungen</u>...
Ich gehe hin, euch die Stätte zu <u>bereiten</u>" - Gal 5,1 "So bestehet nun in der
<u>Freyheit</u>, damit uns Christus <u>befreyet</u> hat" - Spr 8,1f. (s.o.).
11. Choral. Apg 3,15 "Den <u>Fürsten des Lebens</u> habt ihr getödtet" -
Apg 1,11 (EP, s.o.) - Mk 16,19 (EV, s. Satz 4) - Ps 111,1 "... im Rath der
<u>Frommen</u>, und in der <u>Gemeine</u>" - 1 Mo 49,9 "... durch <u>grosse Siege</u>" - Off
19,1 (s.o.) - Jh 12,32 "Wenn Ich erhöhet werde von der Erden, so will Ich
sie alle zu Mir <u>ziehen</u>" - Jes 40,31 "... daß sie auffahren mit <u>Flügeln</u>, wie
Adler, daß sie <u>laufen</u>, und nicht matt werden" - Lk 21,36 "... zu <u>entfliehen</u>
diesem allem ... und zu <u>stehen vor</u> des Menschen Sohn" - Jer 18,20
"Gedenke doch, wie ich <u>vor Dir gestanden</u> bin" - Ps 42,3 "<u>Wenn werde
ich dahin</u> kommen, daß ich GOttes <u>Angesicht</u> schaue?" - Off 22,3f. "Seine
Knechte <u>werden ... sehen</u> sein <u>Angesicht</u>" (vgl. Mt 18,10; 1 Ko 13,12).

SUNDAY AFTER   EXAUDI
ASCENSION
EP 1 Pt 4,8-11
EV Jh 15,26-16,4

44 Sie werden euch in den Bann tun I

1. Arie (Duett). = Jh 16,2 (EV).

2. Chor. = Jh 16,2 (EV).

3. Arie. Lk 14,27 "Wer nicht sein Creutz trägt und Mir nachfolgt, der kan nicht mein Jünger seyn" - 1 Ko 15,30 "Was stehen wir alle Stunden in der Fahr?" - Jh 16,2 (EV, s. Satz 1).

4. Choral. Rö 8,18 "Ich halte es dafür, daß dieser Zeit Leiden der Herrlichkeit nicht werth sey, die an uns oll offenbaret werden" - Mt 7,14 "Der Weg ist schmal, der zum Leben führet."

5. Rezitativ. 1 Ko 6,15 "Wisset ihr nicht, daß eure Leiber Christi Glieder sind?" - Off 12,13 "Da der Drach sahe, daß er verworfen war, auf die Erden, verfolgte er das Weib, die das Knäblein geboren hatte" - Rö 14,18 "... GOtt gefällig und den Menschen werth."

6. Arie. Nah 1,3 "Er ist der HERR, deß Wege im Wetter und Sturm sind."

7. Choral. Ps 57,2 "Auf Dich trauet meine Seele" - Jes 43,1 "Und nun spricht der HERR, der dich geschaffen hat" - Mt 6,32 "Euer himmlischer Vater weiß, daß ihr des alles bedürfet."

183 Sie werden euch in den Bann tun II

1. Rezitativ. = Jh 16,2 (EV).

2. Arie. Ps 55,5 "Des Todes Furcht ist auf mich gefallen" - Heb 2,15 "... und erlösete die, so durch Furcht des Todes im ganzen Leben Knechte seyn musten" - Lk 9,61 "HERR, ich will Dir nachfolgen" - Jh 16,2 (EV, s. Satz 1).

3. Rezitativ. Apg 21,13 "Ich bin bereit, ... zu sterben" - Jh 15,26 (EV) "Wenn aber der Tröster kommen wird, ... der Geist der Warheit."

4. Arie. Jh 15,26 (EV, s.o.) - Ps 86,11 "Weise mir, HERR, deinen Weg, daß ich wandele in deiner Warheit" - Rö 8,26 "Der Geist hilft unserer Schwachheit auf. Denn wir wissen nicht, was wir beten sollen ..., sondern der Geist selbst vertritt uns" - 1 Pt 4,8 (EP) "So seyd nun mässig und nüchtern zum Gebet."

5. Choral. Rö 8,26 (s.o.) - Jh 14,26 "Der Tröster der Heilige Geist ... wirds euch alles lehren" (vgl. Lk 12,12) - Lk 11,1 "HERR, lehre uns beten"

- 1 Sm 7,8 "<u>Laß nicht ab</u> für uns zu schreyen zu dem HErrn" - Ps 4,9 "<u>Allein</u> Du, HErr, <u>hilfest</u> mir."

PENTECOST
PFINGSTEN

EP Apg 2,1-13
EV Jh 14,23-31

172 Erschallet, ihr Lieder, erklinget, ihr Saiten!

1. Chor. Ps 33,3 "Singet Ihm ein neues <u>Lied</u>, machets gut auf <u>Saiten</u>spiel mit <u>Schall</u> - Apg 7,48 "Der Allerhöchste <u>wohnet</u> nicht in <u>Tempeln</u>, die mit Händen gemacht sind" (vgl. Satz 2).

2. Rezitativ. = Jh 14,23 (EV).

3. Arie. Jes 49,8 "Ich habe dich erhört zur <u>gnädigen Zeit</u>" -Lk 19,5 "Ich muß heut zu deinem Haus <u>einkehren</u>" - Ps 24,9 "... daß der König der <u>Ehren einziehe.</u>"

4. Arie. 1 Mo 1,2 "Der <u>Geist GOttes</u> schwebete auf dem Wasser" - 1 Mo 2,7 "GOtt der HERR machte den Menschen ..., und Er <u>bließ</u> ihm ein den lebendigen Odem" - Jh 14,26 (EV) "<u>Der Tröster</u> der Heilige <u>Geist</u>, welchen mein Vater senden wird ...."

5. Duett (mit instr. Choral "Komm, heiliger Geist" -vgl. die EP!). Hl 4,16 "Stehe auf, Nord<u>wind</u>, und <u>komme</u>, Sud<u>wind</u>, und <u>wehe durch</u> meinen <u>Garten</u>" - Hl 2,5 "Er <u>erquicket</u> mich mit Blumen, ... denn ich bin krank vor <u>Liebe</u>" - Hl 1,2 "Er <u>küsse</u> mich mit dem <u>Kuß</u> seines Mundes" - Hl 4,9 "<u>Du hast mir das Herz genommen</u>" - Hl 2,16 "Mein Freund ist <u>mein</u>, und <u>ich bin</u> sein" - Eph 3,17 "... und Christum zu <u>wohnen</u> durch den <u>Glauben</u> in euren <u>Herzen</u>, und durch die <u>Liebe</u> eingewurzelt und gegründet werden" (vgl. Satz 2).

6. Choral. Jh 6,63 "Die <u>Wort</u>, die Ich rede, die sind <u>Geist</u> und sind Leben" - Mt 26,26f. "Nehmet, esset; Das ist mein <u>Leib</u> ... Trinket alle daraus; Das ist mein <u>Blut</u>" - Ps 119,50 "<u>Dein Wort</u> <u>erquicket mich</u>" - Jes 40,11 "Er wird die Lämmer <u>in</u> seine <u>Arme</u> sammlen" - Lk 5,5 "<u>Auf dein</u> <u>Wort</u> will <u>ich</u> das Netz auswerfen."

59 Wer mich liebt, der wird mein Wort halten I

1. Duett = Jh 14,23 (EV) - Vgl. Off 21,3 "Er wird <u>bey</u> ihnen <u>wohnen</u>."
2. Rezitativ. Heb 5,5 "Christus hat Sich nicht Selbst in die <u>Ehre</u> <u>gesetzt</u>" - Lk 19,5.7 "Zachäe ..., ich muß heut zu deinem Haus <u>einkehren</u> ... Da sie das sahen, murrten sie alle, daß Er bey einem Sünder <u>einkehrte</u>" - Ps 103,14 "Er gedenket daran, daß wir <u>Staub</u> sind" - Pr 1,2f. "Es ist alles ganz <u>eitel</u>. Was hat <u>der Mensch</u> mehr von aller seiner <u>Mühe</u> ...?" - Ps 90,10 "Wenns köstlich gewesen ist, so ists <u>Müh und Arbeit</u> gewesen" - Apg 7,48 "<u>Der Allerhöchste wohnet</u> nicht in Tempeln, die mit Händen gemacht sind" - Jh 14,23 (EV, s. Satz 1).
3. Choral. Apg 2,4f.11 (EP) "... und wurden alle voll des <u>Heiligen</u> <u>Geistes</u>, und fiengen an zu predigen mit andern <u>Zungen</u> ... Es waren aber Jüden zu Jerusalem ... <u>aus allerley Volk</u> ... Wir hören sie mit unsern <u>Zungen</u> die grossen Thaten GOttes reden" - 2 Ko 3,17 "Der <u>HErr</u> ist der <u>Geist</u>" - Hos 11,8 "Meine Barmherzigketi ist zu <u>brünstig</u>" - Hab 3,4 "Sein <u>Glanz</u> war wie <u>Licht</u>."
4. Arie. Mt 4,8 ".. <u>alle Reiche</u> der <u>Welt</u>, und ihre <u>Herrlichkeit</u>" - Ps 90,15 "<u>Erfreue uns</u> nun wieder" - Eph 3,17 "... und Christum zu <u>wohnen</u> durch den Glauben <u>in</u> euren <u>Herzen</u>" - Ps 2,4 "Der <u>im Himmel wohnet</u>, lachet ihr" - Jh 14,27 (EV) "<u>Nicht</u> gebe Ich euch, wie <u>die Welt</u> gibt."

74 Wer mich liebet, der wird mein Wort halten II

1. Chor. = Jh 14,23 (EV).
2. Arie. Jh 14,23 (EV, s. Satz 1) - Off 14,7 "<u>Fürchtet</u> GOTT, und gebet Ihm die <u>Ehre</u>" - Ps 118,5 "Der HErr <u>erhörte</u> mich, und <u>tröstete</u> mich" - Jh 14,26 (EV) "Der <u>Tröster</u> der Heilige Geist...."
3. Rezitativ. Jh 14,23 (EV, s. Satz 1) - Ps 119,8 "Verlaß mich <u>nimmer-</u> <u>mehr</u>."
4. Arie. = Jh 14,28 (EV).
5. Arie. Lk 2,16 "Sie <u>kamen eilend</u>" - Ps 33,3 "Singet Ihm ein neues <u>Lied</u>, machets gut auf <u>Saitenspiel</u>" - Jh 14,28 (EV, s. Satz 4) - Mk 14,61 "Bist du Christus, der <u>Sohn</u> des <u>Hochgelobten</u>?" - ("Satan" = "Fürst dieser Welt", vgl. EV Jh 14,30; s.u. Anm.).
6. Rezitativ. = Rö 8,1.
7. Arie. Kol 1,13f. "... welcher uns <u>errettet</u> hat von der Obrigkeit der Finsternis, und hat uns versetzt in das Reich seines lieben Sohns, an welchem wir haben die Erlösung durch sein <u>Blut</u>" (vgl. Gal 1,4) - Rö 8,17 "Sind wir denn Kinder, so sind wir auch <u>Erben</u>, nemlich GOTTES <u>Erben</u>, und Mit-<u>Erben</u> Christi, so wir anders mit <u>leiden</u>."
8. Choral. Mt 8,8 "HERR, ich bin <u>nicht werth</u>, daß Du unter mein

Dach gehest" (vgl. Lk 15,19) - Sir 26,3 "... eine edle Gabe" - Rö 3,24 "... und werden ohne Verdienst gerecht aus seiner Gnade, durch die Erlösung, so durch Christum JEsum geschehen ist."

Anm. Ziegler schreibt in Satz 5 "Ich aber glaub an dir, Drum hat er gar kein Theil an mir" - vgl. Jh 14,30 (EV) "Es kommt der Fürst dieser Welt, und hat nichts an Mir."

34 O ewiges Feuer, o Ursprung der Liebe

1. Chor. Apg 2,3 (EP) "Und man sahe an ihnen die Zungen zertheilt, als wären sie feurig" - Mt 3,12 "Die Spreu wird Er verbrennen mit ewigem Feuer" (vgl. Mt 18,8; 25,41) - Jh 14,23 (EV) "Wer Mich liebet, der wird mein Wort halten; und mein Vater wird ihn lieben, und wir werden zu Ihm kommen und Wohnung bey Ihm machen" (vgl. die Sätze 2, 3 und 4) - Hl 8,6 "Liebe ist stark wie der Tod ... Ihre Glut ist feurig, und eine Flamme des HERRN" - Lk 12,49 "Ich bin kommen, daß Ich ein Feuer anzünde auf Erden" - 1 Ko 3,16 "Wisset ihr nicht, daß ihr GOttes Tempel seyd, und der Geist GOttes in euch wohnet?'" (vgl. V.17; 1 Ko 6,19) - Heb 11,6 "Ohne Glauben ists unmüglich GOtt gefallen."

2. Rezitativ. Ps 27,8 "Mein Herz hält dir vor dein Wort" - Ps 119,43 "Nimm ja nicht von meinem Mund das Wort der Warheit" -   Spr 8,31 "Meine Lust ist bey den Menschen-Kindern" - Jh 14,23 (EV, s.o.).

3. Arie. 1 Pt 2,9 "Ihr aber seyd das auserwehlte Geschlecht" - Jh 14,23 (EV, s.o.) - Ps 118,23 "Das ist vom HErrn geschehen."

4. Rezitativ. Ps 46 ,5 "... da die heiligen Wohnungen des Höchsten sind" - Jh 14,23 (EV, s.o.) - Dan 8,14 "... so wird das Heiligthum wieder geweihet werden."

5. Chor. Ps 128,5f. "Der HERR wird dich segnen aus Zion ... Friede über Israel" (vgl. Satz 4) - 2 Mo 15,6 "HErr, deine rechte Hand thut grosse Wunder!" - Ps 115,12 "Der HErr denket an uns, und segnet uns" - Eph 1,19 "... die wir glauben, nach der Wirkung seiner mächtigen Stärke" - Jh 14,27 (EV) "Den Frieden lasse Ich euch, meinen Frieden gebe Ich euch."

PENTECOST MONDAY   **ZWEITER PFINGSTTAG**
EP Apg 10,42-48
EV Jh 3,16-21

173 Erhöhtes Fleisch und Blut

1. Rezitativ. Jes 1,2 "Ich habe Kinder auferzogen, und erhöhet" - Heb 2,14 "Nachdem nun die Kinder Fleisch und Blut haben, ist Ers gleicher massen theilhaftig worden" - Jh 1,1.14 "GOTT war das Wort ... Und das Wort ward Fleisch" - Eph 2,6 "(GOTT hat uns) in das himmlische Wesen gesetzt, in Christo JEsu" - Ps 82,6 "Ihr seyd ... Kinder des Höchsten" - Jh 1,12 "Wie viel Ihn aber aufnahmen, denen gab Er Macht GOttes Kinder zu werden."

2. Arie. Ps 34,9 "Schmecket und sehet, wie freundlich der HErr ist" - Ps 33,3 "Singet Ihm ein neues Lied, machets gut auf Saitenspiel" - 2 Mo 34,6 "GOtt ... von grosser Gnade und Treu!"

3. Arie. Ps 66,5 "Kommet her, und sehet an die Werke GOttes, der so wunderlich ist mit seinem Thun unter den Menschen-Kindern" - Lk 1,47.49 "Mein Geist freuet sich GOttes ... Denn Er hat grosse Dinge an mir gethan" (vgl. Hi 37,5; Jo 2,21; Sir 50,24) - Mt 12,34 "Weß das Herz voll ist, deß gehet der Mund über!"

4. Arie (Duett). Jh 3,16 (EV) "Also hat GOtt die Welt geliebet, daß Er seinen eingebornen Sohn gab" - Mk 9,22 "Erbarme Dich unser, und hilf uns!" - Apg 10,45 (EP) "Und die Glaubigen aus der Beschneidung ... entsetzten sich, daß auch auf die Heyden die Gabe des Heiligen Geistes ausgegossen ward" - Rö 5,17 "... die Fülle der Gnad und der Gab" - Jes 35,6 "Es werden Wasser in der Wüsten hin und wieder fliessen, und Ströme in den Gefilden" - Dan 9,4 "GOtt! der Du Bund und Gnade hältest ..." - Ko 1,6 "... wie denn die Predigt von Christo in euch kräftig worden ist" - Sir 39,41 "... mit Herzen und Mund" - Rö 8,15 "Ihr habt einen kindlichen Geist empfangen, durch welchen wir ruffen: Abba, lieber Vater!" (vgl. Satz 5) - Ps 50,14 "Opfere GOTT Dank" - Jh 12,36 "Glaubet an das Licht, dieweil ihrs habt, auf daß ihr des Lichtes Kinder seyd" (vgl. EV Jh 3,19).

5. Rezitativ (Duett). Rö 8,15 (s.o.) - Ps 51,19 "Die Opfer, die GOtt gefallen, sind ein geängster Geist; ein geängstes und zerschlagen Herz wirst Du, GOTT, nicht verachten."

6. Chor. Apg 10,45 (EP, s.o.) - 1 Ko 12,11 "Diß aber alles wirket derselbige einige Geist" - Mt 6,9 "Darum solt ihr also beten ..." - Sir 35,21 "Das Gebet der Elenden dringet durch die   Wolken" - Ps 65,3 "Du erhörest Gebet."

68 Also hat Gott die Welt geliebt

1. Choral Jh 3,16 (EV) "Also hat GOtt die Welt geliebt, daß Er seinen eingebornen Sohn gab, auf daß alle, die an Ihn glauben, nicht verloren werden, sondern das ewige Leben haben" - Jes 9,5 "Uns ist ein Kind geboren, ein Sohn ist uns gegeben" - Sir 4,3 "Einem betrübten Herzen mache nicht mehr Leides" - Mk 10,21 "JEsus ... liebte ihn."

2. Arie. Jh 3,16 (EV, s.o.) - Apg 10,43 (EP, s.u.) - Jh 11,28 "Der Meister ist da" - Phl 4,5 "Der HErr ist nah!"

3. Rezitativ. Apg 10,42f. (EP) "(Petrus sprach:) (JEsus von Nazareth) hat uns geboten zu predigen dem Volk, und zu zeugen, daß Er ist verordnet von GOTT, ein Richter ... Von diesem zeugen alle Propheten, daß durch seinen Namen alle, die an Ihn glauben, Vergebung der Sünden empfahen sollen" (vgl. die Sätze 1 und 5) - (In Verbindung mit EP Apg 10,42f. evt.:) 5 Mo 18,20 "Wenn ein Prophet vermessen ist, zu reden in meinem Namen, was Ich ihm nicht geboten habe zu reden ..." (sonst Verständnis des "nicht vermessen" von EP Apg 10,47 her) - Jos 1,7 "Sey nur getrost und sehr freudig" - Jh 3,17 (EV) "GOTT hat seinen Sohn nicht gesandt in die Welt, daß Er die Welt richte" - 1 Ti 2,5 "Es ist ein GOtt und ein Mittler zwischen GOtt und den Menschen, nemlich der Mensch Christus Jesus."

4. Arie. Lk 2,11 "Euch ist heut der Heiland geboren" (vgl. Jes 9,5; s.o.) - Ps 51,16 "... der Du mein GOtt und Heiland bist."

5. Chor. = Jh 3,18 (EV).Anm. Ziegler schreibt in Satz 2 "Getröstetes Hertze" - vlg. Ps 112,8 "Sein Herz ist getrost."

174 Ich liebe den Höchsten von ganzem Gemüte

1. Sinfonia.

2. Arie. Mt 22,37 "Du solt lieben GOtt ... von ganzem Gemüt" - Jes 43,4 "Ich habe dich lieb" - Jh 3,16 (EV, s.u.) - 5 Mo 32,3 "Gebt unserm GOtt allein die Ehre" - Ps 106,1 "Seine Güte währet ewiglich."

3. Rezitativ. Jh 3,16f. (EV) "Also hat GOtt die Welt geliebet, daß Er seinen eingebornen Sohn gab, auf daß alle, die an Ihn glauben, nicht verloren werden ... Denn GOTT hat seinen Sohn ... gesandt in die Welt, ... daß die Welt durch Ihn selig werde" (vgl. Satz 4) - Rö 5,8 "Darum preiset GOtt seine Liebe gegen uns, daß Christus für uns gestorben ist, da wir noch Sünder waren" - Jes 53,12 "... daß er sein Leben in den Tod gegeben hat" - 2 Ti 2,6 "Merke, was ich sage!" - Ps 119,28 "Stärke mich nach deinem Wort" - Ps 20,6 "Im Namen unsers GOttes werfen wir Panir auf" - Mt 16,18 "Die Pforten der Hölle sollen sie nicht überwältigen."

4. Arie. Jh 3,16 (EV, s.o.) - Apg 10,43 (EP) "... daß durch seinen Namen alle, die an Ihn glauben, Vergebung der Sünden empfahen sollen" - Off 2,10 "Sey getreu bis an den Tod, so will Ich dir die Krone des

Lebens <u>geben</u>" - Mt 10,22 "Wer aber <u>biß ans Ende</u> beharret, der wird <u>selig!</u>" (vgl. Satz 3).
5. Choral. Ps 18,2 "<u>Herzlich lieb hab ich Dich, HERR</u>" - Ps 71,12 "<u>Sey nicht fern von mir</u>, mein GOtt, eile mir zu <u>helfen</u>" (vgl. Ps 22,12.20) - Mt 16,26 "Was hülfs den Menschen, so er <u>die ganze Welt</u> gewünne ...?" - Ps 73,25f. "<u>Wenn ich nur Dich habe</u>, so <u>frage ich nichts nach Himmel und Erden. Wenn mir gleich</u> Leib und Seel verschmacht, <u>so bist Du doch</u>, GOTT, allezeit <u>meines Herzens Trost</u>, und mein Theil" - Ps 147,3 "Er heilet, die <u>zerbrochenes Herzens</u> sind" (vgl. Ps 34,19; Jes 61,1) - Ps 61,4 "<u>Du bist meine Zuversicht</u>" - Eph 1,7 "... an welchem wir haben <u>die Erlösung durch sein Blut</u>" (vgl. Kol 1,14) - 1 Pt 1,18f. "... <u>erlöst</u> ... mit dem theurem <u>Blut</u> Christi" - Phl 2,11 "... und alle Zungen bekennen sollen, daß <u>JEsus Christus</u> der <u>HERR</u> sey" - Jh 20,28 "Mein <u>HErr</u> und mein <u>GOtt</u>" - Ps 31,2 "<u>Laß mich nimmermehr</u> zu <u>Schanden</u> werden" (vgl. Ps 71,1).

PENTECOST TUESDAY   DRITTER PFINGSTTAG
EP Apg 8,14-17
EV Jh 10,1-11

184 Erwünschtes Freudenlicht
    1. Rezitativ. Ps 97,11 "Dem Gerechten muß das <u>Licht</u> immer wieder aufgehen, und <u>Freude</u> den frommen Herzen" - Jer 31,31 "Es kommt die Zeit, ... da will Ich ... mit dem Haus Juda einen <u>neuen Bund</u> machen" - Jh 10,2 (EV) "Der aber zu Thür hinein gehet, der ist ein <u>Hirt</u> der <u>Schafe</u>" - Heb 13,20 "Gott ..., der von den Todten ausgeführt hat den grossen <u>Hirten</u> der <u>Schafe</u>, durch das Blut des ewigen Testaments, <u>unsern</u> HErrn <u>JEsum</u>" - 1 Pt 2,25 "Ihr waret wie die <u>irrende Schafe</u>, aber ihr seyd nun bekehrt zu dem <u>Hirten</u> und Bischof eurer Seelen" - Ps 119,133 "Laß meinen <u>Gang</u> gewiß seyn in deinem <u>Wort</u>" - Apg 8,17 (EP) "Sie empfiengen den Heiligen <u>Geist</u>" - Apg 13,10 "... die <u>rechten Wege</u> des HERRN" - 5 Mo 7,6 "Dich hat GOtt dein HErr <u>erwehlt</u> zum <u>Volk</u> des Eigenthums" (vgl. Ps 33,12) - 1 Pt 5,10 "... derselbige wird euch ... <u>stärken, kräftigen</u>" - Jes 40,11 "Er wird <u>seine Heerde</u> weiden wie ein <u>Hirt</u>" - Ps 86,17 "... daß Du mir <u>beystehest</u>, HERR, und <u>tröstest</u> mich" - Jh 10,12 "Ein <u>guter Hirt</u> lässet sein Leben <u>für</u> die Schafe" (vgl. Satz 6) - Jh 13,1 "... so <u>liebte Er sie bis</u> ans Ende" - Ps 23,4 "Und ob ich schon wandert im <u>finstern Thal</u>," ... dein Stecken und <u>Stab trösten</u> mich."
    2. Arie (Duett). Jh 10,9 (EV) "So jemand durch Mich eingehet, der wird <u>selig</u> werden, ... und <u>Weide</u> finden" (vgl. Satz 3).

3. Rezitativ. Phl 4,4 "Freuet euch!" - Eph 4,8f. "Er ... hat das Gefängnis gefangen geführt ... Er ... ist hinunter gefahren in die untersten Oerter der Erden" - 1 Mo 49,10 "Es wird das Scepter von Juda nicht entwendet werden, ... bis daß der Held komme" - Phl 2,8 "... gehorsam bis zum Tod, ja zum Tod am Creutz" - Sir 41,1 "O Tod! wie bitter bist du" - Jh 10,9 (EV, s.o.) - Jh 15,11 "... und eure Freud vollkommen werde."

4. Arie.

5. Choral. Jer 14,9 "HERR, ... verlaß uns nicht" - Mt 24,45 "Welcher ist aber nun ein treuer und kluger Knecht?" - Rö 10,8 "Das Wort ist dir nahe ... in deinem Herzen. Das ist das Wort vom Glauben" - Jh 10,9 (EV, s.o.).

6. Chor. Jh 10,12 (s.o.) - Ps 31,17 "Laß leuchten dein Antlitz" (vgl. Ps 80,4) - Ps 18,3 "Mein GOTT, mein Hort ..." - Jh 10,11 (EV) "Ich bin kommen, daß sie das Leben und volle Gnüge haben sollen."

175 Er rufet seinen Schafen mit Namen

1. Rezitativ. = Jh 10,3 (EV).

2. Arie. Ps 25,5 "Leite mich" (vgl. Ps 139,24) - Jh 10,9 (EV) "So jemand durch Mich eingeht, der wird ... Weide finden" - Ps 23,1f. "Der HERR ist mein Hirt ... Er weidet mich auf einer grünen Auen" - Ps 119,28 "Ich gräme mich, daß mir das Herz verschmachtet" - Ps 43,4 "Gott, der meine Freude und Wonne ist... "

3. Rezitativ. Ps 42,4 "Wo ist nun dein GOTT?" - Hl. 3,1; 5,8 "Ich suchte, aber ich fand ihn nicht ... Findet ihr meinen Freund, so saget ihm, daß ich für Liebe krank lige" - 2 Pt 1,19 (s.u.).

4. Arie. Hl 2,8 "Das ist die Stimme meines Freundes, sihe, er kommt" - Jh 10,2.4 (EV) "Der aber zu Thür hinein gehet, der ist ein Hirt der Schafe ... Und die Schafe ... kennen seine Stimme" - Jh 1,12 "Wie viel Ihn aber aufnahmen, denen gab Er Macht GOttes Kinder zu werden, die an seinen Namen glauben" - Gal 5,22 "Die Frucht aber des Geistes ist Liebe, ... Sanftmut" (vgl. 1 Ti 6,11) - Jh 11,33 "Als JEsus sie sahe weinen, ... ergrimmte Er im Geist."

5. Rezitativ. "Sie vernahmen ..." = Jh 10,6 (EV) - Lk 24,25 "O ihr Thoren" - 1 Ko 1,20 "Hat nicht GOtt die Weisheit dieser Welt zur Thorheit gemacht?"

6. Arie. Heb 2,14 "... daß Er durch den Tod die Macht nähme dem, der des Todes Gewalt hatte, das ist, dem Teufel" - Jh 10,11 (EV) "Ich bin kommen, daß sie das Leben und volle Gnüge haben sollen" - Mt 10,38 "Wer nicht sein Creutz auf sich nimmt, und folget Mir nach, der ist Mein nicht werth" (vgl. Mt 16,24).

7. Choral. Apg 8,17 (EP) "Da legten sie die Hände auf sie, und sie empfiengen den Heiligen <u>Geist</u>" - 1 Pt 3,7 "... Miterben der <u>Gnade</u> des <u>Lebens</u>" - 2 Pt 1,19 "Wir haben ein vestes Prophetisch <u>Wort</u>, und ihr thut wol, daß ihr darauf achtet ..., bis der Tag <u>anbreche</u>, und der <u>Morgen-Stern</u> aufgehe in euren Herzen" (vgl. Satz 3; Off 2,28 und 22,16) - 1 Ti 6,3 "So jemand <u>anders lehret</u> ...."

Anm. Ziegler schreibt in Satz 3 "O zeige dich mir bald In lieblicher Gestalt" - vgl. Hl 1,16 "Du bist schön und <u>lieblich</u>."

TRINITY
TRINITATIS

FEAST OF THE TRINITY   TRINITATIS
EP Rö 11,33-36
EV Jh 3,1-15

165 O heilges Geist- und Wasserbad

1. Arie. Jh 3,5 (EV) "Es sey denn, daß jemand geboren werde aus dem Wasser und Geist, so kan er nicht in das Reich GOttes kommen" (vgl. Hes 36,25f). - Eph 5,25f. "...gleichwie Christus geliebet hat die Gemeine, ...und hat sie gereiniget durch das Wasserbad im Wort" - Tit 3,5. "...nach seiner Barmherzigkeit machet Er uns selig durch das Bad der Wiedergeburt und Erneuerung des Heiligen Geistes"(vgl. Satz 2) - Off 17,8. "...derer Namen nicht geschrieben stehen in dem Buch des Lebens" (vgl. Phl 4,3) - 1 Mo 6,17 "Sihe, Ich will eine Sündflut mit Wasser kommen lassen auf Erden, zu verderben alles Fleisch" - Ps 51,4 "Wasche mich wol von meiner Missethat" - Rö 6,4 "So sind wir ja mit Ihm begraben durch die Taufe in den Tod, auf daß, gleichwie Christus ist auferwecket..., also sollen wir auch in einem neuen Leben wandeln"(vgl. die Sätze 2 und 5).

2. Rezitativ. Rö 5,12.14.16 "Wie durch einen Menschen die Sünde ist kommen in die Welt, und der Tod durch die Sünde, und ist also der Tod zu allen Menschen durchgedrungen, dieweil sie alle gesündiget haben... Der Tod herrschete von Adam an... durch des einigen Sünders einige Sünde alles Verderben. Denn das Urteil ist kommen aus einer Sünd zur Verdammnis" - Rö 1,18 "GOttes Zorn vom Himmel wird offenbaret über alles gottlose Wesen" - Jh 3,6 (EV) "Was vom Fleisch geboren wird, das ist Fleisch" - Jak 3,6.8. "Die Zung... befleckt den ganzen Leib,... voll tödtliches Gifts" - 1 Pt 3,20f. "Die Arch..., in welcher wenig, das ist, acht Seelen, behalten wurden, durchs Wasser. Welches nun auch uns selig machet in der Taufe, die durch jenes bedeutet ist"- Gal 3,26f. "Ihr seyd alle GOttes Kinder... Denn wie viel euer getauft sind, die haben Christum angezogen"- Off 18,12 "Seiden und Purpur..." - 1 Pt 1,19. "...mit dem theurem Blut Christi als eines unschuldigen und unbefleckten Lamms" (vgl. Satz 4) - Off 3,5 "Wer überwindet, der soll mit weissen Kleidern angelegt werden, und Ich werde seinen Namen nicht austilgen aus dem Buch des Lebens" (vgl. Satz 1).

3. Arie. Mk 16,16 "Wer da glaubt und getauft wird, der wird selig werden" (vgl. 1 Pt 3,21; s.o.) - Dan 9,4 "GOtt! der Du Bund und Gnade hältest...."

4. Rezitativ. Jh 3,3 (EV) "Es sey denn, daß jemand von neuem geboren werde, kan er das Reich GOttes nicht sehen!" - Jh 1,29 "Sihe, das ist GOttes Lamm, welches der Welt Sünde trägt" - Off 21,9 "Ich will dir das Weib zeigen, die Braut des Lamms" - Lk 17,13 "JEsu, ... erbarme Dich unser!" - Jes 54,8 "Mit ewiger Gnad will Ich Mich dein erbarmen" - Ps 25,18 "Vergib mir alle meine Sünde" - 1 Mo 3,14f. "Da sprach GOtt der HErr zu der Schlangen: ... du wirst Ihn in die Fersen stechen"- 4 Mo 21,8 "Da sprach der HErr zu Mose: Mach dir eine ehrne Schlang, und richte sie zum Zeichen auf; wer gebissen ist, und sihet sie an, der soll leben" - Jh 3,14f. (EV) "Wie Moses in der Wüsten eine Schlang erhöht hat; also muß des Menschen Sohn erhöhet werden, auf daß alle, die an Ihn glauben,... das ewige Leben haben"(vgl. Satz 5; Jh 12,32f.).

5. Arie. Rö 6,4 (s.o.) - Jh 3,14f. (EV, s.o.) - Spr 8,35 "Wer mich findet, der findet das Leben."

6. Choral. Jh 14,26 "Der Heilige Geist... wirds euch alles lehren."

176 Es ist ein trotzig und verzagt Ding

1. Chor. Jer 17,9 "Es ist das Herz ein trotzig und verzagt Ding, wer kan es ergründen?"

2. Rezitativ. Jer 17,9 (s.o.) - Jh 3,1f. (EV) "Nicodemus... kam zu JEsu bey der Nacht" - Jos 10,12f. "Josua... sprach vor gegenwärtigem Israel: Sonne, stehe still zu Gibeon... Da stund die Sonn... still" (vgl. Hab 3,11).

3. Arie. Jes 30,26 "Der Sonnen Schein wird sibenmal heller seyn denn jetzt" (vgl. Satz 2) - Jh 3,2 (EV) "Meister,... niemand kan die Zeichen thun, die Du thust, es sey denn GOtt mit ihm" - Jes 11,2. "...auf welchem wird ruhen der Geist des HErrn."

4. Rezitativ. Jh 3,7 (EV) "Laß dichs nicht wundern" - Ps 77,5 "Ich bin so ohnmächtig, daß ich nicht reden kan" - Phm 12 "Du aber wollest ihn, das ist, mein eigen Herz annehmen" - Jh 3,15 (EV). "...auf daß alle, die an Ihn glauben, nicht verloren werden, sondern das ewige Leben haben."

5. Arie. Jh 3,15 (EV, s.o.) - Jh 20,31. "...daß ihr durch den Glauben das Leben habt" - Mt 28,19. "...im Namen des Vaters, und des Sohns, und des Heiligen Geistes."

6. Choral. 1 Mo 28,17 "Hie ist die Pforte des Himmels" - Lk 23,42 "HERR, gedenke an mich, wenn Du in dein Reich kommest!" - Ps 95,3

"Der HERR ist ein grosser GOTT, und ein grosser König über alle Götter."

129 Gelobet sei der Herr, mein Gott

1. Choral. Lk 1,68 "Gelobet sey der Herr" - Ps 27,1 "Der HERR ist mein Licht und mein Heil... Der HERR ist meines Lebens Kraft" (vgl. Satz 2) - Ps 84,3 "Mein Leib und Seel freuen sich" - Sir 51,14 "(Ich) rief an den HERRN, meinen Vater" - Sir 50,24 "GOtt,... der uns von Mutterleib an lebendig erhält, und thut uns alles Guts."

2. Arie. Ps 27,1 (s.o.) - Jh 3,35 "Der Vater hat den Sohn lieb" (vgl. Mt 3,17) - 1 Pt 1,18f. "Wisset, daß ihr... erlöst seyd... mit dem theurem Blut Christi" - Gal 2,20 "Was ich jetzt lebe im Fleisch, das lebe ich in dem Glauben des Sohns GOttes, der mich geliebt hat, und Sich Selbst für mich dargegeben" - Jh 3,15 (EV). "...auf daß alle, die an Ihn glauben,... das ewige Leben haben."

3. Arie. Ps 73,26 . ".. so bist Du doch, GOTT, allezeit meines Herzens Trost" - Jh 15,26 "Wenn aber der Tröster kommen wird,... vom Vater, der Geist der Warheit..."- Jh 3,6 (EV) "Was vom Geist geboren wird, das ist Geist" - Js 40,31 "Die auf den HErrn harren, kriegen neue Kraft " Ps 34,7 "Der HERR... half ihm aus allen seinen Nöthen."

4. Arie. Ps 103,1.21f. "Lobe den HErrn, meine Seele, und was in mir ist, seinen heiligen Namen... Lobet den HErrn, alle seine Heerschaaren... alle seine Werke, an allen Orten seiner Herrschaft" - Mt 28,19. "...im Namen des Vaters, und des Sohns, und des Heiligen Geistes."

5. Choral. Ps 118,15 "Man singet mit Freuden vom Sieg" - Jes 6,2f. "Seraphim stunden über Ihm... Und einer rief zum andern, und sprach: Heilig, Heilig, Heilig ist der HERR Zebaoth" Lk 2,20 "Und die Hirten... preisten und lobten GOtt" - Jud 25. "...zu aller Ewigkeit."

TRINITY 1

EP 1 Jh 4,16-21
EV Lk 16,19-31

ERSTER SONNTAG
NACH TRINITATIS

75 Die Elenden sollen essen

1. Chor. = Ps 22,27 - Vgl. Lk 16,21 (EV). "...und begehrte sich zu sättigen."

2. Rezitativ. Lk 16,19.23.26 (EV) "Es war aber ein reicher Mann, der kleidete sich mit Purpur... Als er nun in der Höll und in der Qual war...

Daß die da wolten <u>von hinnen</u> hinab fahren zu euch, können nicht..." Lk 8,14. "...und gehen hin unter den Sorgen, <u>Reichthum</u> und <u>Wollust</u> dieses Lebens."

3. Arie. Lk 16,19 (EV, s.o.) - 1 Pt 1,19. "... mit dem <u>theurem Blut</u> Christi" - Hl 8,6 "<u>Liebe</u> ist stark wie der Tod... Ihre <u>Glut</u> ist feurig, und eine <u>Flamme</u> des HERRN" (vgl. Satz 12) - Ps 104,15. "...und daß der <u>Wein</u> <u>erfreue</u> des Menschen Herz" - Apg 2,13 "Sie sind voll <u>süsses Weins</u>" - Lk 16,19 (EV). "...und lebte alle Tage herrlich und in <u>Freuden</u>."

4. Rezitativ. Ps 73,18 "Du ...<u>stürzest</u> sie zu Boden" - Lk 16,19.23 (EV, s.o.).

5. Arie. Lk 16,20.22.24 (EV) "Es war aber ein Armer, mit Namen <u>Lazarus</u>... Es begab sich aber, daß der Arme starb, und ward getragen von den <u>Engeln</u> in Abrahams Schoß... Ich leide <u>Pein</u> in dieser Flamme."

6. Rezitativ. 1 Pt 3,21. "...der Bund eines <u>guten Gewissens</u> mit GOtt" - Sir 41,3 "O <u>Tod</u>! wie <u>wol thust</u> du dem Dürftigen."

7. Choral. Ps 13,6 "Ich will dem HErrn singen, daß er so <u>wol</u> an mir <u>thut</u>" - Mt 26,42 "Mein Vater, ists nicht müglich, daß dieser <u>Kelch</u> von Mir gehe, ich trinke ihn dann" - Ps 94,19 "Deine <u>Tröstungen ergötzten</u> meine Seele" - Ps 73,26. "...meines <u>Herzens Trost</u>" - Lk 16,25 (EV) "Nun aber wird er <u>getröstet</u>."

8. Sinfonia (mit instr. Choral "Was Gott tut, das ist wohlgetan").

9. Rezitativ. Mit 5,3 "Selig sind, die da <u>geistlich arm</u> sind" (vgl. die Sätze 10 und 13) - Jer 31,22 "Der HErr wird ein <u>Neues</u> im Land <u>erschaff-</u> <u>en</u>" - Jh 4,36. "...<u>Frucht</u> zum ewigen <u>Leben</u>."

10. Arie. Lk 16,25 (EV) "Gedenke, Sohn, daß du dein Gutes <u>empfan-</u> <u>gen</u> hast in deinem Leben" - Jh 7,39 "Das sagte Er aber von dem <u>Geist</u>, welchen <u>empfahen</u> solten, die an Ihn glaubten."

11. Rezitativ. Jh 15,4 "<u>Bleibet in</u> Mir, und Ich in euch" - Mt 16,24 "Will Mir jemand nachfolgen, der <u>verläugne</u> sich <u>selbst</u>" - 1 Jh 4,16 (EP) "Und wir haben erkannt und <u>geglaubt</u> die <u>Liebe</u>, die <u>GOtt</u> zu uns hat... Wer <u>in</u> <u>der Liebe</u> bleibt, der <u>bleibet</u> in GOtt, und GOtt in ihm."

12. Arie. 1 Jh 4,16 (EP, s.o.) - 1 Ko 13,13 "Nun aber bleibt <u>Glaube</u>, Hofnung, <u>Liebe</u>"- Hl 8,6 (s.o.).

13. Rezitativ. Lk 16,19 (EV, s.o.) - Kol 3,15 "Der Friede GOttes <u>regiere</u> in euren <u>Herzen</u>."

14. Choral. Ps 13,6 (s.o.) - Ps 22,27 (s. Satz 1) - Jes 40,11 "Er wird die Lämmer in <u>seine Arme</u> sammlen."

20 O Ewigkeit, du Donnerwort I

1. Choral. Siehe 60/1.

2. Rezitativ. Lk 16,24 (EV) "Ich leide <u>Pein</u> in dieser <u>Flamme</u>" (vgl. die Sätze 3, 4, 5, 7 und 10) - 1 Jh 4,18 (EP) "Die Furcht hat <u>Pein</u>" - Mt 25,46 "Sie werden in die <u>ewige Pein</u> gehen."

3. Arie. Lk 16,24 (EV, s.o.) - Mt 25,41 "Gehet hin... in das <u>ewige Feuer</u>, das bereitet ist dem <u>Teufel</u> und seinen Engeln" (vgl. Satz 4) - Hi 37,1 "Deß entsetzet sich <u>mein Herz</u>, und <u>bebet</u>" (vgl. Satz 1) - Lk 16,23 (EV) "Als er nun in der <u>Höll</u> und in der <u>Qual</u> war..." (vgl. Satz 4).

4. Rezitativ. Lk 16,23f. (EV, s.o.) - Off 14,11 "Der Rauch ihrer <u>Qual</u> wird aufsteigen von <u>Ewigkeit</u> zu <u>Ewigkeit</u>" - 1 Mo 15,5 "Sihe gen <u>Himmel</u> und <u>zehle</u> die <u>Sterne</u>" (vgl. Ps 147,4) - Mt 25,34. "...<u>von Anbegin</u> der <u>Welt</u>" - Hi 38,5 "Weisset du, wer ihr das <u>Maas gesetzt</u> hat?" - Apg 17,26 "(GOtt) hat <u>Ziel gesetzt</u>" - Mt 25,41 (s.o.) - Off 7,9. "...welche <u>niemand zehlen kunte.</u>"

5. Arie. Jes 45,21 "Ich, ein <u>gerechter GOtt</u>..." - Jh 16,8. "...der wird die <u>Welt</u> strafen, um die <u>Sünde</u>" - Lk 16,24 (EV, s.o.) - 1 Ko 7,29 "<u>Die Zeit ist kurz</u>" - Sir 7,40 "<u>Bedenke</u> das Ende."

6. Arie. 1 Mo 19,17 "<u>Errette deine Seel</u> "(vgl. Hes 3,19) - Rö 8,2."...<u>frey gemacht</u> von dem Gsetz der <u>Sünden</u> und des <u>Todes</u> "- Off 21,8. "...in dem Pful, der mit Feuer und <u>Schwefel</u> brennet, welches ist der ander <u>Tod</u>."

7. Choral. 5 Mo 32,11 "Wie ein Adler ausführet seine Jungen, und <u>über</u> ihnen <u>schwebet</u>..." - Off 16,8f.18. "...und ward ihm gegeben, den Menschen heiß zu machen mit <u>Feuer</u>. Und den Menschen ward heiß für grosser <u>Hitz</u>, und lästerten den Namen GOttes, der Macht hat über diese <u>Plage</u>... Und es wurden... <u>Blitzen</u>" - 2 Mo 3,2 "Er sahe, daß der Busch mit <u>Feuer</u> brannte, und ward <u>doch nicht verzehret</u>" - Lk 16,24 (EV, s.o.).

8. Arie. Eph 5,14 "<u>Wache auf</u>, der du <u>schläfest</u>" - Ps 119,176 "Ich bin wie ein <u>verlohren Schaf</u>" (vgl. Mt 10,6; 15,24) - Jer 7,3 "<u>Bessert euer Leben</u>" - 1 Ko 15,52 "Es wird <u>die Posaunen</u> schallen" - 1 Mo 18,25. "...der Du <u>aller Welt Richter</u> bist"-1 Jh 4,17 (EP). "...eine Freudigkeit ...am Tag des <u>Gerichts</u>."

9. Rezitativ. Lk 8,14 . "...und gehen hin unter den Sorgen, <u>Reichthum</u> und <u>Wollust</u> dieses Lebens" - Lk 16,19 (EV, s.u.) - Spr 3,18 "Sie ist ein <u>Baum des Lebens</u>" (vgl. 1 Mo 2,9) - Lk 19,42. "...so würdest du auch bedenken zu <u>dieser</u> deiner <u>Zeit, was zu deinem Frieden dienet!</u>" - 2 Ti 3,1. "...in den <u>letzten Tagen</u>" - Lk 16,22 (EV) "Es begab sich aber, daß der Arme <u>starb</u>... Der Reiche aber <u>starb</u> auch" - Lk 12,20 "<u>Diese Nacht</u> wird man <u>deine Seele</u> von dir fordern" - Ps 119,81 "Meine <u>Seele</u> verlanget nach deinem <u>Heil</u>."

10. Arie (Duett). 1 Jh 2,15 "Habt nicht <u>lieb die Welt</u>" - Mt 8,12 "Da wird seyn <u>Heulen und Zähnklappen</u>" - Lk 16,23 (EV, s.o.) - Lk 16,19.24

(EV) "Es war aber ein <u>reicher Mann</u>... Sende Lazarum, daß er das Äusserste seines Fingers ins <u>Wasser</u> tauche und kühle meine Zunge."
  11. Choral. Siehe 60/1 - 1 Kö 19,4 "<u>Nimm</u> nun, <u>HErr</u>, meine Seel."

39 Brich dem Hungrigen dein Brot

  1. Chor. = Jes 58,7f.
  2. Rezitativ. Lk 16,19f.24 (EV) "Es war aber ein <u>reicher Mann</u>... Es war aber ein <u>Armer</u>... <u>Erbarme</u> dich mein" - Eph 2,4 "<u>GOTT</u>, der da <u>reich</u> ist von <u>Barmherzigkeit</u>..." - 1 Ti 6,17 "<u>GOTT</u>, der uns <u>dargibt reichlich</u> allerley zu <u>geniessen</u>" - Ps 104,29f. "<u>Du</u> nimmst weg ihren <u>Odem</u>, so vergehen sie... Du lässest aus deinen <u>Odem</u>, so werden sie geschaffen" (vgl. 1 Mo 2,7) - Apg 4,32 "Keiner sagte von seinen <u>Gütern</u>, daß sie sein wären" - Spr 19,17 "Wer sich des <u>Armen erbarmet</u>, der leihet dem Herrn" - Hi 6,14 "Wer <u>Barmherzigkeit</u> seinem <u>Nechsten</u> weigert, der verlässet des Allmächtigen Furcht" - Sir 18,12 "Eines Menschen <u>Barmherzigkeit</u> gehet allein über seinen <u>Nechsten</u>; aber GOttes <u>Barmherzigkeit</u> gehet über alle Welt" - Lk 10,36f. "Welcher dünket dich, der... der <u>Nächste</u> sey gewesen, dem, der unter die Mörder gefallen war? ... Der die <u>Barmherzigkeit</u> an ihm that... So gehe hin, und thue deßgleichen."
  3. Arie. Kol 2,17. "...welches ist der <u>Schatten</u> von dem, das zukünftig war" (vgl. Heb 8,5; 10,1) - Mt 5,7 (s.u.) - Ps 126,6 "Sie gehen hin, und weinen, und tragen edlen <u>Samen</u>, und kommen mit Freuden, und <u>bringen</u> ihre Garben."
  4. Arie. = Heb 13,16.
  5. Arie. 1 Ko 4,7 "<u>Was hast</u> du aber, das du nicht <u>empfangen</u> hast?" (vgl. Satz 6) - Ps 95,2 "Lasset uns mit <u>Danken</u> vor sein <u>Angesicht</u> kommen" - Ps 50,14 "<u>Opfere</u> GOTT <u>Dank</u> "- Mt 9,13 "Ich habe Wolgefallen an <u>Barmherzigkeit</u>, und <u>nicht</u> am <u>Opfer!</u>"
  6. Rezitativ. Ps 116,12 "<u>Wie soll ich</u> dem <u>HErrn vergelten</u> alle seine Wolthat, die Er an <u>mir thut?</u>" - 1 Ko 4,7 (s.o.) - 1 Pt 4,10 "Und <u>dienet</u> einander, ein jeglicher mit der Gabe, die er <u>empfangen</u> hat" - 1 Ko 1,31 "Wer sich <u>rühmet</u>, der <u>rühme</u> sich des HERRN" (vgl. Jer 9,22f.) - Pr 12,7 "Der Staub muß wieder zur <u>Erde</u> kommen... und der <u>Geist</u> wieder zu GOtt" - Sir 29,27 "Hilf deinem <u>Nechsten</u> aus, so viel du <u>kanst</u>"- Mk 14,8 "Sie hat gethan, <u>was</u> sie <u>kunte.</u>"
  7. Choral. Mt 5,7 "<u>Selig sind</u> die <u>Barmherzigen</u>, denn sie <u>werden Barmherzigkeit erlangen</u>" - Rö 12,13 "<u>Nehmet</u> euch <u>der</u> Heiligen <u>Nothdurft an</u>" - Lk 16,20 (EV, s.o.) - 1 Pt 3,8 "Seyd... <u>mitleidig, brüderlich, barmherzig</u>" - 1 Ti 6,18. "...daß sie ....<u>behülflich seyn</u>"- Spr 8,14. "...<u>Rath</u> und <u>That</u>" (vgl. Jer 32,19).

TRINITY 2   ZWEITER SONNTAG
EP 1 Jh 3,13-18   NACH TRINITATIS
EV Lk 14,16-24

76 Die Himmel erzählen die Ehre Gottes

1. Chor. = Ps 19,2.4.

2. Rezitativ. Apg 14,15-17 "Wir ... predigen euch das Evanglium, daß
ihr euch <u>bekehren</u> solt... zu dem lebendigen <u>GOTT</u>, welcher gemacht hat
<u>Himmel</u> und Erden,... und <u>alles</u>, was darinnen ist. Der in vergangenen
Zeiten hat lassen alle <u>Heyden</u> wandeln ihre eigene Wege. Und zwar <u>hat
Er sich</u> selbst <u>nicht unbezeugt gelassen</u>, hat uns viel Gutes <u>gethan</u> und...
unsere Herzen erfüllet mit <u>Speise</u> und Freuden" (vgl. die Sätze 6 und 7) -
Ps 40,2 "Ich harrete des HERRN; und Er <u>neigte sich zu</u> mir "- 2 Ch 36,15
"GOTT sandte zu ihnen <u>durch</u> seine <u>Boten</u>" - Lk 14,17 (EV) "<u>Kommet</u>,
denn es ist alles bereit "- Jh 21,12 "<u>Kommet</u>, und haltet das <u>Mahl</u>."

3. Arie. Ps 19,4 (s. Satz 1) - 5 Mo 4,33. "...daß ein <u>Volk GOttes</u>
<u>Stimme gehört</u> habe" - Heb 4,16 "Lasset uns hinzu treten... zu dem
<u>Gnaden</u>-Stul" - Jh 1,1.3.14 "Im Anfang war das Wort... <u>Alle Ding</u> sind
durch dasselbe gemacht... Und das Wort ward Fleisch... und wir sahen
seine Herrlichkeit... als des <u>eingebornen Sohns</u> vom Vater" - Jes 45,22
"<u>Wendet</u> euch zu Mir,... <u>aller</u> Welt Ende."

4. Rezitativ. 2 Mo 20,3 "Du solt keine <u>andere Götter</u> neben Mir
haben" - 2 Ti 4,3 "Nach ihren <u>eigenen Lüsten</u> werden sie ihnen selbst
Lehrer aufladen" - 1 Ko 3,19 "Dieser Welt <u>Weisheit</u> ist <u>Thorheit</u> bey
GOTT" - 2 Ko 6,15f. "Wie stimmet <u>Christus</u> mit Belial? ...Was hat der
Tempel GOttes für eine Gleiche mit den <u>Götzen</u>?"

5. Arie. 2 Ko 10,5 "Wir... nehmen gefangen alle <u>Vernunft</u> unter den
Gehorsam <u>Christi</u>."

6. Rezitativ. Lk 14,21.23 (EV) "Gehe aus bald auf die <u>Strassen</u> und
Gassen der Stadt... Gehe aus auf die Land-<u>Strassen</u>... und nöthige sie
herein zu kommen" - Apg 26,17f. "...den <u>Heyden</u>, ... daß sie sich <u>bekehren</u>
von der <u>Finsternis</u> zum <u>Licht</u>, und... <u>zu Gott</u>" (vgl. Satz 7 und 1 Pt 2,9) - Lk
2,32. "...ein <u>Licht</u> zu <u>erleuchten</u> die <u>Heyden</u>" - Apg 14,17 (s.o.) - Jh 6,55
"Mein Fleisch ist die rechte <u>Speis</u>, und mein Blut ist der rechte <u>Trank</u>"
(vgl. 1 Ko 10,3f.) - 1 Mo 1,2 "Der <u>Geist</u> GOttes <u>schwebete</u> auf dem
Wasser" - Rö 8,16 "Der selbige <u>Geist</u> gibt Zeugnis <u>unserm Geist</u>."

7. Choral. Ps 67,2f. "<u>GOtt, sey uns gnädig, und segne uns</u>, Er lasse uns
sein <u>Antlitz leuchten</u>, Sela. Daß wir auf <u>Erden</u> erkennen seinen Weg, unter
allen <u>Heyden</u> sein <u>Heil</u>" - 2 Ko 4,6 "<u>GOTT</u>... hat einen <u>hellen Schein</u> in
unsere Herzen gegeben, daß durch uns entstünde die <u>Erleuchtung</u> von der

Erkäntnis..." - Eph 6,10 "Seyd <u>stark</u> in dem HErrn, und in der Macht
seiner <u>Stärke</u>" - Apg 14,15 (s.o.).
   8. Sinfonia.
   9. Rezitativ. 1 Jh 3,13f. (EP) "Verwundert euch nicht, meine <u>Brüder</u>,
ob euch die <u>Welt hasset</u>... Wer den <u>Bruder</u> nicht <u>liebet</u>, der bleibet im
Tod" (vgl. die Sätze 10, 11 und 12).
   10. Arie. 1 Jh 3,13 (EP, s.o.) - Phl 3,8f. "(Christus JEsus,) um welches
willen ich <u>alles</u> habe für Schaden gerechnet..., auf daß ich <u>Christum</u>
gewinne,... daß ich... habe meine Gerechtigkeit... durch den <u>Glauben</u> an
Christum."
   11. Rezitativ. 1 Jh 3,14 (EP, s.o.) - Hl 5,16 "Seine Kehle ist <u>süß</u> und
ganz <u>lieblich</u>. Ein solcher ist mein Freund" - Off 2,17. "...dem will Ich zu
esen geben von dem verborgenen <u>Manna</u>."
   12. Arie. 1 Jh 3,16.18 (EP) "Daran haben wir erkant die <u>Liebe</u>, daß Er
sein Leben <u>für</u> uns gelassen hat, und wir sollen auch das Leben <u>für die</u>
<u>Brüder</u> lassen... Lasset uns... <u>lieben... mit der That</u>."
   13. Rezitativ. 1 Jh 3,17 (EP). "...wie bleibet <u>die Liebe GOttes</u> bey
ihm?" - Ps 19,2 (s. Satz 1).
   14. Choral. Ps 67,6-8 "<u>Es danken</u> Dir, <u>GOtt</u>, die <u>Völker</u> ... Das <u>Land</u>
gibt sein Gewächs, es segne uns GOtt... und <u>alle Welt</u> <u>fürchte</u> Ihn" - 1 Jh
3,18 (EP, s.o.) - Rö 15,2 "Es stelle sich aber ein jeglicher unter uns also,
daß er seinem Nechsten gefalle, zum <u>Guten</u>, zur <u>Besserung</u>" - Ps 1,3 "Der
ist wie ein Baum..., der seine <u>Frucht bringet</u> zu seiner Zeit..., und was er
macht, das <u>geräth wol</u>" - Mk 4,20 "Diese sinds, die auf ein gut <u>Land</u> gesäet
sind, die das <u>Wort</u> hören, und nehmens an, und <u>bringen Frucht</u>."

2 Ach Gott, vom Himmel sieh darein

   1. Choral. Ps 12,2 "Hilf, HErr, die <u>Heiligen</u> haben abgenommen, und
der <u>Gläubigen</u> ist wenig unter den <u>Menschen-Kindern</u>!"
   2. Rezitativ. Ps 12,3 "<u>Einer</u> redet mit dem <u>andern</u> unnütze Dinge, und
heucheln, und <u>lehren</u> aus uneinigem Herzen" - Mt 23,27 "Ihr Heuchler!
die ihr <u>gleich</u> seyd, wie die übertünchten <u>Gräber</u>, welche auswendig
hübsch scheinen, inwendig aber sind sie voller <u>Todten</u>-Beine und alles
<u>Unflats</u>."
   3. Arie. Ps 12,3 (s.o.) - Apg 20,30 "Auch aus euch selbst werden
aufstehen Männer, die da <u>verkehrte Lehre</u> reden" - Tit 3,10f. "Einen
<u>ketzerischen</u> Menschen meide... und wisse, daß ein solcher <u>verkehrt</u> ist."
   4. Rezitativ. Ps 12,6 "Weil denn die Elenden <u>verstöret</u> werden, und die
<u>Armen seufzen</u>, will ich auf, spricht der HErr. Ich will eine <u>Hülfe</u> schaffen,
daß man <u>getrost</u> lehren soll" - Jes 30,26 "Der <u>Sonnen Schein</u> wird siben

mal <u>heller</u> seyn denn jetzt" - 2 Ti 1,13 "Halt an dem Vorbild, der <u>heil-samen Worte</u>" (vgl. 1 Ti 6,3).

5. Arie. Ps 12,7 "Die Rede des HErrn ist lauter, wie durchläutert <u>Silber</u> im erdenen Tigel, <u>bewähret</u> sibenmal" - Spr 17,3 "Wie das <u>Feuer Silber</u>, und der Ofen Gold, also prüfet der HERR die Herzen"- Klg 3,26 "Es ist ein köstlich Ding <u>gedultig seyn</u>."

6. Choral. Ps 12,8.9 "<u>Du</u>, HErr, <u>woltest</u> sie <u>bewahren</u>, und uns behüten <u>für diesem Geschlecht</u> ewiglich! Denn es wird allenthalben voll <u>Gottlosen, wo solche lose Leute</u> unter den Menschen herrschen" - 2 Ti 2,4 "Kein Kriegsmann <u>flicht sich in</u> die Händel der Nahrung."

TRINITY 3   **DRITTER SONNTAG**
                                               NACH TRINITATIS

EP 1 Pt 5,6-11
EV Lk 15,1-10

21 Ich hatte viel Bekümmernis

1. Sinfonia.

2. Chor. = Ps 94,19.

3. Arie. Ps 94,19 (s. Satz 2) - Ps 6,7 "Ich bin so müd von <u>Seufzen</u>... und netze mit meinen <u>Thränen</u> mein Lager" - Ps 116,3 "<u>Angst</u> der Höllen hatten mich troffen, ich kam in <u>Jammer</u> und <u>Noth</u>!" - Ps 55,5 "<u>Mein Herz</u> <u>ängstet</u> sich in meinem Leib, und des <u>Todes Furcht</u> ist auf mich gefallen."

4. Rezitativ. Jos 8,1 "<u>Fürchte</u> dich nicht, und <u>zage</u> nicht" - Ps 40,12 "<u>Du</u> ... wolltest deine Barmherzigkeit nicht <u>von mir wenden</u>" - Mt 25,12 "Ich <u>kenne</u> euer <u>nicht</u>!" - Hi 30,21 "<u>Du bist mir</u> verwandelt in einen <u>Grausamen</u>" - Mt 15,22 "Ein Cananäisch Weib... <u>schrie</u> Ihm <u>nach</u>."

5. Arie. Ps 42,6.8 "Was <u>betrübst</u> du dich, meine Seele?... Deine <u>Fluten</u> <u>rauschen</u> daher... <u>Wellen</u> gehen über mich" (vgl. Satz 6) - Heb 6,19 "(Hofnung)... als... <u>Anker</u> unserer Seelen..." - Mt 14,24.30 "Das Schiff war schon mitten auf dem <u>Meer</u>, und litte Noth von den <u>Wellen</u>... (Petrus) erschrack..., und hub an zu <u>sinken</u>" (vgl. Jes 51,15; Ps 69,15).

6. Chor. = Ps 42,12.

7. Rezitativ (Dialog). Ps 27,1 "Der HERR ist <u>mein Licht</u>" - Jes 43,5 "<u>Ich</u> <u>bin bey dir</u>" - Sir 6,14 "Ein <u>treuer Freund</u> ist ein starker Schutz" (vgl. V.15f.) - Mt 25,26 "Du <u>Schalk</u>" (vgl. Jer 23,11) - Ps 50,2 "Aus Zion <u>bricht</u> an der schöne <u>Glanz</u> GOttes" - Hab 3,4 "Sein <u>Glanz</u> war wie <u>Licht</u>" - Jh 5,25 "Es <u>kommt die Stund</u>, und ist <u>schon</u> jetzt..." - 2 Ti 2,5 "So jemand auch <u>kämpfet</u>, wird er doch nicht <u>gekrönet</u>, er <u>kämpfe</u> denn recht."

8. Arie (Duett). Hl 7,12 "<u>Komm, mein</u> Freund "- Off 22,20 "<u>Ja, Ich
komme</u> bald, Amen! Ja, <u>komm, HErr Jesu</u>!" - Jer 31,25 "Ich will die
müden <u>Seelen erquicken</u>" - Ps 118,17 "Ich werde <u>nicht sterben</u>, sondern
<u>leben</u>" - Hes 18,4.21 "Welche <u>Seel</u> sündiget, <u>die soll sterben</u>... Wo sich
aber der Gottlose bekehret..., so <u>soll</u> er <u>leben</u>" - Jes 53,5 "Durch seine
<u>Wunden</u> sind wir <u>geheilet</u>" - Mt 10,28 "Fürchtet euch... vor dem, der Leib
und <u>Seel verderben</u> mag in die Hölle" (vgl. Lk 9,56) - Lk 15,4 (EV)
"Welcher Mensch ist unter euch,... der nicht... hingehe nach dem
<u>verlohrnen</u>, bis daß ers finde?" (vgl. V.6.8f.24) - Jes 43,4 "<u>Ich</u> habe <u>dich
lieb</u> "(vgl. Jer 31,3) - 1 Pt 5,7 (EP) "Alle eure <u>Sorge</u> werfet auf Ihn, denn Er
<u>sorget</u> für euch."

9. Chor mit Choral. "<u>Sei nun</u>..." - Ps 116,7 - 1 Pt 5,7 (EP, s.o.) - Mt
16,26 "<u>Was hülfs</u> den Menschen...?" - Ps 73,14. "...und meine Strafe ist <u>alle
Morgen</u> da" - Heb 11,25. "...<u>Ungemach</u> zu <u>leiden</u>" - 1 Pt 5,10·(EP) "GOTT
...wird euch, die ihr eine kleine Zeit <u>leidet</u>, vollbereiten, stärken" (vgl. V.9)
- Jes 41,17 "Ich, der <u>GOTT</u> Israel, will sie <u>nicht verlassen</u>" - Jh 1,18. "...<u>in</u>
des Vaters <u>Schos</u>" - Ps 73,12.19 "Die Gottlosen... sind <u>glückselig</u> in der
Welt... Wie werden sie so plötzlich zu nicht - Apg 17,26 "(GOtt) hat <u>Ziel</u>
<u>gesetzt</u>."

10. Arie. Lk 15,6 (EV) "<u>Freuet</u> euch mit mir" (vgl. V.5.7.9f.) - Ps 86,4
(s.o.) - Jes 35,10 "Die Erlösten des HErrn werden... gen Zion kommen mit
<u>Jauchzen</u>, ewige <u>Freude</u> wird über ihrem Haupt seyn..., und <u>Schmerz</u> und
Seufzen wird weg müssen" - Ps 30,12 "Du hast mir meine Klage <u>verwan-
delt</u> in einen Reigen" - Jh 2,9 "Als aber der Speismeister kostete den <u>Wein</u>,
der Wasser gewesen war..." - Hl 8,6 "<u>Liebe</u>... eine <u>Flamme</u> des HERRN" -
Phl 2,1 "Ist nun bey euch... <u>Trost</u> der <u>Lieb</u>..." - Ps 94,19 (s. Satz 2) - 2 Ko
1,5 "...also werden wir auch reichlich <u>getröstet</u> durch Christum."

11. Chor. = Off 5,12f. - Vgl. 1 Pt 5,11 (EP) "Demselben sey <u>Ehr</u> und
Macht, <u>von Ewigkeit zu Ewigkeit, Amen</u>!"

Anm. zu Satz 10: Liegt über das Wortspiel "Weinen - Wein "und die
Erinnerung an Jh 2 hinaus ein Hinweis auf die Mahlfeier vor, zu der Teil
2 der Kantate musiziert worden sein könnte? Vgl. dazu in Satz 8 die Zeile
"Heil durch diesen Saft der Reben"!

135 Ach Herr, mich armen Sünder

1. Choral. Ps 6,2 "<u>Ach HERR straf mich nicht in deinem Zorn</u>, und
züchtige mich nicht in <u>deinem Grimm</u>!" - Lk 15,1 (EV) "Es naheten aber
zu Ihm allerley Zöllner und <u>Sünder</u>" (vgl. V.2.7.10) - Jh 16,8. "...der wird
die Welt <u>strafen</u>, um die <u>Sünde</u>" - Lk 15,4 (EV) "Welcher Mensch ist unter

euch, der hundert Schafe hat, und so er der eines verleuret, der nicht...
hingehe nach dem verlohrnen, bis daß ers finde?" vgl. V.6.8f.) - Ps 25,18
"Vergib mir alle meine Sünde" - Ps 65,4 "Du wollest unsere Sünde
vergeben" - Ps 6,3 (s.u.) -Jh 3,15. "...auf daß alle, die an Ihn glauben, nicht
verloren werden, sondern das ewige Leben haben" - Lk 16,23f. "Als er
nun in der Höll... war,... rief (er)...: Ich leide Pein."
     2. Rezitativ. Ps 6,3f. "HErr! sey mir gnädig, denn ich bin schwach;
heile mich HERR! denn meine Gebeine sind erschrocken, und meine Seel
ist sehr erschrocken; ach Du, HERR! wie lang!" (vgl. Satz 1) - 2 Mo 15,26
"Ich bin der HErr dein Arzt" - Lk 5,31 "Die Gesunden dürfen des Arztes
nicht, sondern die Kranken" - Ps 22,18 "Ich möchte alle meine Beine
zehlen" - 1 Pt 5,9 (EP) "Wisset, daß eben dieselbigen Leiden über eure
Brüder in der Welt gehen" (vgl. V.10) - Jes 25,8 "Der HErr HErr wird die
Threnen von allen Angesichten abwischen" - Ps 6,7 (s.u.).
     3. Arie. Ps 6,5f. "Wende Dich, HERR, und errette meine Seele; hilf
mir um deiner Güte willen. Denn im Tod gedenkt man Dein nicht" - Ps
69,15. "...daß ich nicht versinke" - Ps 46,2. "...eine Hülfe in den grossen
Nöthen" - Mt 6,10 "Dein Will gescheh" - Lk 15,5 (EV) "Wenn ers funden
hat, so leget ers auf seine Achseln mit Freuden."
     4. Rezitativ. Ps 6,7f. "Ich bin so müd von Seufzen, ich schwemme
mein Bett die ganze Nacht, und netze mit meinen Thränen mein Lager.
Meine Gestalt ist verfallen für Trauren, und ist alt worden; denn ich
allenthalben geängstiget werde" - Lk 4,14. "...des Geistes Kraft" - 1 Pt 5,10
(EP) "GOTT aber... wird euch... kräftigen" - Jer 6,16. "...so werdet ihr
Ruhe finden für eure Seelen" (vgl. Mt 11,29) - Lk 22,44 "Es kam, daß Er
mit dem Tod rang... Es ward aber sein Schweis wie Blutstropfen" - Ps
119,28 "Ich gräme mich, daß mir das Herz verschmachtet."
     5. Arie. Ps 6,9.11 "Weichet von mir alle Übelthäter; denn der HERR
höret mein Weinen... Es müssen alle meine Feinde zu Schanden werden..., sich zurück kehren und zu Schanden werden plötzlich"- 2 Ko 1,5.
"... also werden wir auch reichlich getröstet durch Christum" - Lk 15,5
(s.o.).
     6. Choral. 1 Pt 5,10f. (EP) "GOTT..., der uns beruffen hat zu seiner
ewigen Herrlichkeit in Christo JEsu... Demselben sey Ehr und Macht, von
Ewigkeit zu Ewigkeit, Amen!" - 1 Ti 1,17 "GOtt... sey Ehr und Preis in
Ewigkeit" - Heb 5,9. "...ein Ursach zur ewigen Seligkeit."

TRINITY 4

EP Rö 8,18-23
EV Lk 6,36-42

VIERTER SONNTAG NACH TRINITATIS

185 Barmherziges Herze der ewigen Liebe
1. Arie (Duett, mit instr. Choral "Ich ruf zu Dir, Herr Jesu Christ"). Lk
6,36 (EV) "Seyd barmherzig, wie auch euer Vater barmherzig ist" - Jer
31,20 "Darum bricht Mir mein Herz gegen ihm, daß Ich Mich seiner
erbarmen muß" - Rö 12,8 "Ubet jemand Barmherzigkeit, so thue ers mit
Lust" - Hl 8,6 "Liebe ist... eine Flamme des HERRN."
   2. Rezitativ. Hes 11,19 "Ich will... das steinerne Herz wegnehmen"
(vgl. Hes 36,26) - Lk 6,36 (EV, s.o.) - Rö 12,8 (s.o.) - 1 Jh 3,1f. "Sehet,
welch eine Liebe hat uns der Vater erzeigt... Wir wissen aber..., daß wir
Ihm gleich seyn werden" - Lk 6,37f. (EV) "Richtet nicht, so werdet ihr
auch nicht gerichtet... Vergeben, so wird euch vergeben. Gebet, so wird
euch gegeben... Denn eben mit dem Maas, da ihr mit messet, wird man
euch wieder messen" (vgl. Satz 5).
   3. Arie. 2 Ko 9,8f. "GOTT kan aber machen, daß allerley Gnad unter
euch reichlich sey, daß ihr... reich seyd zu allerley guten Werken. Wie
geschrieben stehet: Er hat ausgestreut, und gegeben den Armen; seine
Gerechtigkeit bleibet in Ewigkeit" (vgl. Ps 112,9) - Jes 9,2 "Vor dir wird
man sich freuen, wie man sich freuet in der Erndte, wie man frölich ist,
wenn man Beute austheilet" - Ps 126,5f. "Die mit Threnen säen, werden
mit Freuden erndten. Sie... kommen mit Freuden, und bringen ihre
Garben."
   4. Rezitativ. Lk 6,39.42 (EV) "Mag auch ein Blinder einem Blinder
den Weg weisen? Werden sie nicht alle beyde in die Gruben fallen?...
Zeuch zuvor den Balken aus deinem Aug, und besihe denn, daß du den
Splitter aus deines Bruders Aug ziehest" - Jak 1,4. "...auf daß ihr seye
vollkommen und ganz, und keinen Mangel habet."
   5. Arie. Gal 4,9 "Nun ihr aber GOTT erkant habt ..." - Lk 6,37f. (EV
s.o.) - Spr 3,4. "...so wirst du Gunst und Klugheit finden, die GOtt und
Menschen gefället" (vgl. Lk 2,52).
   6. Choral. Siehe 177/1.

24 Ein ungefärbt Gemüte
1. Arie. Spr 16,6 "Durch Güte und Treue wird Missethat versöhnet"
Spr 3,4. "... so wirst du Gunst und Klugheit finden, die GOtt und

Menschen gefället"- 2 Pt 1,3 "Nachdem allerley seiner Göttlichen Kraft, (was zum Leben und Göttlichem Wandel dienet,) uns geschenkt ist..."

2. Rezitativ. 1 Mo 8,21 "Das Tichten des menschlichen Herzens ist bös von Jugend auf" - Gal 5,18 "Regieret euch aber der Geist, so seyd ihr nicht unter dem Gesetz" - 2 Mo 33,11 "Der HErr aber redete mit Mose..., wie ein Mann mit seinem Freund redet" - Mt 10,16 "Seyd... ohne Falsch, wie die Tauben."

3. Chor. = Mt 7,12.

4. Rezitativ. Lk 6,42 (EV) "Du Heuchler... "- 2 Ko 6,15 "Wie stimmet Christus mit Belial?" - 2 Ko 11,14 "Er selbst, der Satan, verstellt sich zum Engel des Lichts" - Mt 7,15 "Sehet euch für, für den falschen Propheten, die in Schafs-Kleidern zu euch kommen, inwendig aber sind sie reissende Wölfe!" - Lk 6,37 (EV) "Richtet nicht, so werdet ihr auch nicht gerichtet."

5. Arie. Off 3,14 . "...der treue und warhaftige Zeug" - Mk 7,21 "Von innen, aus dem Herzen der Menschen, gehen heraus böse Gedanken" - Phl 2,6. "...hielt Ers nicht für einen Raub GOTT gleich seyn."

6. Choral. 5 Mo 32,4 "Treu ist GOTT... fromm ist Er" - Jh 1,1.3 "GOTT war das Wort... Ohn dasselbige ist nichts gemacht, was gemacht ist" - 1 Ti 3,9. "...die das Geheimnis des Glaubens in reinem Gewissen haben."

177 Ich ruf zu dir, Herr Jesu Christ

1. Versus 1. Ps 17,6 "Ich ruffe zu Dir" - 2 Mo 2,24 "GOtt erhörte ihr Wehklagen" - Spr 21,2 "Einem jeglichen dünket sein Weg recht seyn" (vgl. 185/6) - Lk 6,38 (EV) "Gebet, so wird euch gegeben" - Rö 14,8 "Leben wir, so leben wir dem HERRN" (vgl. Rö 6,11) - Mi 6,8 "Es ist dir gesagt, Mensch, was gut ist..., nemlich: GOTTES Wort halten" (vgl. Jh 8,51f.).

2. Versus 2. Mt 8,2 "HErr, so du wilt, kanst Du mich wol reinigen" - Jer 20,7 "Ich bin darüber zu Spott worden täglich" - Ps 39,5 "HERR, lehre doch mich, daß... ich davon muß."

3. Versus 3. Lk 6,37 (EV) "Vergebet, so wird euch vergeben" - Ps 19,13 "Verzeihe mir die verborgene Fehle" - Rö 6,4. "...also sollen wir auch in einem neuen Leben wandeln."

4. Versus 4. Mt 10,8 "Umsonst habt ihrs empfangen, umsonst gebet es auch" (vgl. Off 21,6; 22,17) - 1 Ko 15,50. "...daß Fleisch und Blut nicht können das Reich GOttes ererben" - Rö 9,12 "Nicht aus Verdienst der Werke, sondern aus Gnaden..." (vgl. Rö 11,6; Eph 2,8f) - Ps 33,19. "...daß Er ihre Seele errette vom Tod."

5. Versus 5. Apg 7,51 "Ihr widerstrebet allezeit dem Heiligen Geist" (vgl. Rö 7,23) - Rö 8,26 "Der Geist hilft unserer Schwachheit auf" - 1 Ti

1,12 "Ich danke unserm <u>HErrn Christo</u> JEsu, der <u>mich stark gemacht</u>...
hat" - Ps 16,10 "<u>Du wirst</u> meine Seele <u>nicht</u> in der Hölle <u>lassen</u>."

TRINITY 5   **FÜNFTER SONNTAG**
                                                NACH TRINITATIS
EP 1 Pt 3,8-15
EV Lk 5,1-11

93 Wer nur den lieben Gott läßt walten

1. Choral. Ps 62,9 "<u>Hoffet auf Ihn allezeit</u>" - Jes 29,14 "So will Ich auch
mit diesem Volk <u>wunderlich</u> umgehen, aufs <u>wunderlichst</u>" - Mt 7,26 "Wer
diese meine Rede höret, und thut sie nicht, der ist einem thörichten Mann
gleich, der sein Haus <u>auf</u> den <u>Sand baute</u>."

2. Choral und Rezitativ. Spr 12,25 "<u>Sorge</u> im <u>Herzen</u> kränket" - Ps
73,14. "...und meine Strafe ist <u>alle Morgen</u> da" - Ps 6,7 "Ich bin so müd
von <u>Seufzen</u>, ich schwemme mein Bett die ganze <u>Nacht</u>, und netze mit
meinen <u>Thränen</u> mein Lager" (vgl. Ps 42,4) - 1 Pt 3,14 (EP) "Ob ihr auch
<u>leidet</u> um der Gerechtigkeit willen, so seyd ihr doch selig" - Jh 19,17 "<u>Er
trug sein Creutz</u>" - Mt 10,38 "Wer nicht <u>sein Creutz</u> auf sich nimmt, und
folget Mir nach, der ist Mein nicht werth."

3. Arie. Spr 8,14 "Mein ist beyde <u>Rath und That</u>" - 2 Ti 2,19 "Der
HERR <u>kennet</u> die Seinen" - Kol 3,12 "Ziehet nun an, als <u>die Auserwehlten</u>
GOttes,... herzliches Erbarmen" - Jes 63,16 "<u>Unser Vater</u>..., von Alters her
ist das dein Name" - Ps 103,13 "Wie sich ein <u>Vater</u> über <u>Kinder</u> erbarmet..." - Ps 20,3 "Er <u>sende</u> dir <u>Hülfe</u> vom Heiligthum."

4. Arie (Duett; mit instr. Choral "Wer nur den lieben Gott läßt walten"). Mt 25,21 "Ey du frommer und <u>getreuer</u> Knecht... Gehe ein zu
deines HErrn <u>Freude</u>" - 1 Ko 4,2 "Nun suchet man nicht mehr an den
Haushaltern, denn daß sie <u>treu erfunden</u> werden" - Mt 24,50. "...so wird
der Herr desselben Knechts <u>kommen</u> an dem Tag, deß er sich nicht
<u>versihet</u>" - Apg 14,17 "<u>(GOTT)</u> hat uns <u>viel Gutes</u> gethan."

5. Choral und Rezitativ. Jes 4,6. ".. und wird eine Hütten seyn zum
Schatten des Tages vor die <u>Hitze</u>, und eine Zuflucht und Verbergung vor
dem <u>Wetter</u>" - Jes 41,17 "Ich, der <u>GOTT</u> Israel, will sie <u>nicht verlassen</u>" -
Lk 24,29 "<u>Bleib bey</u> uns" - Lk 16,19f.22 "Es war aber ein <u>reicher Mann</u>,
der... <u>lebte</u> alle <u>Tage</u> herrlich und <u>in Freuden</u>. Es war aber ein <u>Armer</u>... Es
begab sich aber, daß der Arme starb, und ward getragen von den Engeln
<u>in</u> Abrahams <u>Schos</u>" (vgl. Satz 6) - Ps 73,12.19 "Die Gottlosen... sind
<u>glückselig</u> in der Welt, und werden <u>reich</u>... Wie werden sie so plötzlich zu
nicht" - 1 Pt 3,10 (EP) "Wer leben will, und <u>gut Tage</u> sehen, der schweige

seine Zung" (vgl. Ps 34,13) - 2 Kö 4,40 "O Mann GOttes! der Tod im Töpfen!" - Lk 5,5.7 (EV) "Wir haben die ganze Nacht gearbeitet, und nichts gefangen; Aber auf dein Wort will ich das Netz auswerfen... Und sie winkten ihren Gesellen,... daß sie kämen, und hülfen ihnen ziehen" - Apg 17,26 "(GOtt) hat Ziel gesetzt."

6. Arie. Mi 7,7 "Ich aber will auf den HErrn schauen "- Dan 6,24 "Daniel... hatte seinem GOtt vertraut" (vgl. Mt 27,43) - 1 Sm 2,7 "Der HERR machet arm und machet reich" (vgl. Lk 1,53) - Lk 16,19ff. (s.o.).

7. Choral. Ps 42,9 "Des Nachts singe ich Ihm, und bete" - Ps 128,1 "Wol dem, der den HErrn fürchtet, und auf seinen Wegen gehet" - 1 Ko 4,2 (s.o.) - Mt 25,21 (s.o.) - 1 Pt 3,9 (EP) "Wisset, daß ihr darzu beruffen seyd, daß ihr den Segen beerbet" - Ps 62,8 "Meine Zuversicht ist auf GOTT" (vgl. Ps 73,28) - Ps 9,11 "Du verlässest nicht, die Dich, HErr, suchen" (vgl. Jes 41,17; s.o.).

88 Siehe, ich will viel Fischer aussenden

1. Arie. = Jer 16,16.

2. Rezitativ. 5 Mo 32,5 "Die verkehrte und böse Art fället von Ihm ab" - Rö 1,28. "...hat sie GOtt auch dahin gegeben in verkehrten Sinn" - Ps 40,12. "...Güte und Treu..."

3. Arie. 1 Sm 12,23. "...euch zu lehren den guten ... Weg" - Mt 18,12 "Wenn irgend ein Mensch hundert Schafe hätte, und eines unter denselbigen sich verirrete; lässet er nicht die neun und neunzig auf den Bergen, gehet hin, und suchet das verirrte?" - Spr 14,2 "Wer den HErrn fürchtet, der gehet auf rechter Bahn."

4. Rezitativ - Arie. = Lk 5,10 (EV).

5. Arie (Duett). 1 Pt 3,9 (EP) "Wisset, daß ihr darzu beruffen seyd, daß ihr den Segen beerbet" - Sir 40,2 "Da ist immer Sorg, Furcht..." - Lk 19,12f. "Ein Edler zog fern... Dieser forderte zehen seiner Knechte, und gab ihnen zehen Pfund, und sprach zu ihnen: Handelt, bis daß ich wieder komme" (vgl. Mt 25,14ff.!).

6. Rezitativ. Lk 5,9 (EV) "Es war ihm ein Schrecken ankommen"- Spr 31,20 "Sie breitet ihre Hände aus zu den Armen, und reichet ihre Hand dem Dürftigen" - 5 Mo 32,23 "Ich will alles Unglück über sie häufen."

7. Choral. Siehe 93/7.

TRINITY 6

SECHSTER SONNTAG
NACH TRINITATIS

EP Rö 6,3-11
EV Mt 5,20-26

170 Vergnügte Ruh, beliebte Seelenlust

1. Arie. Mt 5,21f. (EV) "Ihr habt gehört, daß zu den Alten gesagt ist: Du solt nicht tödten ... Ich aber sage euch: Wer mit seinem Bruder zürnet, der ist des Gerichts schuldig. Wer aber zu seinem Bruder saget: Racha! der ist des Raths schuldig. Wer aber saget: Du Narr! der ist des höllischen Feuers schuldig" (vgl. die Sätze 2 und 4) - Rö 6,6 (EP). "...daß wir hinfort der Sünde nicht dienen" - Jer 6,16. "...so werdet ihr Ruhe finden für eure Seelen" (vgl. Mt 11,29).

2. Rezitativ. Jh 1,29. "...der Welt Sünde" - Mt 5,22 (EV, s.o.) - Jak 4,2 "Ihr hasset und neidet" - 1 Ko 15,49 "Wie wir getragen haben das Bild des Irdischen..." - Rö 3,13f. "Otterngift ist unter ihren Lippen. Ihr Mund ist voll Fluchens" (vgl. Ps 140,4; Ps 10,7) - Jes 45,21. "...ein gerechter GOtt."

3. Arie. Jer 8,21 "Mich jammert herzlich, daß mein Volk so verderbt ist" - Spr 23,33 "Dein Herz wird verkehrte Dinge reden" - Jes 45,21 (s.o.).

4. Rezitativ. Ps 109,5 "Sie beweisen mir ... Haß um Liebe "- Mt 5,44 "Liebet eure Feinde!" - Mt 5,22 (EV, s.o.) - Hos 13,9 "Dein Heil stehet allein bey Mir" - 1 Jh 4,8 "GOTT ist die Liebe."

5. Arie. 1 Kö 19,4 "Nimm nun, HErr, meine Seel" - Jes 32,18. "...daß mein Volk in Häusern des Friedens wohnen wird, in sichern Wohnungen und in stolzer Ruhe."

9 Es ist das Heil uns kommen her

1. Choral. Jh 4,22 "Das Heil kommt von den Jüden "- Jer 31,3. "...darum hab Ich dich zu Mir gezogen aus lauter Güte" - Rö 9,12. "...nicht aus Verdienst der Werke, sondern aus Gnaden des Berufers" - Rö 3,28 (s.u.) - Rö 6,8 (EP) "Sind wir aber mit Christo gestorben, so glauben wir, daß wir auch mit Ihm leben werden" - 1 Ti 2,5 "Es ist ein GOtt und ein Mittler zwischen GOtt und den Menschen, nemlich der Mensch Christus JEsus."

2. Rezitativ. Mt 26,41 "Der Geist ist willig, aber das Fleisch ist schwach" - Ps 143,2 "Vor Dir ist kein Lebendiger gerecht" - Rö 3,20 (s.u.) - Apg 3,12. "...als hätten wir diesen wandeln gemacht durch unsere eigene Kraft."

3. Arie. Mt 14,30f. "Er sahe aber einen starken Wind; da erschrack er, und hub an zu <u>sinken</u>, schrie und sprach: HERR, <u>hilf</u> mir! JEsus aber reckte bald die <u>Hand</u> aus."

4. Rezitativ. Lk 24,44 "Es <u>muß</u> alles <u>erfüllet werden</u>" - Lk 1,32. "...<u>ein</u> Sohn des <u>Höchsten</u>" - Spr 15,1 "Eine linde Antwort <u>stillet den Zorn</u>" - Rö 6,10 (EP) "Daß Er <u>gestorben</u> ist, das ist ER der Sünde <u>gestorben</u>" - 1 Pt 1,18f. "Wisset, daß ihr... erlöst seyd... mit dem theurem Blut Christi, als eines <u>unschuldigen</u> und unbefleckten Lamms" - Apg 20,28. "...die Gemeine GOttes, welche Er <u>durch sein</u> eigen Blut <u>erworben</u> hat"- Jh 3,16. "...daß Er seinen eingebornen <u>Sohn</u> gab, auf daß alle, die an Ihn <u>glauben, nicht verloren</u> werden."

5. Arie (Duett). Mt 5,16. "...daß sie eure <u>guten Werke sehen</u>, und euren Vater im Himmel preisen" - Rö 10,10 "So man von <u>Herzen glaubet</u>, so wird man <u>gerecht</u>" - Rö 3,28 "So halten wir es nun, daß der Mensch <u>gerecht</u> werde ohne des Gesetzes <u>Werk</u>, allein durch den <u>Glauben</u>" - Mt 5,20 (EV) "Es sey denn eure <u>Gerechtigkeit</u> besser, denn der Schriftgelehrten und Pharisäer, so werdet ihr nicht in das Himmelreich kommen."

6. Rezitativ. Rö 3,20 "Durch das <u>Gesetz</u> kommt <u>Erkänntnis</u> der <u>Sünden</u>" - Jos 1,7 "Sey nur <u>getrost</u> und sehr <u>freudig</u>" - Lk 17,5 "<u>Stärke uns</u> den <u>Glauben</u>" - Apg 1,7 "Es gebühret euch nicht zu wissen <u>Zeit</u> oder <u>Stund</u>."

7. Choral. Siehe 155/5.

TRINITY 7

SIEBENTER SONNTAG
NACH TRINITATIS

EP Rö 6,19-23
EV Mk 8,1-9

186 Ärgre dich, o Seele, nicht

1. Chor. Mt 11,6 (EV des 3. Adv.) "Selig ist, der sich <u>nicht</u> an Mir <u>ärgert</u>" - Heb 1,3 "Er ist der <u>Glanz</u> seiner Herrlichkeit, und das <u>Ebenbild</u> seines Wesens" - Phl 2,7. "...sondern äusserte Sich Selbst, und nahm <u>Knechts-Gestalt</u> an."

2. Rezitativ. Phl 2,7 (s.o.) - Eph 5,23.30 "<u>Christus</u> (ist) das <u>Haupt</u> der Gemeine... Wir sind <u>Glieder</u> seines Leibes" - Ps 74,21 "Die <u>Armen und Elenden</u> rühmen deinen Namen" - 1 Ti 6,9 "Die da <u>reich</u> werden wollen, die fallen in Versuchung und Stricke" - Ps 38,5 "Wie eine schwere <u>Last</u> sind sie mir <u>zu</u> schwer geworden" - Jes 17,10 "Du hast vergessen GOttes <u>deines Heils</u>" - Mk 8,1 (EV) "Da viel <u>Volks</u> da war, und hatten <u>nichts zu</u> essen..." - Ps 13,2 "<u>HERR! wie lang wilt Du mein</u> so gar <u>vergessen?</u>"

3. Arie. Mt 11,3 (EV des 3. Adv.) "Bist Du, der da kommen soll...?"-
Ps 38,23 "Eile mir beyzustehen, HErr, meine Hülfe!" - Sir 7,10 "Zweifle
nicht" - 4 Mo 24,17 "Es wird ein Stern aus Jacob aufgehen" - Jh 5,39
"Suchet in der Schrift."

4. Rezitativ. 1 Mo 3,19 "Du bist Erden, und solt zur Erden werden" -
2 Ko 5,1.4 "Wir wissen aber, so unser irdisch Haus dieser Hütten zerbrochen wird, daß wir einen Bau haben, von GOTT erbaut... Sintemal wir
wolten lieber nicht entkleidet, sondern überkleidet werden" - Lk 10,42
"Maria hat das gute Theil erwählt" - Ps 119,81 "Meine Seele verlanget
nach deinem Heil, ich hoffe auf dein Wort" - Jh 5,39 (s.o.) - Jh 6,58 "Diß
ist das Brod, das vom Himmel kommen ist. Nicht, wie eure Väter haben
Manna gessen, und sind gestorben" - Ps 34,9 "Schmecket und sehet, wie
freundlich der HErr ist."

5. Arie. Mt 11,2 (EV des 3. Adv.) "Da aber Johannes im Gefängnis die
Werke Christi hörte..." - Mk 8,8 (EV) "Sie assen aber, und wurden satt."

6. Choral. Siehe 155/5.

7. Rezitativ. Mk 8,4 (EV) "Woher nehmen wir Brod hie in der
Wüsten...?" - 3 Mo 26,19 "(Ich) will euren Himmel wie Eisen, und eure
Erde wie Erz machen" - Kol 3,16 "Lasset das Wort Christi unter euch
reichlich wohnen" - Rö 10,8 "Das Wort ist dir nahe... in deinem Herzen" -
Mk 8,2 (EV) "Mich jammert des Volks" - Jer 31,20 "Darum bricht Mir
mein Herz gegen ihm, daß Ich Mich seiner erbarmen muß."

8. Arie. Mt 11,5 (EV des 3. Adv.) "Den Armen wird das Evangelium
gepredigt" - Jes 54,8 "Mit ewiger Gnad will Ich Mich dein erbarmen" - Phl
2,16. "...daß ihr haltet ob dem Wort des Lebens."

9. Rezitativ. 1 Jh 2,17 "Die Welt vergehet mir ihrer Lust" - Ps 84,7.
"...die durch das Jammerthal gehen" - Ps 119,105 "Dein Wort ist meines
Fusses Leuchte, und ein Licht auf meinem Wege" - 5 Mo 2,7 "GOtt... hat
dein Reisen zu Herzen genommen, durch diese grosse Wüsten" - Mk 8,4
(EV, s.o.) - Mt 25,35. "...ihr habt Mich gespeist... ihr habt Mich getränkt"
(vgl. Spr 25,21) - Lk 23,43 "Heut wirst du mit Mir im Paradis seyn!" - 2 Ti
4,7f. "Ich hab den Lauf vollendet, ich habe Glauben gehalten. Hinfort ist
mir beygelegt die Krone der Gerechtigkeit."

10. Arie (Duett). Rö 8,38f. "Ich bin gewiß, daß... keine andere Creatur
mag uns scheiden von der Liebe GOttes, die in Christo JEsu ist" - Off 2,10
"Sey getreu bis an den Tod, so will Ich dir die Krone des Lebens geben" -
Rö 4,4 "Dem aber, der mit Werken umgehet, wird der Lohn nicht aus
Gnaden zugerechnet, sondern aus Pflicht."

11. Choral. Siehe 86/6.

107 Was willst du dich betrüben

1. Choral. Ps 42,6 "Was betrübst du dich, meine Seele...?" - Jes 7,14 "Sihe, eine Jungfrau ... wird einen Sohn gebähren, den wird sie heissen Immanuel" - 1 Mo 50,20 "GOtt gedachts gut zu machen."

2. Rezitativ. Ps 84,13 "Wol dem Menschen, der sich auf Dich verlässet" - 1 Ko 10,13 "GOtt ist getreu" - Ps 18,31 "Er ist ein Schild allen, die Ihm vertrauen" - Jes 8,12 "Lasset euch nicht grauen."

3. Arie. Jes 14,27 "Der HErr Zebaoth hats beschlossen" - Ps 73,24 "Du leitest mich nach deinem Rath."

4. Arie. 2 Kö 19,27 . ".. daß du tobest wider Mich" (vgl. Spr 19,3) - Ps 90,17 "GOtt ... fördere das Werk unserer Hände."

5. Arie. Dan 4,32 "Er machts, wie Er will, ... und niemand kan seiner Hand wehren" (vgl. Satz 6) - Mt 6,10 "Dein Will gescheh."

6. Arie. Jh 8,29 "Ich thue allezeit, was Ihm gefället" - Ps 37,7 "Sey still dem HErrn, und warte auf Ihn" - Kol 2,5. "...und euren vesten Glauben an Christum" - Dan 4,32 (s.o.).

7. Choral. Ps 104,33 "Ich will dem HERRN singen mein Lebenlang, und meinen GOTT loben, so lang ich hie bin" - Mk 8,6 (EV) "Er nahm die siben Brod, und dankte."

187 Es wartet alles auf dich

1. Chor. = Ps 104,27f. - Vgl. EV Mk 8,6.8; s.u.

2. Rezitativ. Ps 50,10. "...Vieh auf den Bergen, da sie bey tausend gehen" - Ps 104,17.25 "Daselbst nisten die Vögel ... Das Meer, ...da wimmelts ohne Zahl" - Mt 6,26 "Sehet die Vögel unter dem Himmel an, ...euer himmlischer Vater nehret sie."

3. Arie. Ps 65,12 "Du krönest das Jahr mit deinem Gut, und deine Fußstapfen triefen von Fett."

4. Arie. = Mt 6,31f. - Vgl. EV Mk 8,8; s.u.

5. Arie. Ps 150,6 "Alles, was Odem hat..." - Ps 33,4 "Was Er zusagt, das hält Er gewiß" - Klg 3,22f. "Seine Barmherzigkeit... ist alle Morgen neu, und deine Treu ist groß" - 1 Jh 2,15. "...die Liebe des Vaters" (vgl. 1 Jh 3,1).

6. Rezitativ. Heb 3,6 . ".. so wir anderst das Vertrauen ... vest behalten" - Mk 8,6.8 (EV) "Er nahm die siben Brod, und dankte... Sie assen aber, und wurden satt" (vgl. die Sätze 1, 4 und 7) - Jes 35,4 "Saget den verzagten Herzen: Seyd getrost" - 1 Pt 5,7 "Alle eure Sorge werfet auf Ihn, denn Er sorget für euch."

7. Choral. Ps 119,90 "Du hast die Erde zugerichtet" - Spr 31,11 "Nahrung wird ihm nicht mangeln" - Ps 104,13-15 "Du feuchtest die Berge von oben her... Du lässest <u>Gras wachsen</u> für das <u>Vieh</u>, und Saat zu Nutz den <u>Menschen</u>, daß du <u>Brod aus der Erden</u> bringest, und daß der <u>Wein</u> erfreue des <u>Menschen</u> Herz" - Mk 8,6.8 (EV, s.o.) - Rö 8,27. "...was <u>des Geistes Sinn</u> sey" - 2 Sm 7,9. "...und habe dir einen <u>grossen Namen gemacht</u>."

TRINITY 8	ACHTER SONNTAG
	NACH TRINITATIS

EP Rö 8,12-17
EV Mt 7,15-23

136 Erforsche mich, Gott, und erfahre mein Herz

1. Chor. = Ps 139,23.

2. Rezitativ. 1 Mo 3,17f. "<u>Verflucht</u> sey der Acker um deinetwillen... <u>Dorn</u> und <u>Disteln</u> soll er dir tragen" - Mt 7,15-17 (EV) "Sehet euch für, für den falschen Propheten, die in Schafs-Kleidern zu euch kommen, inwendig aber sind sie reissende <u>Wölfe</u>! ... Kan man auch <u>Trauben lesen</u> <u>von</u> den <u>Dornen</u>? Oder Feigen von den <u>Disteln</u>? Also ein jeglicher guter Baum bringt <u>gute Früchte</u>; aber ein fauler Baum bringt arge Früchte" - Mt 23,15 "<u>Ihr Heuchler</u>! ... machet ... aus ihm ein <u>Kind der Höllen</u>" - 2 Ko 11,14 "Er selbst, der Satan, <u>verstellt sich</u> zum <u>Engel des Lichts</u>" - Dan 7,9. "...das Haar auf seinem Haupt wie <u>reine Wolle</u>" - Mt 7,22 (EV) "Es werden viel zu Mir sagen an jenem <u>Tag</u>: HERR! HERR!" - Jo 3,4. "...der grosse und <u>schröckliche Tag</u> des HERRN."

3. Arie. Mt 7,22 (EV, s.o.) - Rö 2,16. "...auf den Tag, da GOTT <u>das Verborgene</u> der Menschen durch JEsum Christ <u>richten</u> wird" (vgl. Pr 12,14) - Jo 2,1.10 "Der <u>Tag</u> des HERRN <u>kommt</u> ... <u>Vor</u> ihm <u>erzittert</u> das Land" - Zef 1,15.18 "Dieser Tag ist ein <u>Tag</u> des <u>Grimms</u> ... Das ganze Land soll durch das Feuer <u>seines Eifers</u> verzehret werden."

4. Rezitativ. Hi 15,15f. "<u>Die Himmel sind nicht rein</u> vor Ihm. Wie vielmehr <u>ein Mensch</u>..." - 1 Jh 1,7 "Das <u>Blut JESU</u> Christi... machet uns <u>rein</u> von aller <u>Sünde</u>" (vgl. Heb 9,14) - Jes 45,24 "<u>Im</u> HErrn <u>hab</u> ich <u>Gerechtigkeit und Stärke</u>" (vgl. Eph 1,19f.).

5. Arie (Duett). Rö 5,14 "Der Tod herrschete von <u>Adam</u> an bis auf Mosen, auch über die, die nicht <u>gesündiget</u> haben mit gleicher Übertretung" - 1 Jh 1,7 (s.o.) - Jes 53,5 "Durch seine <u>Wunden</u> sind wir geheilet."

6. Choral. Off 5,12 "Das Lamm, das erwürgt ist, ist würdig zu nehmen <u>Kraft</u> ... und <u>Stärk</u>" - 1 Jh 1,7 (s.o.) - Lk 4,18. "...zu predigen den Gefangenen, daß sie loß seyn sollen, ... und den Zerschlagenen, daß sie frey und ledig seyn sollen."

178 Wo Gott der Herr nicht bei uns hält

1. Choral. Ps 124,1 "Wo der HERR nicht bey uns wäre, so sage Israel..." - Ps 2,1 "Warum toben die Heyden...?"

2. Choral und Rezitativ. Ps 124,2 "Wo der HERR nicht bey uns wäre, wenn die Menschen sich wider uns setzen..." - 1 Mo 14,18. "...ein Priester GOttes des Höchsten" - Ps 124,7 (s.u.) - Heb 13,5 "Ich will dich nicht verlassen noch versäumen" - 1 Mo 3,1 "Und die Schlange war listiger, denn alle Thiere auf dem Felde" - 2 Mo 3,19 "Ich weiß, daß euch der König in Egypten nicht wird ziehen lassen, ohne durch eine starke Hand" - Jes 51,10 "Bist Du nicht, der ...den Grund des Meers zum Weg machte, daß die Erlösten dadurch giengen?" - Hes 34,13 "Ich ... will sie in ihr Land führen, und will sie weiden" - Ps 31,16 "Meine Zeit stehet in deinen Händen."

3. Arie. Ps 124,4f. "...so ersäufte uns Wasser, Ströme giengen über unsere Seele. Es giengen Wasser allzu hoch über unsere Seele" - Mt 8,24 "Und sihe, da erhub sich ein groß Ungestümm im Meer, also, daß auch das Schiflein mit Wellen bedeckt ward" (vgl. Hi 26,12; Ps 89,10; Jes 57,20).

4. Choral. 2 Sm 7,22 "Darum bist Du auch groß geachtet, HErr, GOtt" - Mt 7,22 (EV) "Haben wir nicht in deinem Namen geweissaget?" - 1 Pt 2,16. "...nicht als hättet ihr die Freyheit zum Deckel der Bosheit."

5. Choral und Rezitativ. Ps 124,3.6.7. "...so verschlüngen sie uns lebendig... Gelobet sey der HERR, daß Er uns nicht gibt zum Raub in ihre Zähne!... Der Strick ist zerrissen, und wir sind los" - Ps 22,14 "Ihren Rachen sperren sie auf wider mich, wie ein brüllender und reissender Löw" - 1 Mo 49,10 "Es wird das Scepter von Juda nicht entwendet werden, ... bis daß der Held komme" - Ps 1,3.4.6 "Der ist wie ein Baum... Aber so sind die Gottlosen nicht, sondern wie Spreu... Der Gottlosen Weg vergehet" - Mt 7,15 (EV) "Sehet euch für, für den falschen Propheten" - 5 Mo 32,22.24 "Das Feuer ist angangen durch meinen Zorn... Für Hunger sollen sie... verzehret werden vom... jähem Tod."

6. Arie. Jh 3,3 "Es sey denn, daß jemand von neuem geboren werde, kan er das Reich GOttes nicht sehen!" - Off 3,8 "Sihe, Ich habe vor dir gegeben eine offene Thür."

7. Choral. Ps 124,8 "Unsere Hülfe stehet im Namen des HErrn, der Himmel und Erden gemacht hat" - 2 Ko 4,4. "...das helle Licht des Evangelii" - Mt 10,22 "Wer aber biß ans Ende beharret, der wird selig!"

45 Es ist dir gesagt, Mensch, was gut ist

1. Chor. = Mi 6,8.

2. Rezitativ. Mt 7,21 (EV) "Es werden nicht alle, die zu Mir sagen: HERR, HERR, in das Himmelreich kommen, sondern die den <u>Willen</u> <u>thun</u> meines Vaters im Himmel" (vgl. die Sätze 5 und 7) - Ps 119,105 "Dein <u>Wort</u> ist <u>meines Fusses</u> Leuchte" - Jes 28,17 "Ich will das Recht <u>zur</u> <u>Richtschnur</u>... machen" - Ps 19,5 "Ihre <u>Schnur</u> gehet aus in alle Land, und ihre Rede an der Welt Ende" - Mi 6,8 (s. Satz 1) - 5 Mo 10,12 "Nun Israel, was fordert der HERR dein GOTT von dir? Denn daß du den HERRN deinen GOTT <u>fürchtest</u>, daß du in allen seinen Wegen wandelst, und <u>liebest</u> Ihn" - Rö 8,15 (EP) "Ihr habt nicht einen <u>knechtischen</u> Geist empfangen, daß ihr euch abermal <u>fürchten</u> müstet" - Rö 6,16 "Welchem ihr euch begebet zu <u>Knechten</u> in <u>Gehorsam</u>, deß <u>Knechte</u> seyd ihr" - Mt 25,21 "Ey du frommer und <u>getreuer Knecht</u>... Gehe ein zu deines HErrn Freude" (vgl. Lk 12,42f.).

3. Arie. Lk 12,46f. "...o wird desselbigen <u>Knechts</u> Herr kommen, ...und wird ihm seinen <u>Lohn</u> geben mit den Unglaubigen. Der <u>Knecht</u> aber, der seines Herrn <u>Willen weiß</u>, und hat... nicht nach seinem Willen gethan, der wird viel Streiche leiden müssen" (vgl. Satz 2) - Lk 16,2 "Thue <u>Rechnung</u> von deinem Haushalten."

4. Arioso. = Mt 7,22f. (EV).

5. Arie. Mt 10,32 "Wer mich <u>bekennet</u> vor den Menschen, den will Ich <u>bekennen</u> vor meinem himmlischen Vater" - Jh 15,6 "Man... wirft sie ins Feuer, und <u>muß brennen</u>" - Rö 10,9 "So du <u>mit</u> deinem <u>Munde</u> bekennest JEsum, daß Er der <u>HERR</u> sey..." - Mt 7,21 (EV, s.o.).

6. Rezitativ. 1 Ko 4,3f. "...auch <u>richte</u> ich mich <u>selbst</u> nicht... der HERR ists aber, der micht <u>richtet</u>" - Mt 16,26 "Was hülfs den Menschen, so er die ganze Welt gewünne, und nähme doch <u>Schaden</u> an seiner <u>Seel</u>?" - 1 Ko 9,12. "...daß wir nicht dem Evangelio Christi eine <u>Hindernis</u> <u>machen</u>" - Apg 21,14 "<u>Des HERRN Wille geschehe!</u>" - Eph 2,10 "Wir sind <u>sein Werk</u>, geschaffen in Christo JEsu, zu guten <u>Werken</u>."

7. Choral. Mt 7,21 (EV, s.o.) - Lk 15,8. "...und suche <u>mit Fleiß</u>" - Mt 3,15 "Also <u>gebühret</u> es uns, alle Gerechtigkeit <u>zu</u> erfüllen" - Ps 119,27 "Unterweise mich den Weg <u>deiner Befehle</u>" - Jh 13,27 "Was du thust, das <u>thue bald</u>" - Ps 1,3 "Was er macht, das <u>geräth wol</u>."

TRINITY 9   NEUNTER SONNTAG
                                         NACH TRINITATIS
EP 1 Ko 10,6-13
EV Lk 16,1-9

105 Herr, gehe nicht ins Gericht mit deinem Knecht

1. Chor. = Ps 143,2.

2. Rezitativ. Ps 51,13 "Verwirf micht nicht von deinem Angesicht" - Sa 8,2 "Ich... hab in grossem Zorn über sie geeifert" - Mal 3,5 "Ich... will ein schneller Zeug seyn" - 2 Ti 4,8. "...die Krone der Gerechtigkeit, welche mir... der gerechte Richter geben wird" - Sir 4,31 "Schäme dich nicht zu bekennen, wo du gefehlet hast" - Ps 32,5 "Darum bekenne ich Dir meine Sünde, und verhele meine Missethat nicht."

3. Arie. Rö 2,15 . "... sintemal ihr Gewissen sie bezeuget, darzu auch die Gedanken, die sich unter einander verklagen oder entschuldigen."

4. Rezitativ. Kol 2,14 . "... und ausgetilgt die Handschrift, so wider uns war,... und an das Creutz geheftet" - Lk 16,1f. (EV) "Es war ein reicher Mann, der hatte einen Haushalter, der ward vor ihm berüchtiget, als hätte er ihm seine Güter umbracht. Und er forderte ihn, und sprach zu ihm: ...Thue Rechnung" - Lk 16,9 (EV, s.u.).

5. Arie. Lk 16,9 (EV) "Machet euch Freunde mit dem ungerechten Mammon, auf daß, wenn ihr nun darbet, sie euch aufnehmen in die ewige Hütten! "(vgl. Satz 4).

6. Choral. Rö 2,15 (s.o.) - 1 Ko 10,13 "GOtt ist getreu" - Jh 3,15. "...auf daß alle, die an Ihn glauben, nicht verloren werden, sondern das ewige Leben haben "(vgl. V.16).

94 Was frag ich nach der Welt

1. Choral. Ps 73,25 "Wenn ich nur Dich habe, so frage ich nichts nach Himmel und Erde" - Lk 16,8 (EV) "Die Kinder dieser Welt sind klüger, denn die Kinder des Lichts" - Heb 11,26 (s.u.) - Phm 20. "...gönne mir, daß ich mich an dir ergötze."

2. Arie. Ps 102,4.12 "Meine Tage sind vergangen, wie ein Rauch... Meine Tage sind dahin, wie ein Schatten" - 1 Ko 7,29.31 "Die Zeit ist kurz... Das Wesen dieser Welt vergehet" - 1 Ko 10,11 (EP). "...uns zur Warnung, auf welche das Ende der Welt kommen ist."

3. Choral und Rezitativ. Jes 42,8 "Ich der HErr ...will meine Ehre keinem andern geben, noch meinen Ruhm den Götzen" - Jes 52,13 "Sihe, mein Knecht wird... hoch erhaben seyn" - Lk 16,19 "Es war aber ein reicher Mann, der kleidete sich mit Purpur" - Off 18,12 "Die Waar des

Goldes und Silbers,... Seiden, und Purpur..." - 1 Mo 11,4 "Wolauf, lasst
uns eine Stadt und Thurn bauen, deß Spitze bis an den Himmel reiche,
daß wir uns einen Namen machen" - Rö 12,16 "Trachtet nicht nach hohen
Dingen" - Mt 17,8 (s.u.) - 1 Ko 1,27 "Was thöricht ist vor der Welt, das hat
GOtt erwehlt."

    4. Arie. Lk 16,9 (EV) "Machet euch Freunde mit dem ungerechten
Mammon, auf daß... sie euch aufnehmen in die ewige Hütten!" (vgl. Satz
5) - Mt 17,8. "...sahen sie niemand, denn JEsum allein."

    5. Choral und Rezitativ. Jh 3,16 "Also hat GOtt die Welt geliebet, daß
Er seinen eingebornen Sohn gab" - 2 Ko 7,10 "Die Traurigkeit aber der
Welt wirket den Tod" - Heb 11,26 "(Moses) achtete die Schmach Christi
für grössern Reichthum, denn die Schätze Egypti" (vgl. Satz 1) - Rö 8,18.
"...daß dieser Zeit Leiden der Herrlichkeit nicht werth sey..." - Lk 16,9
(EV, s.o.) - Ps 8,6 "Mit Ehren ... wirst Du ihn krönen" - Ps 79,4 "Wir sind
... ein Spott und Hohn."

    6. Arie. 1 Jh 2,17 "Die Welt vergehet mit ihrer Lust."

    7. Arie. Mt 16,26 "Was hülfs den Menschen, so er die ganze Welt
gewünne, und nähme doch Schaden an seiner Seel?" - Mk 1,15 "Thut
Busse, und glaubet an das Evangelium."

    8. Choral. Mt 22,16 "Du achtest nicht das Ansehen der Menschen" -
Lk 16,1 (EV) "Der Haushalter... ward vor ihm berüchtiget, als hätte er ihm
seine Güter umbracht" - Lk 24,29 "Bleib bey uns" - Ps 23,4 "Du bist bey
mir "- Phl 1,21 "Christus ist mein Leben."

168 Tue Rechnung! Donnerwort

    1. Arie. Lk 16,1f. (EV) "Der Haushalter ... ward vor ihm berüchtiget,
als hätte er mit ihm seine Güter umbracht. Und er forderte ihn, und
sprach zu ihm: ... Thue Rechnung" (vgl. Satz 2) - Jer 23,29 "Ist mein Wort
nicht... wie ein Hammer, der Felsen zerschmeisset?" - Lk 19,8 "Die Helfte
meiner Güter gebe ich den Armen, und so ich jemand betrogen habe, das
gebe ich vierfältig wieder."

    2. Rezitativ. Lk 16,12 "So ihr in dem Fremden nicht treu seyd, wer will
euch geben das jenige, das euer ist?" - Hab 2,6 "Wehe dem, der sein Gut
mehret mit fremden Gut" - Lk 16,3 (EV) "Mein Herr nimmt das Amt von
mir" (vgl. V.4) - Lk 16,1f. (EV, s.o.) - 2 Mo 14,8 "Die Kinder Israel waren
durch eine hohe Hand ausgegangen" - Lk 15,13 "Daselbst bracht er sein
Gut um mit Prassen" - Heb 2,3 "Wie wollen wir entfliehen?" (vgl. Ps 139,7)
- Lk 23,30 "Denn werden sie... sagen zu den Bergen: Fallet über uns, und
zu den Hügeln: Decket uns!" - Off 16,1.7.18 "Giesset aus die Schalen des
Zorns GOttes... GOTT, deine Gerichte sind warhaftig und gerecht... Und
es wurden Stimmen und Donner und Blitzen "(vgl. Satz 1).

3. Arie. Lk 16,5 (EV) "Und er rief zu sich alle <u>Schuldner</u> seines Herrn, und sprach zu dem Ersten: Wie viel bist du meinem Herrn <u>schuldig</u>?" (vgl. V.7) - Off 20,12 "Die Todten wurden gerichtet, nach der <u>Schrift</u> in den <u>Büchern</u>, nach ihren Werken" (vgl. Dan 7,10) - Jer 17,1 "Die Sünde Juda ist <u>geschrieben</u> mit eisern Griffeln, und mit spitzigen <u>Demanten</u>."

4. Rezitativ. Jes 35,4 "Saget den <u>verzagten Herzen</u> ..." - 1 Jh 4,17. "...daß wir eine <u>Freudigkeit</u> haben am Tag des <u>Gerichts</u>" - Mt 18,28 "<u>Bezahle</u> mir, <u>was du</u> mir <u>schuldig</u> bist" - Lk 16,2 (EV, s.o.) - Mk 10,45 "Des Menschen Sohn ist... kommen,... daß Er diene, und gebe sein Leben zur <u>Bezahlung</u> für Viele" - Off 12,11. "...durch <u>des Lammes Blut</u> "(vgl. Off 7,14; 1 Pt 1,19) - Lk 16,8f. (EV) "Der Herr lobte den ungerechten <u>Haushalter</u>, daß er <u>klüglich</u> gethan hatte... Machet euch Freunde mit dem ungerechten <u>Mammon</u>, auf daß, wenn ihr nun darbet, sie euch aufnehmen in die <u>ewige Hütten</u>" (vgl. Satz 5) - Heb 13,16 "<u>Wol zu thun</u> und mit zu theilen, <u>vergesset nicht</u>."

5. Arie (Duett). Lk 16,9 (EV, s.o.) - Ps 112,9 "Er <u>streuet aus</u>, und gibt den Armen" - 2 Ko 5,1 "Wir wissen aber,... daß wir einen <u>Bau</u> haben, von GOTT <u>erbaut, ein Haus</u>, ... das <u>ewig</u> ist, <u>im Himmel</u>."

6. Choral. Ps 51,14 "Der <u>freudige Geist</u> enthalte mich" - Jes 53,5 "Durch seine <u>Wunden</u> sind wir <u>geheilet</u>" - Ps 51,4 "<u>Wasche mich</u> "(vgl. V.9) - 1 Jh 2,18 "Es ist die <u>letzte Stund</u>" - Jh 17,15. "...daß Du sie <u>von der Welt nehmest</u>" - Ps 106,5. "...daß wir sehen mögen die Wolfahrt <u>deiner Auserwehlten</u>."

TRINITY 10	ZEHNTER SONNTAG
	NACH TRINITATIS

EP 1 Ko 12,1-11
EV Lk 19,41-48

46 Schauet doch und sehet, ob irgendein Schmerz sei

1. Chor. = Klg 1,12.

2. Rezitativ. Lk 19,41 (EV) "Als Er nahe hinzu kam, sahe Er die <u>Stadt</u> an, und weinte über sie "- Ps 46,5. "...die <u>Stadt GOttes</u> "- Jes 25,2 "Du machest die <u>Stadt</u> zum <u>Steinhaufen</u>" - Jer 9,10 "Ich will <u>Jerusalem</u> zum Steinhaufen... machen "(vgl. Satz 4) - Klg 1,2 "(Die <u>Stadt</u>) weinet des Nachts, daß ihr die <u>Thränen</u> über die Backen <u>laufen</u>" - Klg 2,18 "<u>Laß</u> Tag und Nacht <u>Threnen</u> herab fliessen, wie ein <u>Bach</u>" - Jer 2,19 "Es ist <u>deiner</u> Bosheit <u>Schuld</u>, daß du so <u>gestäupet</u> wirst" - 2 Pt 2,6 "(GOtt) hat die <u>Städte</u> Sodoma und <u>Gomorra</u> zu <u>Aschen</u> gemacht" - Jes 1,9 "Wenn uns der HErr Zebaoth nicht ein Weniges liesse überbleiben, so wären wir wie Sodom, und gleich wie Gomorra" - Dan 9,26 "Ein Volk... wird kommen, und die Stadt und das Heiligthum verstören" - 2 Sm 12,14 "Die Feinde des HErrn ... lästern" (vgl. Off 13,6) - Ps 42,8 "Alle deine Wasserwogen und Wellen gehen über mich!" - Sa 11,10 "Ich nahm meinen Stab Sanft, und zerbrach ihn."

3. Arie. Jes 54,11 "Du Elende, über die alle Wetter gehen..." - Ps 18,15 "Er schoß seine Strahlen, und zerstreuete sie; Er ließ sehr blitzen und schröckte sie" - Jes 30,1. "...zu häufen eine Sünde über die andere "- Jer 51,6 "Fliehet aus Babel,... daß ihr nicht untergehet in ihrer Missethat; denn diß ist die Zeit der Rache des HErrn."

4. Rezitativ. Lk 13,2f. "Meinet ihr, daß diese Galiläer vor allen Galiläern Sünder gewesen sind...? ...Nein; sondern so ihr euch nicht bessert, werdet ihr alle auch also umkommen."

5. Arie. Ps 84,12 "GOtt der HERR ist Sonn und Schild... Er wird kein Gutes mangeln lassen den Frommen" - Jes 40,11 "Er wird die Lämmer in seine Arme sammlen... und die Schaf-Mütter führen" - Mt 23,37. "...wie eine Henn versammlet ihre Küchlein unter ihre Flügel."- Ps 4,9 "Allein Du, HErr, hilfest mir, daß ich sicher wohne."

6. Choral. 2 Mo 34,6 "GOtt, ... von grosser Gnade und Treu!" - Spr 15,1 "Eine linde Antwort stillet den Zorn" - Jes 53,4-6.8 "Wir aber hielten Ihn für den, der... von GOTT geschlagen und gemartert wäre. Aber Er ist um unserer Missethat willen verwundet... Durch seine Wunden sind wir geheilet... Der HErr warf unser aller Sünde auf Ihn... Er ist aber aus der Angst und Gericht genommen" - Mal 3,17 "Ich will ihr schonen, wie ein Mann seines Sohns schonet" - Ps 103,10 "Er handelt nicht mit uns nach unsern Sünden."

101 Nimm von uns, Herr, du treuer Gott

1. Choral. 1 Ch 21,8.11-13 "David sprach zu GOTT: Ich habe schwerlich gesündigt, daß ich das gethan habe. Nun aber nimm weg die Missethat deines Knechts... Da Gad zu David kam, sprach er zu ihm: So spricht der HERR: Erwehle dir entweder drey Jahr Theurung, oder drey Monden Flucht... vor dem Schwert deiner Feinde,... oder drey Tage... Pestilenz im Land... David sprach zu Gad: Mir ist fast angst, doch will ich in die Hand es HERRN fallen, denn seine Barmherzigkeit ist sehr groß" (vgl. die Sätze 2 und 6) - Ps 31,6 "Du hast mich erlöst, HERR, Du treuer Gott" (vgl. 5 Mo 7,9) - Ps 91,6. "...für der Seuche, die im Mittag verderbet" - Jer 6,19 "Sihe, Ich will ein Unglück über diß Volk bringen, nemlich, ihren verdienten Lohn" (vgl. Satz 3) - Jer 14,7 "Ach HERR! unsere Misse-thaten habens ja verdienet; aber hilf doch" (vgl. die Sätze 3 und 5) - Mt

24,6-8 "Ihr werdet hören <u>Kriege</u>, und werden seyn Pestilenz und <u>theure</u>
<u>Zeit</u>... Da wird sich allererst die <u>Noth</u> anheben."
  2. Arie. Ps 103,10 "Er <u>handelt nicht mit uns</u> nach unsern <u>Sünden</u>" - Jh
8,34 "Wer <u>Sünde thut</u>, der ist der <u>Sünden Knecht</u>" - 1 Ch 21,12 (s.o.) - Ps
28,2 "<u>Höre</u> die Stimme meines <u>Flehens</u>" - Ps 90,7 "Das machet <u>dein Zorn</u>,
<u>daß wir</u> so <u>vergehen</u>" (vgl. Satz 3).
  3. Choral und Rezitativ. Lk 19,42.44 (EV) "Wenn du es wüstest,... was
zu deinem <u>Frieden</u> dienet!... (Deine <u>Feinde</u>) werden dich schleifen" - Jes
54,11 "Du Elende, über die alle <u>Wetter</u> gehen" - Jer 6,19 (s.o.) - Jer 14,8
"Du bist der <u>Trost</u> Israel, und ihr <u>Nothhelfer</u>" - Ps 40,6 "<u>Groß</u> sind deine
Wunder..., die Du <u>an uns beweisest</u>" - Jh 8,4. "...begriffen <u>auf frischer</u>
<u>That</u>" - Ps 73,2 "Ich aber hätte schier <u>gestrauchelt</u> mit meinen <u>Füssen</u>" - 2
Mo 32,12 "Kehre Dich von dem <u>Grimm deines Zorns</u>" (vgl. Ps 6,2).
  4. Arie (mit instr. Choral "Nimm von uns, Herr"). Ps 74,1 "GOtt,
<u>warum</u> verstössest <u>Du</u> uns so gar? Und bist <u>so grimmig zornig</u>?" (vgl. Satz
3) - Mt 18,26 "Habe <u>Geduld</u> mit mir" - Mt 26,41 "Der Geist ist willig, aber
das <u>Fleisch</u> ist <u>schwach</u>."
  5. Choral und Rezitativ. Rö 5,16. "...durch des einigen Sünders einige
<u>Sünde</u> alles <u>Verderben</u>" (vgl. Spr 14,34) - Mt 15,22 "Meine Tochter wird
vom <u>Teufel</u> übel <u>geplaget</u>!" - Eph 6,12 "Wir haben... zu kämpfen... mit den
bösen Geistern unter dem Himmel" - Jh 8,44 "(Der) <u>Teufel</u>... ist ein
<u>Mörder</u> von Anfang" (vgl. Satz 7) - 1 Pt 5,8 "Der <u>Teufel</u> gehet umher, wie
ein brüllender <u>Löw</u>, und suchet, welchen er <u>verschlinge</u>" - Mt 7,14 "Der
Weg ist <u>schmal</u>, der zum Leben führt" - Jer 11,20 "Ich habe <u>Dir</u> meine
Sach <u>befohlen</u>."
  6. Arie. Sir 41,1 "O <u>Tod</u>! wie <u>bitter</u> bist du" - Jes 53,4f. "Er... lud auf
Sich unsere <u>Schmerzen</u>... Durch seine <u>Wunden</u> sind wir geheilet" - 1 Ch
21,13 (s.o.) - Jak 5,11 "Der HErr ist <u>barmherzig</u> und ein <u>Erbarmer</u>."
  7. Choral. Ps 63,9 "<u>Deine rechte Hand</u> erhält mich" - Lk 19,41 (EV)
"Und als Er nahe hinzu kam, sahe Er die <u>Stadt</u> an, und weinte über sie" -
Ps 68,12 "Der HERR <u>gibt</u> das <u>Wort</u> mit grossen Schaaren Evangelisten"
(vgl. Eph 6,19) - Eph 6,11. "...die <u>listigen</u> Anläufe des <u>Teufels</u>" - Jh 8,44
(s.o.) - Sir 11,19 "Er weiß nicht, daß sein <u>Stündlein</u> so nah ist" - 1 Th 4,17
"<u>Wir</u> ... werden also <u>bey</u> dem HERRN <u>seyn</u> allezeit."

102 Herr, deine Augen sehen nach dem Glauben
  1. Chor. = Jer 5,3.
  2. Rezitativ. 1 Mo 1,27 "<u>GOtt</u> schuf den Menschen Ihm zum <u>Bilde</u>" -
Kol 3,10 "Ziehet den neuen (Menschen) an, der da verneuert wird zu der
Erkänntnis, nach dem <u>Ebenbild</u> deß, der ihn geschaffen hat" - Rö 8,29.

"...daß sie gleich seyn solten dem Ebenbild seines Sohnes" - Lk 13,34 "Ihr habt nicht gewolt" - Heb 4,12 "Das Wort GOttes ist lebendig und kräftig" - Pr 7,3 "Durch Trauren wird das Herz gebessert" - Rö 2,5 (s. Satz 4) - Rö 1,28. "...hat sie GOtt... dahin gegeben in verkehrten Sinn."

3. Arie. Mt 16,26 "Was hülfs den Menschen, so er die ganze Welt gewünne, und nähme doch Schaden an seiner Seel?" - Lk 19,44 (EV). "...darum, daß du nicht erkennt hast die Zeit, darin du heimgesucht bist" (vgl. Satz 6) - Rö 2,4 (s. Satz 4).

4. Arioso. = Rö 2,4f.

5. Arie. Ps 6,4 "Meine Seel ist sehr erschrocken" - Rö 2,4f. (s. Satz 4) - Jes 30,27 "Sein Zorn brennet und ist sehr schwer."

6. Rezitativ. Lk 19,42 (EV) "Wenn du es wüstest, so würdest du auch bedenken zu dieser deiner Zeit, was zu deinem Frieden dienet!" (vgl. Satz 3) - Rö 2,4f. (s. Satz 4) - Rö 14,10 "Wir werden alle vor dem Richtstul Christi dargestellt werden" (vgl. 2 Ko 5,10) - 1 Ko 15,51f. "Wir werden aber alle verwandelt werden... in einem Augenblick" - 2 Ko 4,4. "...bey welchen der Gott dieser Welt der Ungläubigen Sinn verblendet hat."

7. Choral. 5 Mo 30,15 "Sihe, ich habe dir heut vorgelegt das Leben und das Gute, den Tod und das Böse" - Heb 3,13 "Ermahnet euch selbst, alle Tage, so lang es Heut heisset" (vgl. Ps 95,7) - Hos 14,1 "Bekehre dich" - Apg 3,19 "So thut nun Buß und bekehret euch" - Sir 10,12 "Heut König, morgen todt" (vgl. Spr 27,1) - 5 Mo 32,22 "Das Feuer ist angangen durch meinen Zorn, und wird brennen bis in die unterste Höll" (vgl. die Sätze 4 und 5) - Lk 16,22.24 "Der Reiche aber starb auch... Rief und sprach:... Ich leide Pein in dieser Flamme!" - 1 Ko 12,3 (EP) "Niemand kan JEsum einen HErrn heissen ohne durch den Heiligen Geist" - Jer 17,14 "Hilf Du mir" - Lk 23,43 "JEsus sprach zu ihm:... Heut wirst du mit mir im Paradis seyn!" - 1 Th 4,17 "Wir... werden zugleich mit denselbigen hingerücket werden" - Apg 21,13 "Ich bin bereit,... zu sterben."

TRINITY 11   **ELFTER SONNTAG**
                                        NACH TRINITATIS

EP 1 Ko 15,1-10
EV Lk 18,9-14

199 Mein Herze schwimmt im Blut

1. Rezitativ. Hes 16,6 "Zu dir sprach Ich, da du so in deinem Blut lagest: Du solt leben" - 1 Ko 15,3 (EP, s.u.) - Lk 18,13 (EV, s.u.) - Jes 1,4 "O weh ... des boshaftigen Samens" - 1 Mo 3,22f. "GOtt ... sprach: Sihe, Adam... weiß, was Gut und Böse ist... Da ließ ihn GOTT der HERR aus dem Garten Eden" - 5 Mo 11,17. "...und schliesse den Himmel zu" - 1 Mo 3,8 "Adam versteckte sich mit seinem Weibe, für dem Angesicht GOttes" - Jes 6,2 "Seraphim stunden über Ihm, ein jeglicher hatte sechs Flügel: Mit zween deckten sie ihr Antlitz..."

2. Arie und Rezitativ. Jer 8,23 "Ach daß... meine Augen Threnen-Quellen wären."

3. Rezitativ. Mt 11,21. "...sie hätten vor Zeiten im Sack und in der Aschen Busse gethan" - Jes 25,8 "Der HErr HErr wird die Threnen von allen Angesichten abwischen" - Ps 51,19 "Ein geängstes und zerschlagen Herz wirst Du, GOTT, nicht verachten" - Lk 18,13 (EV) "GOTT sey mir Sünder gnädig!" (vgl. Ps 51,3) - 1 Ko 15,10 (EP) "Von GOttes Gnaden bin ich, das ich bin" - Jer 31,20 "Darum bricht Mir mein Herz gegen ihm."

4. Arie. Dan 9,18 "Wir ligen vor Dir mit unserm Gebet "- Mt 18,28f. "Bezahle mir, was du mir schuldig bist ... Habe Gedult mit mir."

5. Rezitativ. Jer 15,16 "Dein Wort ist unsers Herzens Freud und Trost."

6. Choral. 1 Ko 15,3 (EP). "...daß Christus gestorben sey für unsere Sünde" - Lk 18,13 (EV, s.o.) - Jes 53,5f. "Durch seine Wunden sind wir geheilet... Der HErr warf unser aller Sünde auf Ihn" - Mi 7,19 "Er wird... alle unsere Sünde in die Tiefe des Meers werfen."

7. Rezitativ. Jes 2,10 "Gehe in den Felsen "- 1 Ko 15,2 (EP). "...es wäre denn, daß ihrs umsonst geglaubet hättet "- Ps 92,5 "Du lässest mich frölich singen."

8. Arie. 2 Ko 5,18 . "... GOTT, der uns mit Ihm selber versöhnt hat, durch JEsum Christ" (vgl. V.19f.; Rö 5,10) - 2 Ko 7,10 "Die Göttliche Traurigkeit wirket zur Seligkeit eine Reue, die niemand gereuet."

179 Siehe zu, daß deine Gottesfurcht nicht Heuchelei sei

1. Chor. = Sir 1,34.

2. Rezitativ. Off 3,14.16 "Dem Engel der Gemeine zu Laodicea schreibe:... Weil du aber lau bist,... werde ich dich ausspeyen" - Kol 2,18 "Lasset euch niemand das Ziel verrücken, der... einher gehet in Demut und Geistlichkeit der Engel,... und ist ohne Sache aufgeblasen" (vgl. Satz 4) - Lk 18,9f. (EV) "Er sagte aber zu etlichen, die sich selbst vermassen, daß sie fromm wären...: Es giengen zween Menschen hinauf in den Tempel zu beten, einer ein Pharisäer, der ander ein Zöllner" - Pr 4,17 "Bewahre deinen Fuß, wenn du zum Hause GOttes gehest" - Mt 23,28f. "Von aussen scheinet ihr vor den Menschen fromm... Weh euch Schrift-gelehrten und Pharisäer! ihr Heuchler!"

3. Arie. Mt 23,27 "Ihr Heuchler! die ihr gleich seyd, wie die übertünchten Gräber, welche auswendig hübsch scheinen, inwendig aber sind sie voller Todten-Beine und alles Unflats" (vgl. Mt 23,28; s.o.) - Off 6,17 "Wer kan bestehen?"

4. Rezitativ. Mt 23,27ff. (s.o.) - Lk 18,11.13 (EV) "Der Pharisäer stund, und betete bey sich selbst also: Ich danke Dir, GOtt, daß ich nicht bin wie andere Leute, Rauber, Ungerechte, Ehebrecher ... Der Zöllner stund von fern,... schlug an seine Brust, und sprach: GOTT sey mir Sünder gnädig!" (vgl. die Sätze 5 und 6) - Jak 5,10 "Nehmet... zum Exempel des Leidens und der Gedult, die Propheten" - Kol 2,18 (s.o.) - Ps 32,5 "Darum bekenne ich Dir meine Sünde" - 1 Ko 15,10 (EP) "Von GOttes Gnaden bin ich, das ich bin."

5. Arie. Lk 17,13 "Lieber Meister, erbarme Dich unser!" - Lk 18,13 (EV, s.o.) - Hab 3,16 "Eiter gehet in meine Gebeine" - Jh 1,29. "...GOttes Lamm, welches der Welt Sünde trägt" - Ps 69,3 "Ich versinke im tiefen Schlamm."

6. Choral. Lk 18,13 (EV, s.o.) - Ps 143,2 "Gehe nicht ins Gericht mit deinem Knecht" - Jes 54,10. "...der HERR, dein Erbarmer."

113 Herr Jesu Christ, du höchstes Gut

1. Choral. Lk 18,13 (EV, s.u.) - 1 Ko 15,10 (EP) "Von GOttes Gnaden bin ich, das ich bin" - 2 Mo 33,13 "Sihe doch... "- Mt 11,28 (s.u.) - Hi 6,4 "Die Pfeile des Allmächtigen stecken in mir."

2. Choral. Siehe 131/2.

3. Arie. Phl 2,12. "...Furcht und Zittern" - 1 Jh 4,18 "Die Furcht hat Pein" - Ps 69,21 "Die Schmach bricht mir mein Herz" - Jer 15,16 "Dein Wort ist unsers Herzens Freud und Trost."

4. Choral und Rezitativ. 2 Ti 1,13 "Halt an dem Vorbild der heilsamen Worte" - Ps 85,7 "Wilt Du uns denn nicht wieder erquicken...?" - Ps 138,7 "Wenn ich mitten in der Angst wandele, so erquickest Du mich" - 2 Ko 4,6 "GOTT... hat einen hellen Schein in unsere Herzen gegeben" - Jer 15,16 (s.o.) - Lk 18,13 (EV, s.u.) - 1 Ko 15,10 (EP, s.o.) - Off 2,17 "Wer überwindet, dem will Ich zu essen geben von dem verborgenen Manna" - Jh 6,35 "JEsus aber sprach zu ihnen:... Wer zu Mir kommt, den wird nicht hungern."

5. Arie. Lk 15,2 "Dieser nimmt die Sünder an" - Jer 15,16 (s.o.) - Ps 119,103 "Dein Wort ist meinem Mund süsser denn Honig" - Jer 6,16. "...so werdet ihr Ruhe finden für eure Seelen" (vgl. Mt 11,29) - Mt 9,2 "Deine Sünden sind dir vergeben" (vgl. Lk 7,48).

6. Rezitativ. Lk 15,2 (s.o.) - Ps 84,2 "Wie lieblich..." - Mt 11,28
"Kommet her zu Mir alle, die ihr mühselig und beladen seyd" - Jh 15,14
"Ihr seyd meine Freunde" - Lk 18,13 (EV) "Der Zöllner ... sprach: GOTT
sey mir Sünder gnädig!" - Jes 57,15. "...bey denen, so zerschlagenes und
demütiges Geistes sind" - 1 Jh 1,7 "Das Blut JESU Christi ... machet uns
rein von aller Sünde" - 1 Ko 15,3 (EP). "...daß Christus gestorben sey für
unsere Sünde" - 2 Sm 12,13 "Da sprach David zu Nathan: Ich habe
gesündigt wider den HERRN. Nathan sprach zu David: So hat auch der
HERR deine Sünde weggenommen" - 2 Ch 33,12f. "(Manasse) demütigte
sich sehr vor dem GOTT seiner Väter... Da erhörte Er sein Flehen" - Hos
4,1 "Keine Treue, keine Liebe..."
7. Arie (Duett). G Mn 5.12f. "Unerträglich ist dein Zorn... Ich hab
gesündigt... HErr! vergib mirs" - Jes 9,3 "Du hast das Joch ihrer Last...
zerbrochen" (vgl. Hes 34,27) - Ps 119,17 "Thue wol deinem Knecht, daß
ich lebe, und deine Wort halte" - 1 Pt 1,14 . ".. als gehorsame Kinder."
8. Choral. Siehe 168/6.

TRINITY 12   ZWÖLFTER SONNTAG
                                          NACH TRINITATIS
EP 2 Ko 3,4-11
EV Mk 7,31-37

69a Lobe den Herrn, meine Seele
1. Chor. = Ps 103,2.
2. Rezitativ. Mk 7,35 (EV) "Das Band seiner Zungen ward los, und er
redete recht" - Lk 1,64 "Alsbald ward sein Mund und seine Zunge
aufgethan, und redete, und lobete Gott" - Lk 1,49 "Denn Er hat grosse
Dinge an mir gethan."
3. Arie. Ps 66,16 "Höret zu alle, die ihr GOtt fürchtet, ich will
erzehlen, was Er an meiner Seelen gethan hat" - Ps 9,2 "Ich... erzehle alle
deine Wunder" - Ps 92,5 "Du lässest mich frölich singen..., und ich rühme
die Geschäfte deiner Hände."
4. Rezitativ. Ps 77,12 "Darum gedenke ich an die Thaten des HErrn,
ja, ich gedenke an deine vorige Wunder" - Ps 71,5 "Du bist... meine
Hofnung von meiner Jugend an" - 1 Mo 15,5 "Zehle die Sterne, kanst du
sie zehlen?" - Mk 7,32-34 (EV) "Sie brachten zu Ihm einen Tauben, der
stumm war... Und Er... spützte und rührte seine Zung, und sahe auf gen
Himmel, seufzte, und sprach zu ihm: Hephatha" - Jes 35,6 "Der Stummen
Zunge wird Lob sagen" - Ps 126,2 "Denn wird unser Mund voll Lachens...
seyn."

5. Arie. Ps 19,15. "...HERR, mein Hort, und <u>mein Erlöser!</u>" - Ps 118,15 "Man <u>singet mit Freuden</u>" - Mk 7,37 (EV) "Er <u>hat alles wol gemacht.</u>"
    6. Choral. Ps 13,6 "Ich will dem HErrn singen, daß Er so <u>wol</u> an mir <u>thut</u>" - Jes 40,11 "Er wird die Lämmer <u>in seine Arme</u> sammlen."

137 Lobe den Herren, den mächtigen König der Ehren

    1. Choral. Ps 103,1 "<u>Lobe den HErrn, meine Seele</u>, und <u>was in mir</u> ist, seinen heiligen <u>Namen</u>" (vgl. Satz 5) - Ps 24,8 "Wer ist derselbe <u>König der Ehren?</u> Es ist der <u>HERR</u> stark und <u>mächtig</u>" - 1 Mo 49,2 "<u>Kommet zu Hauf</u>" - Ps 57,9 "<u>Wache auf Psalter und Harpfe</u>" (vgl. Ps 108,3).
    2. Arie. 2 Mo 19,4 "Ihr habt gesehen, ... wie Ich euch getragen habe <u>auf Adlers</u> Flügeln" - 5 Mo 32,11. "...wie ein <u>Adler</u> ausführet seine Jungen, und <u>über</u> ihnen schwebet. Er <u>breitete</u> seine <u>Fittiche</u> aus, und nahm ihn, und trugt sie <u>auf</u> seinen <u>Flügeln</u>" (vgl. Satz 3) - Ps 63,9 "Deine rechte Hand <u>erhält</u> mich."
    3. Arie (Duett). Jes 44,24 "Der <u>HErr</u>..., <u>der dich</u> von Mutterleib hat zubereitet..." (vgl. Ps 139,13f.) - Sir 17,27 "<u>Lobe den HERRN</u>, dieweil du lebest und <u>gesund</u> bist" (vgl. Mk 7,35 EV) - 5 Mo 32,11 (s.o.).
    4. Arie (mit instr. Choral "Lobe den Herren"). Ps 36,9 "Du tränkest sie mit Wollust als mit einem <u>Strom</u>" - 1 Mo 49,25 "Von dem <u>Allmächtigen</u> bist du <u>gesegnet.</u>"
    5. Choral. Ps 103,1 (s.o.) - Ps 150,6 "<u>Alles, was Odem hat, lobe den Herrn</u>" - Ps 105,2.6 "<u>Lobet</u> Ihn,... ihr, der <u>Samen Abrahams</u>" - Ps 27,1 "Der <u>HERR</u> ist mein <u>Licht</u>" - Ps 103,2 "<u>Lobe den HErrn</u>, meine <u>Seele</u>, und <u>vergiß nicht</u>, was Er dir Gutes gethan hat."

35 Geist und Seele wird verwirret

    1. Sinfonia.
    2. Arie. Ps 89,16 "Wol dem <u>Volk</u>, das <u>jauchzen</u> kan"- Mk 7,32 (EV) "Sie brachten zu Ihm einen <u>Tauben</u>, der <u>stumm</u> war."
    3. Rezitativ. Mk 7,37 (EV) "(Sie) <u>verwunderten</u> sich über die Massen, und sprachen:... Die <u>Tauben</u> macht Er <u>hörend</u>, und die <u>Sprachlosen</u> redend" - Jer 31,20. "...mein <u>theurer Sohn</u>" - Jes 29,14. "...so will Ich auch mit diesem Volk <u>wunderlich</u> umgehen,... daß... der <u>Verstand</u> seiner Klugen verblendet werde" (vgl. 1 Ko 1,19) - Ps 40,6 "<u>Dir ist</u> nichts <u>gleich</u> "- Jes 42,7. "...daß du solt <u>öfnen</u> die <u>Augen</u> der <u>Blinden</u>" - Mt 9,29f. "Da rührte Er ihre <u>Augen</u> an... Und ihre <u>Augen</u> wurden <u>geöfnet.</u>"

4. Arie. Mk 7,37 (EV) "Er hat alles wol gemacht" - Klg 3,22f. "Seine
Barmherzigkeit hat noch kein Ende, sondern sie ist alle Morgen neu, und
deine Treu ist groß" - Ps 65,5. "...der hat reichen Trost."
5. Sinfonia.
6. Rezitativ. Jer 32,18. "...Du grosser und starker Gott" - Mk 7,33f.
(EV) "Er... legte ihm die Finger in die Ohren,... und rührte seine Zung,...
und sprach zu ihm: Hephatha" - Jes 63,17 "Warum lässest Du uns, HErr,
... unser Herz verstocken ...?" - Rö 8,17 "Sind wir denn Kinder, so sind wir
auch Erben" (vgl. Gal 4,7).
7. Arie. Jh 1,1 "Das Wort war bey GOTT" - Phl 1,23 "Ich habe Lust,
abzuscheiden, und bey Christo zu seyn" - Off 19,1 "Darnach hörte ich
eine Stimm grosser Schaaren im Himmel, die sprachen: Halleluja" - Hes
34,27. "...wenn Ich ihr Joch zerbrochen... habe" - Ps 31,6 "In deine Hände
befehl ich meinen Geist."

TRINITY 13   DREIZEHNTER SONNTAG
                                       NACH TRINITATIS
EP Gal 3,15-22
EV Lk 10,23-37

77 Du sollt Gott, deinen Herren, lieben

1. Chor (mit instr. Choral "Dies sind die heilgen zehn Gebot"). = Lk
10,27 (EV) - Vgl. 5 Mo 6,5 und 3 Mo 19,18.
2. Rezitativ. Lk 10,27 (EV, s. Satz 1) - Ps 37,4 "Habe deine Lust an
dem HErrn."
3. Arie. Lk 10,27 (EV, s. Satz 1) - Mt 22,37f. "Du solt lieben GOtt...
Diß ist das vornehmste und gröste Gebot" - 1 Jh 4,21 "Diß Gebot haben
wir von Ihm, daß, wer GOtt liebet, daß er auch seinen Bruder liebe" (vgl.
Satz 4) - Ps 63,9 "Meine Seele hanget Dir an."
4. Rezitativ. Lk 10,25.29.31-34 (EV) "Was muß ich thun, daß ich das
ewige Leben ererbe?... Wer ist denn mein Nächster?... Ein Priester... gieng
vorüber... Ein Levit... gieng vorüber... Ein Samariter aber... gieng zu ihm" -
Sir 4,1 "Laß den Armen nicht Noth leiden" - Rö 9,12. "...nicht aus
Verdienst der Werke, sondern aus Gnaden."
5. Arie. Mt 5,48 "Darum solt ihr vollkommen seyn" - 1 Jh 2,5 "Wer
aber sein Wort hält, in solchem ist warlich die Liebe GOttes vollkommen"
- Phl 3,12 "Nicht, daß ich... schon vollkommen sey..." - Rö 7,18 "Wollen
hab ich wol, aber vollbringen das Gute, finde ich nicht" – Rö 13,8 "Wer
den andern liebet, der hat das Gesetz erfüllet" - Mk 9,23 "Alle Ding sind
müglich dem, der da glaubet" (vgl. Satz 6).

6. Choral. Gal 3,22 (EP). "...auf daß die Verheissung käme <u>durch den Glauben</u>" - Eph 3,16f. "...daß Er euch Kraft gebe..., <u>stark</u> zu werden,... Christum zu <u>wohnen durch den Glauben in</u> euren Herzen, und <u>durch die Liebe</u> eingewurzelt und gegründet werden" - Kol 1,10. "...daß ihr... <u>fruchtbar</u> seyd <u>in</u> allen <u>guten Werken</u>" - 2 Ko 9,8. "...daß ihr... <u>reich</u> seyd zu allerlei <u>guten Werken</u>" (vgl. 1 Ti 6,18) - Gal 5,6. "...der <u>Glaube</u>, der <u>durch die Liebe thätig</u> ist" - Rö 2,7 "(Preis) denen, die <u>mit Gedult in guten Werken</u> trachten nach dem ewigen Leben" - Gal 5,13 "<u>Durch die Liebe diene</u> einer dem andern" - Lk 10,27 (EV, s. Satz 1).

33 Allein zu dir, Herr Jesu Christ

1. Choral. Sir 34,15 "Ihre <u>Hofnung stehet</u> auf dem, <u>der</u> ihnen <u>helfen kan</u>" - 2 Ko 1,5. "...also werden wir auch reichlich <u>getröstet</u> durch <u>Christum</u>" - Ps 146,3 "Fürsten... sind <u>Menschen</u>, die <u>können</u> ja nicht <u>helfen</u>" - Ps 88,10 "<u>Ich ruffe Dich an</u> täglich" - 2 Ko 3,4 "Ein solch <u>Vertrauen</u> aber <u>haben</u> wir durch Christum <u>zu</u> GOTT."

2. Rezitativ. Ps 50,6 "<u>GOtt</u> ist <u>Richter</u>" - Gal 3,19 (EP) "Das <u>Gesetz</u>... ist darzu kommen um der <u>Sünde</u> willen" - Rö 2,15. "...des <u>Gesetzes</u> Werk sey beschrieben in ihrem Herzen, sintemal ihr <u>Gewissen</u> sie bezeuget" (vgl. Satz 4) - Hi 9,3 "Hat er Lust mit Ihm zu hadern, so <u>kan</u> er Ihm <u>auf tausend nicht eines</u> antworten" - 1 Mo 4,13 "<u>Meine Sünde ist grösser</u>, denn daß sie mir <u>vergeben</u> werden möge!" - Ps 38,5 (s.u.).

3. Arie. Mt 8,26 "Warum seyd ihr so <u>furchtsam?</u>" - 1 Jh 5,14 "So wir etwas <u>bitten</u> nach seinem Willen, so <u>höret</u> Er uns" - Ps 38,5 "Meine <u>Sünden</u> gehen über mein Haupt; wie eine <u>schwere Last</u> sind sie mir zu <u>schwer</u> worden" (vgl. Satz 2) - Jer 15,16 "Dein <u>Wort</u> ist unsers Herzens Freud und <u>Trost</u>."

4. Rezitativ. Ps 51,13 "<u>Verwirf mich nicht von deinem Angesicht</u>" - Lk 15,29. "...und habe <u>deine Gebot noch</u> nie <u>übertreten</u>" - 1 Jh 5,3 "Das ist die Liebe zu GOtt, daß wir seine <u>Gebot halten</u>, und seine <u>Gebot</u> sind nicht <u>schwer</u>" - Mt 5,19 "Wer nun eins von diesen <u>kleinesten Geboten</u> auflöset..." - Rö 2,15 (s.o.) - Lk 10,37 (EV) "Er sprach: Der die <u>Barmherzigkeit</u> an ihm that" - Mt 7,17 "Ein jeglicher guter Baum bringet <u>gute Früchte</u>" - Gal 5,6. "...der <u>Glaube</u>, der <u>durch</u> die <u>Liebe thätig</u> ist."

5. Arie (Duett). 1 Jh 4,8 "<u>GOTT</u> ist <u>die Liebe</u>" - Lk 10,27 (EV) "Du solt <u>GOtt</u> deinen HERRN <u>lieben</u>... von allen <u>Kräften</u>... und deinen <u>Nächsten</u>, als dich <u>selbst</u>" (vgl. 5 Mo 6,5; 3 Mo 19,18) - 2 Sm 7,1 "Da nun... der HErr ihm <u>Ruh</u> gegeben hatte von allen seinen <u>Feinden</u>..." - Ps 20,3 "Er <u>sende</u> dir <u>Hülfe</u> vom Heiligthum."

6. Choral. Lk 2,14 "Ehre sey GOtt in der Höhe" - Jud 24f. "Dem aber,
der euch kan behüten ..., sey Ehr" - Rö 8,26 "Der Geist hilft unserer
Schwachheit auf" - Lk 1,75. "...in Heiligkeit und Gerechtigkeit, die Ihm
gefällig ist."

164 Ihr, die ihr euch von Christo nennet

1. Arie. Apg 11,26. "...daher die Jünger am ersten zu Antiochia
Christen genennet wurden" - Lk 10,36f (EV) "Welcher dünket dich, der
unter diesen dreyen der Nächste sey gewesen dem, der unter die Mörder
gefallen war? Er sprach: Der die Barmherzigkeit an ihm that. Da sprach
JEsus zu ihm: So gehe hin, und thue deßgleichen" (vgl. Satz 2) - 1 Ko
12,27 "Ihr seyd aber der Leib Christi, und Glieder" - 2 Mo 7,14 "Das Herz
Pharao ist hart" (vgl. Mk 16,14) - Hes 11,19 "(Ich) will das steinerne Herz
wegnehmen."

2. Rezitativ. Lk 10,36f. (EV, s.o.) - Mt 5,7 "Selig sind die Barmherz-
igen, denn sie werden Barmherzigkeit erlangen" - Ps 92,7 "Ein Narr achtet
solches nicht" - Mt 7,7 "Klopfet an, so wird euch aufgethan" - Ps 119,136
"Meine Augen fliessen mit Wasser" - Lk 10,31-34 (EV) "Ein Priester...
gieng vorüber... Auch ein Levit... gieng vorüber... Ein Samariter aber...
gieng zu ihm, verband ihm seine Wunden, und goß darein Oel und
Wein" (vgl. Satz 3).

3. Arie. Mt 18,33 "Soltest du denn dich nicht auch erbarmen über
deinen Mitknecht, wie ich mich über dich erbarmt habe?" - Phl 2,6.
"...hielt Ers nicht für einen Raub GOTT gleich seyn" - Lk 10,33 (EV, s.o.).

4. Rezitativ. Jer 6,27f. "Ich hab dich zum Schmelzer gesetzt unter mein
Volk... Sie sind eitel verdorben Erz und Eisen" (vgl. Hes 22,18ff.) - Mi 6,8
Es ist dir gesagt, Mensch, was gut ist,... nemlich... Liebe üben" - Lk 10,29
(EV) "Wer ist denn mein Nächster?" - 2 Ko 3,18 "Nun aber spiegelt sich
in uns allen des HERRN Klarheit..., und wir werden verkläret in dassel-
bige Bild."

5. Arie (Duett). Mt 3,16 "Sihe, da that sich der Himmel auf über Ihm"
- Ps 119,136 (s.o.) - 1 Mo 4,4 "Der HErr sahe gnädiglich an Habel" - 1 Ko
14,1 "Strebet nach der Liebe."

6. Choral. Siehe 132/6.

TRINITY 14   VIERZEHNTER SONNTAG
                                          NACH TRINITATIS
EP Gal 5,16-24
EV Lk 17,11-19

25 Es ist nichts Gesundes an meinem Leibe

1. Chor (mit instr. Choral "Ach Herr, mich armen Sünder"). = Ps 38,4.

2. Rezitativ. 1 Jh 5,19 "Die ganze Welt ligt im Argen" - Ps 30,7 "Ich aber sprach, da mirs wol gieng: Ich werde nimmermehr darnider ligen" - Sir 23,5 "Wende von mir alle böse Lüste" - Gal 5,16 (EP) "Wandelt im Geist, so werdet ihr die Lüste des Fleisches nicht vollbringen" - Jh 11,3. "...der ligt krank" - Sir 3,13. "...deine eigene Ehre" - Lk 17,12.18 (EV) "Als Er in einen Markt kam, begegneten Ihm zehen aussätzige Männer... Hat sich sonst keiner funden, der wieder umkehre, und gäbe GOTT die Ehre, denn dieser Fremdlinger?" - Ps 22,25 "Er hat nicht verachtet... das Elend des Armen" - Sir 38,1f. "Ehre den Arzt... Die Arzney kommt von dem Höchsten."

3. Arie. Lk 17,12 (EV, s.o.) - Wsh 16,12 "Es heilte sie weder Kraut noch Pflaster" - Jer 8,22 "Ist denn keine Salbe in Gilead? Oder ist kein Arzt nicht da? Warum ist denn die Tochter meines Volks nicht geheilt?" (vgl. Jer 46,11) - 2 Mo 15,26 "Ich bin der HErr dein Arzt."

4. Rezitativ. Lk 17,13 (EV) "JEsu, lieber Meister, erbarme Dich unser" - Ps 71,3 "Sey mir ein starker Hort, dahin ich immer fliehen möge" - Mt 9,12 "Die Starken dürfen des Arztes nicht, sondern die Kranken" - Ps 51,13 "Verwirf mich nicht von deinem Angesicht" - Lk 17,12 (EV, s.o.) - Mt 11,5 "Die Aussätzigen werden rein" - Ps 116,17 "Dir will ich Dank opfern."

5. Arie. Ps 120,1 "Ein Lied im höhern Chor" (vgl. Ps 121,1-134,1) - Lk 17,16 (EV) "(Einer) dankte Ihm."

6. Choral. Ps 22,23.26 "Ich will dich in der Gemeine rühmen... Dich will ich preisen" - Ps 92,5 "Ich rühme die Geschäfte deiner Hände" - 2 Mo 3,19. "...durch eine starke Hand" - Lk 17,15 (EV) "Einer... preiste GOtt mit lauter Stimme."

78 Jesu, der du meine Seele

1. Choral. Heb 2,14. "...daß Er durch den Tod die Macht nähme dem, der des Todes Gewalt hatte, das ist, dem Teufel" - Sir 41,1 "O Tod! wie bitter bist du" - Ps 91,15 "Ich bin bey ihm in der Noth, Ich will ihn heraus reissen" (vgl. Ps 18,20) - Ps 51,8 "Du lässest mich wissen die heimliche Weisheit" - Ps 71,3 "Sey mir ein starker Hort."

2. Arie (Duett). Ps 22,20 "Eile mir zu helfen" - Lk 17,12f. (EV) "Als Er in einen Markt kam, begegneten Ihm zehen aussätzige Männer, die... erhuben ihre Stimme, und sprachen: JEsu, lieber Meister, erbarme Dich unser!" (vgl. Satz 3).

3. Rezitativ. Lk 17,12 (EV, s.o.) - Rö 7,18f.24 "Vollbringen das Gute, finde ich nicht... Das Böse, das ich nicht will, das thue ich... Wer wird mich erlösen?" - Gal 5,16f.24 (EP) "Wandelt im Geist, so werdet ihr die Lüste des Fleisches nicht vollbringen. Denn das Fleisch gelüstet wider den Geist..., daß ihr nicht thut, was ihr wollet... Welche aber Christo angehören, die creutzigen ihr Fleisch, samt den Lüsten und Begierden" - Ps 19,13 "Wer kan merken, wie oft er fehlet?" - Mt 23,4 "Sie binden aber schwere und unerträgliche Bürden, und legen sie den Menschen auf den Hals."

4. Arie. 1 Jh 1,7 "Das Blut JEsu Christi ... machet uns rein von aller Sünde" - Jh 8,36 "So euch nun der Sohn frey machet, so seyd ihr recht frey" - 1 Ko 15,55 "Hölle, wo ist dein Sieg?"

5. Rezitativ. Heb 10,27. "...ein schröcklich Warten des Gerichts" - 5 Mo 23,6 "Der HErr... wandelte dir den Fluch in den Segen" - Lk 24,32 "Brandte nicht unser Herz in uns...?" - Heb 10,22. "...besprenget in unsern Herzen, und los von dem bösen Gewissen" (vgl. Satz 6) - 1 Pt 1,2. "...zur Besprengung des Blutes JEsus Christi" - Heb 9,22 "Ohne Blutvergiessen gechiehet keine Vergebung" - Spr 23,26 "Gib mir, mein Sohn, dein Herz."

6. Arie. Heb 10,22 (s.o.) - 1 Jh 3,19f. "Wir... können unser Herz vor Ihm stillen, daß, so uns unser Herz verdammet, daß GOtt grösser ist denn unser Herz" - Jh 10,28 "Niemand wird sie Mir aus meiner Hand reissen."

7. Choral. Mk 9,24 "Ich glaube, lieber HErr, hilf meinem Unglauben" - 1 Ti 1,12 "Ich danke unserm HErrn Christo JEsu, der mich stark gemacht... hat" - Ps 33,21f. "Wir trauen auf seinen heiligen Namen. Deine Güte, HERR, sey über uns" - Mt 5,8 "Sie werden GOTT schauen."

17 Wer Dank opfert, der preiset mich

1. Chor. = Ps 50,23 - Vgl. Lk 17,15f. (EV, s. Satz 4).

2. Rezitativ. Heb 1,3 . ".. zu der Rechten der Majestät in der Höhe" - Ps 19,5 "Ihre Schnur gehet aus in alle Land "- Ps 150,6 "Alles, was Odem hat, lobe den HErrn" - Ps 126,2 "Denn wird... unsere Zunge voll Rühmens seyn" (vgl. Ps 51,16).

3. Arie. Ps 36,6 "HERR, deine Güte reichet, so weit der Himmel ist, und deine Warheit, so weit die Wolken gehen" (vgl. Ps 57,11) - 1 Ch 16,25 "Der HERR ist groß... und herrlich über alle andere Götter" - Rö 1,19f. "Daß man weiß, daß GOtt sey, ist ihnen offenbar... Gottes unsichtbares

Wesen... wird ersehen... an den Werken" - Lk 17,15f. (EV, s. Satz 4) - Ps 50,23 (s. Satz 1).

4. Rezitativ. = Lk 17,15f. (EV, vgl. Satz 1 und Satz 3).

5. Arie. Ps 36,6 (s.o.) - Lk 17,16 (EV, s. Satz 4) - Ps 18,50 "Darum will ich Dir danken, ... und deinem Namen lobsingen."

6. Rezitativ. Jes 35,6 "Es werden Wasser... fliessen, und Ströme in den Gefilden" - Gal 5,22 (EP) "Die Frucht aber des Geistes ist Liebe, Freude, Friede" - Rö 14,17 "Das Reich GOttes ist... Gerechtigkeit und Friede, und Freude in dem Heiligen Geist" - Jer 17,14 "Heile Du mich, HErr, so werde ich heil" - 1 Ko 13,10 "Wenn aber kommen wird das Vollkommene, so wird das Stückwerk aufhören."

7. Choral. Ps 103,13-16 "Wie sich ein Vater über Kinder erbarmet, so erbarmet sich der HErr über die, so Ihn fürchten. Denn Er kennet, was für ein Gemächt wir sind, Er gedenket daran, daß wir Staub sind. Ein Mensch ist in seinem Leben wie Gras, er blühet wie eine Blum auf dem Feld. Wenn der Wind darüber gehet, so ist sie nimmer da" - Ps 8,3 "Aus dem Munde der jungen Kinder..." - Rö 8,15 "Ihr habt einen kindlichen Geist empfangen" - Jak 1,10 "Wie eine Blum des Grases wird er vergehen" (vgl. Jes 40,6f.; 1 Pt 1,24) - Sir 11,19 "Er weiß nicht, daß sein Stündlein so nah ist."

TRINITY 15	FÜNFZEHNTER SONNTAG NACH TRINITATIS

EP Gal 5,25-6,10
EV Mt 6,24-34

138 Warum betrübst du dich, mein Herz?

1. Choral und Rezitativ. Ps 42,6 "Was betrübst du dich, meine Seele...?" - Ps 94,19 "Ich hatte viel Bekümmernisse in meinem Herzen" - Ps 40,18 "Ich bin arm" - Mt 6,34 (EV) "Sorget nicht für den andern Morgen" - Rö 7,24 "Ich elender Mensch, wer wird mich erlösen von dem Leibe dieses Todes?" - Gal 1,4. "...von dieser gegenwärtigen argen Welt" - Sir 11,21 "Vertraue du GOTT" - Eph 3,9. "...der alle Dinge geschaffen hat."

2. Rezitativ. Ps 38,18 "Ich bin zu Leiden gemacht" - Rö 2,5. "...auf den Tag des Zorns" - Lk 12,19 "Liebe Seel, du hast einen grossen Vorrath" - Ps 104,15. "...daß der Wein erfreue des Menschen Herz" - Off 18,6 "Mit welchem Kelch sie euch eingeschenkt hat..." - Ps 42,4 "Meine Thränen sind meine Speise Tag und Nacht" - Ps 80,6 "Du speisest sie mit Thränen-Brod, und tränkest sie mit grossem Maas voll Thränen."

3. Choral und Rezitativ. Mt 6,25f.32 (EV) "Sorget nicht...,. was ihr
essen und trinken werdet... Sehet die Vögel unter dem Himmel an, ... euer
himmlischer Vater nehret sie... Euer himmlischer Vater weiß, daß ihr deß
alles bedürfet" - Ps 89,12 "Himmel und Erden ist dein" - Ps 147,9. "...der
dem Vieh sein Futter gibt, den jungen Raben, die Ihn anruffen" (vgl. Hi
38,41) - Ps 60,13 "Schaffe uns Beystand in der Noth" - Ps 73,14. "...und bin
geplaget täglich, und meine Strafe ist alle Morgen da" - Spr 15,1 "Ein hart
Wort ..."

4. Rezitativ. Heb 13,5 "Ich will dich nicht verlassen noch versäumen" -
Lk 21,19 "Fasset eure Seele mit Geduld!" - Jh 15,18 "So euch die Welt
hasset, so wisset, daß sie Mich vor euch gehasset hat" - Mt 6,34 (EV, s.o.) -
1 Pt 5,7 "Alle eure Sorge werfet auf Ihn, denn Er sorget für euch" - Mk
4,38 "Er ... schlief auf einem Küssen."

5. Arie. Ps 62,8 "Meine Zuversicht ist auf GOTT" - Mt 6,34 (EV, s.o.) -
Ps 43,4 "Gott, der meine Freude... ist..."

6. Rezitativ. 5 Mo 24,1. "...so soll er einen Scheid-Brief schreiben, und
ihr in die Hand geben" - Mt 6,34 (EV, s.o.).

7. Choral. Jos 1,5 "Ich will dich nicht verlassen" (vgl. Heb 13,5; s.o.) -
1 Mo 2,7 "GOtt der HERR machte den Menschen aus einem Erden-
kloß."

99 Was Gut tut, das ist wohlgetan II

1. Choral. Siehe 98/1; 144/3.

2. Rezitativ. Ps 119,43 "Nimm ja nicht von meinem Mund das Wort
der Warheit" - 2 Pt 1,19 "Wir haben ein vestes Prophetisch Wort" - Ps
16,11 "Du thust mir kund den Weg zum Leben" - Jh 14,8 "HERR, zeige
uns den Vater, so gnüget uns" - 1 Ko 1,9 "GOtt ist treu" - Mt 6,32 (EV)
"Euer himmlischer Vater weiß, daß ihr deß alles bedürfet."

3. Arie. Ps 107,26. "...daß ihre Seele für Angst verzagte "- Mt 20,22
"Könnet ihr den Kelch trinken, den Ich trinken werde...?" - Rö 16,27
"GOtt, der allein weis ist..." - 2 Mo 15,26 "Ich bin der HErr dein Arzt" -
Jak 3,8. "...voll tödtliches Gifts."

4. Rezitativ. Hes 37,26 "Das soll ein ewiger Bund seyn mit ihnen" - Ps
27,1 "Der HERR ist mein Licht" - 1 Jh 1,5 "Wir... verkündigen, daß GOtt
ein Licht ist" - Mt 6,34 (EV) "Es ist genug, daß ein jeglicher Tag seine
eigene Plage habe!" - Dan 12,1 "Zur selbigen Zeit wird dein Volk errettet
werden."

5. Arie. Rö 6,19 "Ich muß menschlich davon reden, um der Schwachheit willen eures Fleisches" - Mt 10,38 "Wer nicht sein Creutz auf sich
nimmt..., der ist Mein nicht werth" (vgl. Mt 16,24).

6. Choral. Siehe 75/14.

51 Jauchzet Gott in allen Landen!

1. Arie. Ps 66,1f. "Jauchzet GOTT, alle Lande!... Rühmet Ihn herrlich"
- Hos 14,3. "...so wollen wir opfern die Farren unserer Lippen" - Heb 13,15
"Lasset uns nun opfern... das Lob-Opfer, GOtt allezeit" Ps 60,13 "Schaffe
uns Beystand in der Noth."

2. Rezitativ. Ps 138,2 "Ich will anbeten zu deinem heiligen Tempel" -
Ps 26,8. "...da deine Ehre wohnet" - Klg 3,22f. (s.u.) - Ps 126,3 "Der HERR
hat Grosses an uns gethan" - Ps 19,15 "Laß Dir wolgefallen die Rede
meines Mundes."

3. Arie. Klg 3,22f. "Die Güte des HErrn... ist alle Morgen neu, und
deine Treu ist groß" - Mt 6,32.34 (EV) "Euer himmlischer Vater weiß, daß
ihr deß alles bedürfet... Darum sorget nicht für den andern Morgen, denn
der morgende Tag wird für das Seine sorgen" - 1 Jh 3,1 "Sehet, welch eine
Liebe hat uns der Vater erzeigt, daß wir GOttes Kinder sollen heissen"
(vgl. Eph 3,15).

4. Choral. 1 Pt 1,7. "...zu Lob, Preis und Ehr" (vgl. Off 5,12) - Heb 3,6.
"...so wir anderst das Vertrauen ... vest behalten" - Jos 22,5. "...daß ihr...
Ihm anhanget, und ihm dienet von ganzem Herzen" (vgl. Ps 63,9) - Heb
11,33. "...welche haben durch den Glauben... die Verheissung erlangt" -
Rö 10,10 "So man von Herzen glaubet, so wird man gerecht."

TRINITY 16   **SECHZEHNTER SONNTAG**
                                  NACH TRINITATIS
EP Eph 3,13-21
EV Lk 7,11-17

161 Komm, du süße Todesstunde

1. Arie und Choral. Ri 14,8f. "(Simson) trat aus dem Weg, daß er das
Aas des Löwen besähe: sihe, da war ein Bien-Schwarm in dem Aas des
Löwens, und Honig, und nahms ... und aß davon ... Er sagte ihnen aber
nicht an, daß er das Honig von des Löwens Aas genommen hatte" - Lk
22,15 "Mich hat herzlich verlanget ..." - Eph 3,13 (EP) "... daß ihr nicht
müde werdet um meiner Trübsal willen" - Ps 2,12 "Küsset den Sohn" - Phl
1,23 "Ich habe Lust abzuscheiden, und bey Christo zu seyn" (vgl. die
Sätze 2 und 3) - Off 22,20 "Ich komme bald, Amen! Ja, komm, HErr
Jesu!"

2. Rezitativ. Hl 2,2 "Wie eine Rose unter den Dornen, so ist meine Freundin unter den Töchtern" - 1 Mo 32,27.32 "Laß mich gehen: denn die Morgenröth bricht an ... Und als er an Pnuel überkam, gieng ihm die Sonne auf" - 1 Jh 2,18 "... die letzte Stunde" - Phl 1,23 (s.o.).

3. Arie. Phl 1,23 (s.o.) - 1 Mo 18,27 "... wiewol ich Erd und Asche bin" - Ps 119,20 "Meine Seele ist zermalmet, für Verlangen" - Lk 20,36 "Sie sind den Engeln gleich."

4. Rezitativ. Jes 40,11 "Er wird die Lämmer in seine Arme sammlen" - Jer 31,26 "Ich ... habe so sanft geschlafen" - Lk 7,14f. "(JEsus) sprach: Jüngling, Ich sage dir, stehe auf! Und der Todte richtete sich auf" - Ps 100,3 "Er hat uns gemacht ... zu Schafen seiner Weide" - Hes 34,14 "Ich will sie auf die beste Weide führen" (vgl. Ps 23,2) - Rut 1,17 "Der Tod muß mich und dich scheiden."

5. Chor. 1 Pt 4,19 "... nach GOttes Willen" - 1 Ko 15,53 "Diß Sterbliche muß anziehen die Unsterblichkeit" - 2 Ko 5,4 "Wir wolten lieber nicht entkleidet, sondern überkleidet werden" - Off 22,20 (s.o.).

6. Choral. Apg 12,23 "... und ward gefressen von den Würmern" - Phl 3,21 "... welcher unsern nichtigen Leib verklären wird" - Mt 13,43 "Dann werden die Gerechten leuchten wie die Sonn in ihres Vaters Reich" - Jes 35,10 "Freude und Wonne werden sie ergreifen" - Mk 16,18 "So sie etwas tödtliches trinken, wirds ihnen nicht schaden."

Anm. Franck schreibt in Satz 3 "Ob ich Scherbe / Thon und Erde" - vgl. Ps 22,16 "Meine Kräfte sind vertrocknet wie eine Scherbe ... Du legest mich in des Todes Staub" - Jes 64,7 "Wir sind Don"; in Satz 4 heißt es bei Franck" Ich will im Leben täglich sterben" - vgl. 1 Ko 15,31 "Ich sterbe täglich."

95 Christus, der ist mein Leben

1a. Choral. Phl 1,21 "Christus ist mein Leben, und Sterben ist mein Gewinn" - Lk 15,5 (s.u.).

1b. Rezitativ. Lk 15,5 (s.u.) - Phl 1,23 "Ich habe Lust abzuscheiden, und bey Christo zu seyn" (vgl. Satz 7) - 2 Ko 5,4.8 "Wir wolten lieber nicht entkleidet, sondern überkleidet werden, auf daß das Sterbliche würde verschlungen von dem Leben ... Wir haben vielmehr Lust ausser dem Leib zu wallen" - Sir 14,18 "Alles Fleisch verschleust wie ein Kleid, denn es ist der alte Bund: Du must sterben" - 1 Mo 3,19 "... bis daß du wieder zur Erden werdest."

1c. Choral. Siehe 125/1.

2. Rezitativ. Jes 38,1 "<u>Bestelle</u> dein <u>Haus</u>" - Off 18,2f. "Sie ist gefallen, <u>Babylon</u>, die grosse ... Ihre Kaufleute sind reich worden von ihrer grossen <u>Wollust</u>."

3. Choral. Gal 1,4 "... daß Er uns errettete von dieser gegenwärtigen <u>argen Welt</u>" (vgl. 1 Jh 5,19) - Jh 16,8 "Wenn derselbige kommt, der wird die <u>Welt</u> strafen, um die <u>Sünde</u>" - Lk 6,23 "Euer <u>Lohn</u> ist groß <u>im</u> <u>Himmel</u>."

4. Rezitativ.

5. Arie.

6. Rezitativ. Heb 11,1 "Es ist aber der <u>Glaub</u> eine <u>gewisse</u> Zuversicht" - Eph 2,18 "Durch Ihn <u>haben</u> wir den <u>Zugang</u> ... <u>zum</u> <u>Vater</u>" (vgl. Eph 3,12) - Off 14,13 "Selig sind die <u>Todten</u> ... Sie <u>ruhen</u> von ihrer Arbeit" - Heb 4,1 "Die <u>Verheissung</u>, einzu<u>kommen zu</u> seiner <u>Ruh</u> ..." (vgl. Satz 1c) - Hes 34,12 "Wie <u>ein Hirt seine Schafe suchet</u>, ... also will Ich meine <u>Schafe</u> <u>suchen</u>" - Lk 15,4f. "Welcher Mensch ist unter euch, der hundert <u>Schafe</u> hat, und so er der eines <u>verleuret</u>, der nicht ... hingehe nach dem <u>verlohrnen</u>, bis daß ers <u>finde</u>? Und wenn ers <u>funden</u> hat, so leget ers auf seine Achseln <u>mit Freuden</u>" (vgl. die Sätze 1a-c und 7) - Eph 4,15f. "Das <u>Haupt</u> ... Christus, aus welchem ... ein <u>Glied</u> am andern hanget..." - Off 20,6 "<u>Selig</u> ist ..., der Theil hat an der ersten <u>Auferstehung</u>" - Lk 7,14 (EV) "Jüngling, Ich sage dir, <u>stehe auf</u>."

7. Choral. Rö 6,4 "Gleichwie Christus ist auferwecket <u>von</u> den <u>Todten</u> ..., also sollen wir auch in einem neuen <u>Leben</u> wandeln" - Ps 55,5 "... des <u>Todes Furcht</u>" - Jh 12,26 "<u>Wo</u> Ich bin, <u>da</u> soll mein <u>Diener</u> auch seyn" (vgl. Satz 3) - Jh 17,24 "Vater, Ich will, daß <u>wo</u> Ich bin, auch die <u>bey</u> Mir seyn, die Du Mir gegeben hast" (vgl. 1 Th 4,17) - Lk 15,5 (s.o.).

Anm. zu Satz 7: Die übliche Leseart "Mein höchster Trost dein Auffahrt ist" wird hier abgewandelt zu "Dein letztes Wort mein Auffahrt ist" - vielleicht veranlaßt durch Jesu an den Toten gerichtetes "letztes Wort" im EV: "Stehe auf."

8 Liebster Gott, wenn werd ich sterben?

1. Choral. Ps 31,11 "Mein Leben hat abgenommen für Trübnis, und <u>meine Zeit</u> für Seufzen" (vgl. V.16) - 1 Mo 3,17.19 "Und zu <u>Adam</u> sprach Er: ... Im Schweiß deines Angesichts solt du dein Brod essen, bis daß du wieder zur <u>Erden werdest</u>" - Jh 5,35 "<u>Eine kleine Weil</u> ..." - Ps 40,18 "Ich bin <u>arm und elend</u>."

2. Arie. 1 Jh 2,18 "... die <u>letzte Stund</u>."

3. Rezitativ. Sir 40,2 "Da ist immer <u>Sorg, Furcht</u> ..." - Sir 23,23 "Ein unkeuscher Mensch hat keine <u>Ruh</u> an seinem <u>Leib</u>" - Apg 15,10 "... mit <u>Auflegung des Jochs.</u>"

4. Arie. Mk 3,13 "(JEsus) <u>rief</u> zu Sich, welche Er wolte; und die <u>giengen</u> hin zu Ihm" - Phl 3,21 "... welcher unsern nichtigen Leib <u>verklären</u> wird, daß er ähnlich werde seinem <u>verklärten</u> Leib" (vgl. 2 Ko 3,18).

5. Rezitativ. Hi 2,5 "Taste seine <u>Gebein und Fleisch</u> an" - Off 2,9 "Ich weiß ... deine <u>Armut</u> (du bist aber <u>reich)</u>" - Klg 3,22f. "Seine Barmherzigkeit hat noch kein Ende, sondern sie ist <u>alle Morgen neu</u>, und deine <u>Treu</u> ist groß."

6. Choral. Lk 7,12.14f. (EV) "Da trug man einen <u>Todten</u> heraus ... Und Er sprach: Jüngling, Ich sage dir, stehe auf! Und der <u>Todte</u> richtete sich auf" - Ps 31,2 "Laß mich <u>nimmermehr zu Schanden werden</u>" (vgl. Ps 71,1).

27 Wer weiß, wie nahe mir mein Ende?

1. Choral und Rezitativ. Sir 11,19 "Er <u>weiß</u> nicht, daß sein Stündlein so <u>nah</u> ist" - Heb 8,13 "Was aber alt ... ist, das ist <u>nahe</u> bey seinem <u>Ende</u>" - 1 Mo 47,9 "Die <u>Zeit</u> meines Lebens ... langet nicht an die <u>Zeit</u> meiner Väter, in ihrer <u>Wallfahrt</u>!" - 2 Ko 11,23 "Ich bin ... oft in <u>Todes-Nöthen</u> gewesen" - Kol 1,3 "Wir ... <u>beten allezeit</u>" - Eph 2,13 "... <u>durch</u> das <u>Blut Christi</u>" - 4 Mo 23,10 "<u>Mein Ende</u> werde, wie dieser <u>Ende.</u>"

2. Rezitativ. Ps 39,5 "HERR, lehre doch mich, daß ... <u>mein Leben</u> ein <u>Ziel</u> hat" - Off 14,13 "<u>Selig sind die Todten, die in dem HErrn sterben</u>" - 1 Pt 1,4f. "... <u>Erbe, das behalten wird im Himmel</u> euch, die ihr ... durch den <u>Glauben</u> bewahret werdet zur <u>Seligkeit</u>" (vgl. die Sätze 4 und 5) - Heb 1,14 "... die <u>ererben</u> sollen die <u>Seligkeit</u>" - Eph 3,17 (EP) "... und Christum zu wohnen durch den <u>Glauben</u> in euren Herzen" - 1 Pt 3,15 "Seyd aber <u>allezeit bereit</u>" - Ps 90,17 "... <u>das Werk</u> unserer <u>Hände.</u>"

3. Arie. 2 Mo 9,14 "... <u>alle meine Plage.</u>"

4. Rezitativ. Phl 1,23 "<u>Ich habe Lust abzuscheiden</u>, und bey Christo zu seyn" - Off 21,9 "Ich will dir das Weib zeigen, die Braut des <u>Lamms</u>" - Off 7,17 "Das <u>Lamm</u> ... wird sie <u>weiden</u>" - Ps 55,7 "O hätte ich <u>Flügel</u> wie Tauben."

5. Arie. Apg 20,10 "Machet kein <u>Getümmel</u>" - Pr 5,1 "<u>GOtt ist im Himmel</u>, und du auf Erden."

6. Choral. Ps 6,7 "<u>Ich bin so müd</u> von Seufzen" - Jes 32,18 "... daß mein Volk in Häusern des <u>Friedes</u> wohnen wird, ... und in <u>stolzer Ruhe</u>" - 2 Ko 5,1 "... ein Haus ..., das <u>ewig</u> ist, im <u>Himmel</u>" - Jak 4,1 "Woher kommt <u>Streit und Krieg</u> unter euch?" - Rö 8,20 "... sintemal die Creatur unterworfen ist der Eitelkeit" - Rö 15,13 "GOTT ... erfülle euch mit aller Freude und Friede."

TRINITY 17   SIEBZEHNTER SONNTAG
                                       NACH TRINITATIS
EP Eph 4,1-6
EV Lk 14,1-11

148 Bringet dem Herrn Ehre seines Namens

1. Chor. = Ps 29,2 (vgl. Ps 96,8f.).

2. Arie. Ps 93,5 "Dein Wort ist eine rechte Lehre, Heiligkeit ist die Zierde deines Hauses ewiglich."

3. Rezitativ. Ps 42,2 "Wie der Hirsch schreyet nach frischem Wasser, so schreyet meine Seele, GOtt, zu Dir" - Lk 14,3 (EV) "Ists auch recht auf den Sabbath heilen?" (vgl. V.5) - 2 Mo 20,8 "Gedenke des Sabbath-Tags, daß du ihn heiligest" - Ps 22,26 "Dich will ich preisen in der grossen Gemeine" - Ps 1,5 "... in der Gemeine der Gerechten" - Ps 84,2 "Wie lieblich sind deine Wohnungen" - Eph 4,6 (EP) "GOtt ..., der da ist ... in euch allen" - Jh 14,10 "Glaubest du nicht, daß Ich im Vater, und der Vater in Mir ist? ... Der Vater aber, der in Mir wohnet, derselbige thut die Werke" (vgl. die Sätze 4 und 5).

4. Arie. Jh 14,10 (s.o.) - 1 Ko 13,7 "(Die Liebe) glaubet alles, sie hoffet alles, sie dultet alles."

5. Rezitativ. 1 Jh 4,16 "Wer in der Liebe bleibet, der bleibet in GOtt, und GOtt in ihm" (vgl. Jh 6,56; 15,4) - Eph 4,1.3 (EP) "Wandelt, wie sichs gebühret ..., zu halten die Einigkeit im Geist" - Gal 5,18 "Regieret euch aber der Geist, so seyd ihr nicht unter dem Gesetz" - Rö 8,18 "... daß dieser Zeit Leiden der Herrlichkeit nicht werth sey ..." - Lk 14,3 (EV, s.o.) - 3 Mo 16,31 "Darum solls euch der gröste Sabbath seyn."

6. Choral. 1 Ko 15,30 "... alle Stunden" - Phl 1,8 "... von Herzen-Grund" - Ps 31,4 "Um deines Namens willen wollest Du mich leiten" - 2 Th 1,12 "... daß an euch gepriesen werde der Name unsers HErrn JEsu Christi."

114 Ach lieben Christen, seid getrost

1. Choral. 5 Mo 31,6 "Seyd getrost und unverzagt" - Hos 12,3 "Darum wird der HERR ... Jacob heimsuchen."

2. Arie. Ps 84,7 "Die durch das Jammerthal gehen ..." - Lk 23,46
"Vater, Ich befehle meinen Geist in deine Hände!" - Jh 13,3 "... wuste
JESUS, daß Ihm der Vater hatte alles in seine Hände gegeben" - Eph 4,6
(EP) "Ein GOtt und Vater unser aller ...."
3. Rezitativ. Eph 4,2 (EP) "(Wandelt) mit Geduld" - Hi 15,16 "... der
Unrecht säuft, wie Wasser" - Lk 14,2.11 (EV) "Sihe, da war ein Mensch
vor Ihm, der war wassersüchtig ... Wer sich selbst erhöhet, der soll
erniedriget werden" - Spr 14,34 "Die Sünde ist der Leute Verderben" (vgl.
Rö 5,16f.) - 1 Mo 3,5f. "Welches Tages ihr davon esset, so werden eure
Augen aufgethan, und werdet seyn wie GOtt ... (Sie) nahm von der Frucht
und aß, und gab ihrem Mann auch davon, und er aß" - Jes 14,14f. "Ich
will über die hohen Wolken fahren, und gleich seyn dem Allerhöchsten.
Ja, zur Höllen fährest du" - Off 14,13 "Selig sind die Todten, die in dem
HErrn sterben."
4. Choral. Jh 12,24 "Es sey denn, daß das Weitzen-Korn in die Erde
falle, und ersterbe, so bleibets allein: Wo es aber erstirbet, so bringets viel
Früchte" - Hi 42,6 "... im Staub und Aschen" - Jh 14,2.12 "Ich gehe hin,
euch die Stätte zu bereiten ... Ich gehe zum Vater."
5. Arie. 1 Mo 25,32 "Ich muß doch sterben" - Lk 2,29f. "(Simeon
sprach:) HErr, nun lässest Du deinen Diener im Friede fahren... Denn
meine Augen haben deinen Heiland gesehen" - Phl 3,20f. "Wir ... warten
des Heylandes ..., welcher unsern nichtigen Leib verklären wird."
6. Rezitativ. 1 Ko 6,13 "Der Leib ... dem HERRN" - Rö 6,13 "Begebet
... eure Glieder GOtt" - Jh 14,21 "Ich werd ihn lieben, und Mich ihm
offenbaren."
7. Choral. 1 Th 5,10 "... auf daß, wir wachen oder schlafen, zugleich
mit Ihm leben sollen" - Rö 14,8 "Wir leben oder sterben, so sind wir des
HERRN" - Apg 2,38 "Lasse sich ein jeglicher taufen auf den Namen JEsu
Christi" - Eph 4,5 "Ein HERR, ein Glaub, ein Tauf ..." - Rö 5,12.14f "Wie
durch einen Menschen die Sünde ist kommen in die Welt, und der Tod
durch die Sünde ... der Tod herrschete von Adam an ... so ist vielmehr
GOttes Gnad ... reichlich widerfahren, durch JESUM Christ."

47 Wer sich selbst erhöhet, der soll erniedriget werden

1. Chor. = Lk 14,11 (EV) - Vgl. Lk 18,14.
2. Arie. Eph 4,2 (EP) "(Wandelt) mit aller Demut" - 1 Pt 5,5 "Haltet
vest an der Demut. Denn GOtt widerstehet den Hoffärtigen, aber den
Demütigen gibt Er Gnade" (vgl. Jak 4,6) - Spr 21,4 "Hoffärtige Augen und
stolzer Muth ... ist Sünde" - Dan 4,34 "Wer stolz ist, den kan Er
demütigen."

3. Rezitativ. Klg 3,45 "Du hast uns zu Koth ... gemacht" - 1 Sm 13,4
"Israel stank ..." - 1 Mo 18,27 "... wiewol ich Erd und Asche bin" - Ps 10,2
"Weil der Gottlose Ubermut treibet, muß der Elende leiden" - Gal 3,1
"Wer hat euch bezaubert ...?" - Off 4,11 "Du hast alle Dinge geschaffen" -
Phl 2,8 "(JEsus Christus) nidrigte Sich Selbst" - Heb 12,2 "JEsus ...
erdultete ... das Creutz" - Ps 22,7 "Ich aber bin ein Wurm" - Ps 73,7 "Ihre
Person brüstet sich wie ein fetter Wanst" - Off 2,5 "Thue Buß" - Lk 14,11
(EV, s.o.) - 1 Pt 5,6 "Demütiget euch nun unter die gewaltige Hand
GOttes, daß Er euch erhöhe zu seiner Zeit" (vgl. Satz 4).

4. Arie. 1 Pt 5,6 (s.o.) - 2 Mo 3,19 "... durch eine starke Hand" - 5 Mo
32,22 "Feuer ... wird brennen bis in die unterste Höll" - Jes 14,12.15 "Wie
bist du vom Himmel gefallen, du schöner Morgenstern? ... Ja, zur Höllen
fährest du" - Eph 4,2 (EP, s.o.) - Jak 4,10,16 "Demütiget euch vor GOTT,
so wird Er euch erhöhen ... Nun aber rühmet ihr euch in eurem
Hochmut" - Lk 14,11 (EV, s. Satz 1).

5. Choral. Lk 14,10 (EV) "Setze dich unten an ... denn wirst du Ehre
haben" - 2 Ko 4,18 "Was sichtbar ist, das ist zeitlich; was aber unsichtbar
ist, das ist ewig" - Apg 20,28 "... die Gemeine GOttes, welche Er durch
sein eigen Blut erworben hat" - Sir 41,1 "O Tod! wie bitter bist du" - Jh
20,28 "Mein HErr und mein GOtt!"

TRINITY 18   ACHTZEHNTER SONNTAG
                                              NACH TRINITATIS
EP 1 Ko 1,4-9
EV Mt 22,34-46

96 Herr Christ, der einge Gottessohn

1. Choral. Mt 22,42 (EV) "Wie dünket euch um Christo? Weß Sohn
ist Er?" - Jh 1,14 "... eine Herrlichkeit als des eingebornen Sohns vom
Vater" - Off 22,16 "Ich bin die Wurzel des Geschlechts Davids, ein heller
Morgenstern" (vgl. 2 Pt 1,19) - Heb 1,2f. "... hat Er am letzten in diesen
Tagen zu uns geredt durch den Sohn, ... welcher ... ist der Glanz seiner
Herrlichkeit" (vgl. Satz 2) - 1 Ko 15,41 "Ein Stern übertrift den andern,
nach der Klarheit."

2. Rezitativ. Jh 3,16 "Also hat GOtt die Welt geliebet, daß Er seinen
eingebornen Sohn gab" (vgl. Satz 1) - Heb 1,2f. (s.o.) - Lk 11,27 "Selig ist
der Leib, der Dich getragen hat" - Mt 22,43 (EV) "Wie nennet Ihn denn
David im Geist einen HErrn?" - Lk 1,28 "... du Gebenedeyte unter den
Weibern!" - Off 3,7 "... der da hat den Schlüssel David, der aufthut, und
niemand zuschleust, der zuschleust, und niemand aufthut" (vgl. Jes 22,22).

3. Arie. Hos 11,4 "Ich ließ sie ... in <u>Seilen der Liebe</u> gehen" - 2 Ko 4,6
"... daß durch uns entstünde die <u>Erleuchtung</u> von der <u>Erkäntnis</u> der
Klarheit GOttes" - Mt 5,6 "Selig sind, die da hungert und <u>dürstet nach</u> der
Gerechtigkeit" (vgl. Off 22,17).

4. Rezitativ. Mt 21,32 "... den <u>rechten Weg</u>" - Rö 8,6 "<u>Fleischlich</u>
<u>gesinnt</u> seyn ist der Tod" - Ps 119,67.176 "Ehe ich gedemütiget ward, <u>irrte</u>
<u>ich</u> ... Ich bin wie ein <u>verirret</u> und verlohren Schaf" (vgl. Satz 5) - Ps 32,8
"Ich will dich <u>mit</u> meinen <u>Augen leiten</u>."

5. Arie. Ps 119,176 (s.o.) - Mt 14,30 "Da erschrak er, und hub an zu
<u>sinken</u>" - 1 Mo 28,17 "Hie ist die <u>Pforte</u> des <u>Himmels</u>."

6. Choral. Siehe 132/6.

169 Gott soll allein mein Herze haben

1. Sinfonia.

2. Arioso und Rezitativ. Mt 22,37 (EV) "<u>Du solt lieben GOtt</u> deinen
HErrn von ganzem <u>Herzen</u>" (vgl. 5 Mo 6,5) - Mt 4,10 "<u>Du solt ... GOtt ...</u>
<u>allein</u> dienen" (vgl. 5 Mo 6,13) - 1 Jh 2,15 "Habt nicht <u>lieb</u> die <u>Welt</u>" - Ps
74,15 "Du lässest <u>quellen</u> Brunnen und <u>Bäche</u>" - Jer 2,13 "Mich, die
lebendige <u>Quelle</u>, verlassen sie."

3. Arie. Mt 22,37 (EV, s.o.) - Mt 4,10 (s.o.) - Eph 5,16 "Es ist <u>böse Zeit</u>"
- Ps 36,9 "Sie werden trunken von den reichen <u>Gütern</u> deines <u>Hauses</u>."

4. Rezitativ. Off 3,7 "... der da hat den Schlüssel David, der <u>aufthut</u>,
und niemand zuschleust, der <u>zuschleust</u>, und niemand aufthut" - 2 Kö 2,11
"Da kam ein feuriger <u>Wagen</u>, ... und <u>Elia</u> fuhr also im Wetter gen
<u>Himmel</u>" - Lk 16,22 "Der Arme starb, und ward <u>getragen</u> von den Engeln
in Abrahams Schos."

5. Arie. Mt 22,37 (EV, s.o.) - 1 Jh 2,15f. "So jemand die <u>Welt lieb</u> hat,
in dem ist nicht die <u>Liebe</u> des Vaters. Denn <u>alles</u>, was in der <u>Welt</u> ist,
nemlich des <u>Fleisches</u> Lust, und der <u>Augen Lust</u>, und <u>hoffärtiges</u> Leben,
ist nicht vom Vater, sondern von der <u>Welt</u>."

6. Rezitativ. Mt 22,39 (EV) "<u>Du solt</u> deinen <u>Nechsten lieben</u>, als dich
selbst" (vgl. 3 Mo 19,18).

7. Choral. 1 Pt 1,22 "Habt euch untereinander <u>brünstig lieb</u> aus
reinem <u>Herzen</u>" (vgl. Jh 13,14) - Rö 12,10f.16 "Die brüderliche <u>Liebe</u> unter
einander sey <u>herzlich</u> ... Seyd <u>brünstig</u> im Geist... Habt <u>einerley Sinn</u>."

TRINITY 19   NEUNZEHNTER SONNTAG
                                           NACH TRINITATIS

EP Eph 4,22-28
EV Mt 9,1-8

48 Ich elender Mensch, wer wird mich erlösen
   1. Chor (mit instr. Choral "Herr Jesu Christ, ich schrei zu dir"). = Rö
7,24.
   2. Rezitativ. Mt 9,2 (EV, s.u.) - Eph 4,26 (EP) "Zürnet und <u>sündiget</u>
nicht" - Ps 73,26 "Wenn mir gleich <u>Leib</u> und <u>Seel</u> verschmacht ..." - Rö
7,24 (s. Satz 1) - Mt 26,39 "Ists müglich, so gehe dieser <u>Kelch</u> von Mir."
   3. Choral. Jh 16,8 "... der wird die Welt <u>strafen</u>, um die <u>Sünde</u>" - Mal
3,17 "Ich will ihr <u>schonen</u>, wie ein Mann seines Sohns <u>schonet</u>."
   4. Arie. 1 Mo 19,24 "Da ließ der HErr Schwefel und Feuer regnen...
auf <u>Sodom</u> und Gomorra" - Rö 7,23 "... der <u>Sünden</u> Gesetz, welches ist in
meinen <u>Gliedern</u>" - Mal 3,17 (s.o.) - Ps 24,3f. "Wer wird stehen an seiner
<u>heiligen</u> Stätte? Der ... <u>reines</u> Herzens ist."
   5. Rezitativ. Ps 88,11 "Wirst Du denn <u>unter den Todten Wunder</u>
<u>thun</u>?" - Lk 5,17f. (EV-Par.) "Und die <u>Kraft</u> des HERRN gieng von Ihm ...
Und sihe, etliche Männer brachten einen ..., der war gichtbrüchig" - Mt
4,24 "<u>Er machte</u> sie alle <u>gesund</u>" - 1 Ti 1,12 "Ich danke unserm HErrn
Christo JEsu, der mich hat <u>stark gemacht</u>."
   6. Arie. Mt 9,2 (EV) "Da nun <u>JEsus</u> ihren <u>Glauben</u> sahe, sprach Er zu
dem Gichtbrüchigen: Sey <u>getrost</u>, ... deine <u>Sünde</u> sind dir <u>vergeben</u>" (vgl.
Satz 7) - Jh 5,21 "Wie der Vater die <u>Todten</u> auferwecket, und <u>machet</u> sie
<u>lebendig</u>, also auch der Sohn <u>machet lebendig</u>, welche Er will" (vgl. Rö
4,17) - 2 Ko 12,9 "Meine <u>Kraft</u> ist <u>in den Schwachen</u> mächtig" - Dan 9,4
"<u>GOtt!</u> der Du <u>Bund</u> und Gnade <u>hältest</u>" - Ps 3,9 "Bey dem HERRN <u>findet</u>
man <u>Hülfe</u>."
   7. Choral. Mt 9,2 (EV, s.o.) - Jes 45,22 "<u>Wendet</u> euch <u>zu</u> Mir" - 2 Ko
1,5 "Gleichwie wir des <u>Leidens</u> Christi viel haben; also werden wir auch
reichlich <u>getröstet</u> durch <u>Christum</u>" - Jer 2,19 "... <u>Jammer</u> und <u>Herzeleid</u>" -
Mt 6,10 "<u>Dein Will</u> gescheh" - Ps 119,94 "<u>Ich bin Dein</u>."

5 Wo soll ich fliehen hin
   1. Choral. Ps 139,7 "<u>Wo soll ich hinfliehen</u> vor deinem Angesicht?" -
Mt 9,2 (EV, s.u.) - Eph 4,26 (EP) "Zürnet und <u>sündiget</u> nicht" - Ps 107,6 "...
und Er sie <u>errettet</u> aus ihren <u>Aengsten</u>."

2. Rezitativ. 2 Ko 7,1 "Lasset uns von aller <u>Befleckung</u> des Fleisches und des <u>Geistes</u> uns reinigen" - Sa 13,2 "Zu der Zeit ... will Ich ... die <u>unreinen</u> Geister aus dem Land <u>treiben</u>" - 2 Mo 15,6 "Deine rechte Hand <u>thut grosse Wunder!</u>" - Jes 53,5 "Durch seine <u>Wunden</u> sind wir geheilet" - Mi 7,19 "Er wird ... alle unsere <u>Sünde</u> in die Tiefe des <u>Meers</u> werfen" - 1 Jh 1,7 "Das <u>Blut JESU</u> Christi ... <u>machet</u> uns <u>rein</u> von aller <u>Sünde</u>" (vgl. die Sätze 4 und 6) - Eph 5,27 "... eine Gemeine, ... die nicht hab einen <u>Flecken.</u>"

3. Arie. Off 1,5 "... der uns geliebet hat, und <u>gewaschen</u> von den <u>Sünden</u> mit seinem <u>Blut</u>" (vgl. Off 7,14; Ps 51,4) - Eph 5,27 (s.o.).

4. Rezitativ. (mit instr. Choral "Wo soll ich fliehen hin"). Ps 85,5 "<u>Tröste</u> uns, GOtt, unser <u>Heiland</u>" - Mt 9,2 (EV) "Da nun JEsus ihren <u>Glauben</u> sahe, sprach Er zu dem Gichtbrüchigen: Sey <u>getrost,</u> ... deine <u>Sünde</u> sind dir vergeben" - Jh 8,36 "So euch nun der Sohn <u>frey machet,</u> so seyd ihr recht <u>frey</u>" - 1 Jh 1,7 (s.o.) - Off 12,11 "<u>Sie</u> haben ihn <u>überwunden</u> durch des Lammes <u>Blut.</u>"

5. Arie. Mk 4,39 "<u>Schweige</u> und <u>verstumme!</u>"

6. Rezitativ. 1 Jh 1,7 (s.o.) - 1 Jh 5,19 "Wir wissen, daß ... <u>die ganze Welt</u> ligt im Argen" - 1 Jh 2,2 "(JEsus Christus) ist die Versöhnung für unsere <u>Sünde</u> ... auch für die der <u>ganzen Welt</u>" - Off 21,7 "Wer <u>überwindet,</u> der wird alles <u>ererben</u>" (vgl. Satz 4).

7. Choral. Phl 4,7 "Der Friede GOttes ... bewahre eure <u>Herzen und Sinne</u>" - Ps 143,10 "<u>Dein</u> guter <u>Geist führe</u> mich auf ebener Bahn!" - Rut 1,17 "Der Tod muß <u>mich und dich scheiden</u>" - 1 Ko 12,27 "Ihr seyd aber der <u>Leib</u> Christi, und <u>Glieder</u>" (vgl. Rö 12,5; Eph 5,30) - Eph 4,25 (EP) "... sintemal wir untereinander <u>Glieder</u> sind."

56 Ich will den Kreuzstab gerne tragen

1. Arie. Jh 19,16f. "Sie nahmen aber JEsum, und führten Ihn hin. Und Er <u>trug</u> sein <u>Creutz</u>" - Lk 14,27 "Wer nicht sein <u>Creutz</u> <u>trägt</u> und Mir nachfolget, der kan nicht mein Jünger seyn" - Hes 20,6 "... daß Ich sie <u>führte</u> ... <u>in</u> ein <u>Land,</u> das Ich ihnen vesehen hatte, das mit Milch und Honig fleusst" - Jes 25,8 "Der HErr HErr wird <u>die Threnen</u> von allen Angesichten <u>abwischen</u>" (vgl. Off 7,17; 21,4).

2. Rezitativ. Apg 27,10 "Ich sehe, daß die <u>Schif-Fahrt</u> will mit Beleidigung, und grossen Schaden ergehen" - Mt 14,24 "Das <u>Schif</u> ... litte <u>Noth</u> von den <u>Wellen</u>" - Mt 8,24 "... also, daß auch das <u>Schiflein</u> mit <u>Wellen bedeckt</u> ward" (vgl. Satz 5) - Mt 26,38 "Meine Seele ist <u>betrübt</u> bis an den <u>Tod</u>" - Heb 6,18f "... Hofnung, welche wir haben als einen sichern und vesten <u>Anker</u> unserer Seelen" - Klg. 3,32f. "Er <u>betrübet</u> wol, und

erbarmet sich wieder ... Denn Er nicht von Herzen die Menschen plaget"
(vgl. Satz 1) - Jes 43,5 "Ich bin bey dir" - Heb 13,5 "Ich will dich nicht
verlassen noch versäumen" - Mt 9,1 (EV) "Da trat Er in das Schif, und fuhr
wieder herüber, und kam in seine Stadt" - Off 21,2 "Und ich ... sahe die
heilige Stadt ... aus dem Himmel herab fahren" (vgl. Heb 12,22) - Off 7,14
"Diese sinds, die kommen sind aus grossem Trübsal."
   3. Arie. Mt 11,29 "Nehmet auf euch mein Joch" (vgl. Klg 3,27) - Jes
40,31 "Die auf den HErrn harren, kriegen neue Kraft, daß sie auffahren
mit Flügeln, wie Adler, daß sie laufen, und nicht matt werden."
   4. Rezitativ und Arioso. Heb 9,15 "... daß ... die, so beruffen sind, das
verheissene ewige Erb empfangen" - Heb 1,14 "... die ererben sollen die
Seligkeit" - Ps 84,3 "Meine Seele verlanget und sehnet sich" - Off 14,13
"Selig sind die Todten ... Sie ruhen von ihrer Arbeit" (vgl. Satz 5) - Jes 25,8
(s.o.).
   5. Choral. Sir 41,3 "O Tod! wie wol thust du dem Dürftigen" (vgl. Satz
4) - Jh 11,11.13 "Lazarus, unser Freund, schläft ... JEsus aber sagte von
seinem Tod; sie meinten aber, Er redet vom leiblichen Schlaf" - Lk 14,23
"Nöthige sie herein zu kommen."

TRINITY 20   ZWANZIGSTER SONNTAG
                                              NACH TRINITATIS
EP Eph 5,15-21
EV Mt 22,1-14

162 Ach! Ich sehe, itzt, da ich zur Hochzeit gehe

   1. Arie. Mt 22,2 (EV) "Das Himmelreich ist gleich einem König, der
seinem Sohn Hochzeit machte" (vgl. Satz 2) - Mt 25,10 "Welche bereit
waren, giengen mit ihm hinein zur Hochzeit" - Jh 6,35 "Ich bin das Brod
des Lebens: Wer zu Mir kommt, den wird nicht hungern" (vgl. Satz 3) - Jer
21,8 "Sihe, Ich lege euch vor den Weg zum Leben, und den Weg zum
Tod" (vgl. 5 Mo 11,26) - Dan 12,3 "... des Himmels Glanz" - Lk 16,23f.
"Als er nun in der Höll und in der Qual war, ... rief (er) und sprach: ... Ich
leide Pein in dieser Flamme!"
   2. Rezitativ. Mt 22,3-5 (EV) "... und sandte seine Knechte aus, daß sie
den Gästen zur Hochzeit ruften ... Sihe, meine Mahlzeit hab ich bereit, ...
mein Mastvieh ist geschlachtet und alles bereit ... Aber sie verachteten
das" - Ps 8,5 "Was ist ... des Menschen Kind, daß Du Dich sein
annimmest?" - Hos 2,21 "Ich will Mich mit dir verloben in Ewigkeit; Ich
will Mich mit dir vertrauen" - Kol 2,23 "... und dem Fleisch nicht seine
Ehre thun" - Apg 7,49 "Der Himmel ist mein Stul und die Erde meiner

Füsse Schämel" (vgl. Jes 66,1) - Jer 2,2 "Ich gedenke, da du ... eine <u>liebe</u> <u>Braut</u> warest" (vgl. Hl 4,9) - Hl 1,1 "Er <u>küsse</u> mich mit dem <u>Kuß</u> seines Mundes" - Lk 1,45 "O <u>selig</u> bist du! die du <u>geglaubt</u> hast."

3. Arie. Jh 4,14 "... ein <u>Brunn</u> des Wassers ..., das in das ewige Leben <u>quillet</u>" - Ps 68,11 "Du <u>labest</u> die <u>Elenden</u>" - Mt 22,14 (EV) "Viel sind <u>beruffen</u>" - Mt 11,28 "Kommet her zu Mir alle, die ihr ... <u>beladen</u> seyd, Ich will euch <u>erquicken</u>" - Jh 6,35 (s.o.).

4. Rezitativ. Mt 22,12f. (EV) "Wie bist du herein kommen, und hast doch kein <u>hochzeitlich Kleid</u> an? ... <u>Werfet</u> ihn in das Finsternis hinaus" - 1 Ko 11,27.29 "Welcher nun <u>unwürdig</u> von diesem Brod isset ..., der isset ... ihm selber das <u>Gericht</u>" - Jes 61,10 "Ich <u>freue</u> mich <u>im</u> HERRN ... Denn Er hat mich <u>angezogen</u> mit <u>Kleidern</u> des <u>Heils</u>, und mit dem <u>Rock</u> der <u>Gerechtigkeit</u> gekleidet, wie ... mit Priesterlichen <u>Schmuck</u> gezieret" (vgl. die Sätze 5 und 6) - 1 Jh 1,7 "Das <u>Blut JESU</u> Christi ... machet uns <u>rein</u> von aller Sünde" (vgl. Heb 9,14) - Off 19,9 "Selig sind, die zum Abend<u>mal des Lamms</u> berufen sind" - Lk 14,24 "... der Männer keiner, die geladen sind, mein Aben<u>mahl schmecken</u> wird."

5. Arie. Jes 61,10 (s.o.) - Jes 49,8 "Ich habe dich erhört zur <u>gnädigen Zeit</u>" - Off 6,11 "Ihnen wurde <u>gegeben</u>, einem jeglichen ein <u>weiß Kleid</u>" - Off 7,9 (s.u.).

6. Choral. Ps 150,2 "Lobet Ihn in seiner <u>grossen Herrlichkeit!</u>" - Jes 61,10 (s.o.) - Off 7,9 "Sihe, eine grosse Schaar ... <u>vor</u> dem Stul <u>stehende</u>, ... angethan mit <u>weissen Kleidern</u>" - Klg 5,15f. "Unsers Herzens <u>Freude</u> hat ein <u>Ende</u> ... Die <u>Kron</u> unsers Haupts ist abgefallen" - 1 Pt 5,4 "... so werdet ihr ... die unverwelkliche <u>Kron</u> der <u>Ehren</u> empfahen" - Jes 35,10 "Ewige <u>Freude</u> wird über ihrem Haupt seyn."

180 Schmücke dich, o liebe Seele

1. Choral. Jes 52,1 "<u>Schmücke dich herrlich</u>" - Lk 12,19 "... <u>liebe Seel</u>" - Sir 17,21 "<u>Laß</u> dein <u>sündlich</u> Leben" - 2 Ko 6,2 "<u>Jetzt</u> ist der Tag des Heils" - Mt 22,9 (EV) "<u>Ladet</u> zur Hochzeit, wen ihr findet" - Jh 6,56 "Wer mein Fleisch isset, und trinket mein Blut, der bleibet in Mir, und Ich <u>in</u> ihm."

2. Arie. Lk 12,36 "... auf daß, wenn er kommt und an<u>klopfet</u>, sie ihm <u>bald</u> aufthun" - Off 3,20 "Sihe, Ich stehe vor der Thür, und <u>klopfe</u> an. So jemand meine Stimme hören wird, und die Thür aufthun, zu dem werd Ich eingehen, und das Abend<u>mahl</u> mit ihm halten, und er mit Mir" (vgl. Satz 3) - 2 Ko 12,4 "Er ward <u>entzücket</u> in das Paradiß, und hörte unaussprechliche <u>Wort</u>, welche kein Mensch <u>sagen</u> kan."

3. Rezitativ und Choral. Ps 36,8 "Wie theuer ist deine Güte, GOTT" - Mt 22,4 (EV) "Sihe, meine Mahlzeit hab ich bereit" - Rö 8,20f. "Sintemal die Creatur unterworfen ist der Eitelkeit ... Denn auch die Creatur frey werden wird ... zu der herrlichen Freyheit der Kinder GOttes" - Mt 5,6 "Selig sind, die da hungert und dürstet nach der Gerechtigkeit" - Jh 6,35 "JEsus aber sprach zu ihnen: Ich bin das Brod des Lebens: Wer zu Mir kommt, den wird nicht hungern, und wer an Mich glaubet, den wird nimmermehr dürsten" (vgl. Satz 7) - Jh 6,55 "Mein Blut ist der rechte Trank" - Apg 3,15 "Den Fürsten des Lebens habt ihr getödtet."

4. Rezitativ. Mt 28,8 "... mit Furcht und grosser Freud" - Kol 1,27 "... der herrliche Reichthum dieses Geheimnis ... welches ist Christus in euch" (vgl. Satz 1) - Jh 14,26 "Der Heilige Geist ... wirds euch alles lehren" (vgl. Lk 12,12) - Jh 15,13 "Niemand hat grössere Liebe, denn die, daß er sein Leben lässet für seine Freunde" (vgl. Eph 2,4).

5. Arie. Ps 27,1 "Der HERR ist mein Licht ... Der HERR ist meines Lebens Kraft" - Mt 8,26 "Ihr Kleingläubigen, warum seyd ihr so furchtsam?"

6. Rezitativ. 2 Th 3,3 "Der HErr ist treu" - 2 Ko 6,1 "... daß ihr nicht vergeblich die Gnade GOttes empfahet" - Eph 5,18 (EP) "Werdet voll Geistes."

7. Choral. Jh 6,35 (s.o.) - 2 Ko 6,1 (s.o.) - 1 Ko 11,29 "Welcher unwürdig isset und trinket, der isset und trinket ihm selber das Gericht" - Mt 22,9 (EV, s.o.) - Ps 119,19 "Ich bin ein Gast auf Erden."

49 Ich geh und suche mit Verlangen

1. Sinfonia.

2. Arie. Ps 25,1 "Nach Dir, HErr, verlanget mich" - Hl 5,2 "... meine Taube" - Hl 1,15 "Schön bist du, deine Augen sind wie Tauben-Augen" - Hl 4,8 "Komm, meine Braut" (vgl. V.9ff.) - Hl 6,1 "Wo ist denn dein Freund hingegangen, O du Schönste unter den Weibern? ... So wollen wir mit dir Ihn suchen."

3. Rezitativ und Arioso (Duett). Mt 22,4 (EV) "Sihe, meine Mahlzeit hab ich bereit ... Kommet zur Hochzeit" - Jh 3,29 "Wer die Braut hat, der ist der Bräutigam; der Freund aber ... freuet sich hoch über des Bräutigams Stimme" - Ps 25,1 (s.o.) - Hl 5,2; 1,15; 4,8 (s.o.) - Hl 1,2 "Er küsse mich mit dem Kuß seines Mundes" - Jes 25,6 "Der HErr Zebaoth wird allen Völkern machen auf diesem Berg ein fett Mahl" - Mt 22,11 (EV) "... und sahe allda einen Menschen, der hatte kein hochzeitlich Kleid an."

4. Arie. Jes 61,10 "GOTT ... hat mich angezogen mit Kleidern des Heils, und mit dem Rock der Gerechtigkeit gekleidet, wie einen Bräutigam ... und wie eine Braut" (vgl. die Sätze 3 und 5).

5. Rezitativ (Dialog). Rö 5,1 "Nun wir denn sind gerecht worden durch den Glauben ..." (vgl. Satz 4) - Hos 2,19 "Ich will Mich mit dir verloben in Ewigkeit; Ich will Mich mit dir vertrauen" - Mt 22,2f. (EV) "Das Himmelreich ist gleich einem König, der seinem Sohn Hochzeit machte, und sandte seine Knechte aus, daß sie den Gästen zur Hochzeit ruften, und sie wolten nicht kommen" - Off 2,10 "Sey getreu bis an den Tod, so will Ich dir die Krone des Lebens geben."

6. Arie und Choral. Jer 31,3 "Ich habe dich je und je geliebt, darum hab Ich dich zu Mir gezogen" - Off 22,13 "Ich bin das A und das O, der Anfang und das Ende" - Lk 23,43 "Heut wirst du mit mir im Paradiß seyn!" - Off 22,20 "Ich komme bald, Amen! Ja, komm, HErr JEsu!" - Off 3,20 "Ich stehe vor der Thür" - Jes 62,3 "Du wirst seyn eine schöne Kron" - 1 Th 2,19 "Wer ist unsere ... Freud, oder Kron des Ruhms ...?" - Ps 25,1 (s.o.).

TRINITY 21   EINUNDZWANZIGSTER SONNTAG
NACH TRINITATIS

EP Eph 6,10-17
EV Jh 4,47-54

109 Ich glaube, lieber Herr, hilf meinem Unglauben!

1. Chor. = Mk 9,24 - Vgl. Jh 4.48.50.53 (EV) "JEsus sprach zu ihm: Wenn ihr nicht Zeichen und Wunder sehet, so glaubet ihr nicht ... Der Mensch glaubte dem Wort, das JEsus zu ihm sagte ... Und er glaubte mit seinem ganzen Hause" - Eph 6,16 (EP) "Ergreifet den Schild des Glaubens."

2. Rezitativ. 4 Mo 11,23 "Ist denn die Hand des HErrn verkürzt?" - Ps 73,18 "Du ... stürzest sie zu Boden" - Jer 31,20 "Darum bricht Mir mein Herz gegen ihm" - Ps 22,20 "Eile mir zu helfen" - Jes 38,17 "Sihe, um Trost war mir sehr bang" - Ps 6,4 "Ach Du, HERR! Wie lang!"

3. Arie. Ps 51,19 "Ein geängstes und zerschlagen Herz ..." - Jes 42,3 "Das zerstossene Rohr wird Er nicht zerbrechen, und das glimmende Tocht wird Er nicht auslöschen" (vgl. Mt 12,20).

4. Rezitativ. 2 Ko 5,7 "Wir wandeln im Glauben, und nicht im Schauen."

5. Arie. 2 Ti 2,19 "Der HERR kennet die Seinen" - Gal 5,17 "Fleisch ... und ... Geist sind widereinander" - 1 Jh 5,4 "Unser Glaub ist der Sieg, der die Welt überwunden hat."

6. Choral. Ps 31,2 "HERR, auf Dich traue ich, laß mich nimmermehr zu Schanden werden" - Mt 7,24 "... der sein Haus auf einen Felsen baute" (vgl. Mt 16,18) - Ps 84,13 "Wol dem Menschen, der sich auf Dich verlässet" - 2 Ko 1,3 "... der GOtt alles Trostes."

38 Aus tiefer Not schrei ich zu dir

1. Choral. Ps 130,1-3 "Aus der Tieffen ruffe ich, HERR, zu Dir! HERR, höre meine Stimme, laß deine Ohren merken auf die Stimme meines Flehens! So Du wilt, HERR, Sünde zurechnen, HERR, wer wird bestehen?" - Ps 42,2 "Wie der Hirsch schreyet nach frischem Wasser, so schreyet meine Seele, GOtt, zu Dir" - Ps 4,1 "Erhöre mich, wenn ich ruffe, GOtt ..., der Du mich tröstest in Angst, sey mir gnädig, und erhöre mein Gebet!" (vgl. die Sätze 2 und 3) - Ps 86,1 "HERR, neige deine Ohren, und erhöre mich" - 1 Jh 3,4 "Wer Sünde thut, der thut auch Unrecht" - Ps 5,5 "Wer böß ist, bleibet nicht vor Dir."

2. Rezitativ. Ps 130,4 "Denn bey Dir ist die Vergebung, daß man Dich fürchte" - Mk 2,7 "Wer kan Sünde vergeben, denn allein GOtt?" - Eph 6,11.17 (EP) "... daß ihr bestehen könnet gegen die listigen Anläufe des Teufels .. Nehmet ... das Schwert des Geistes, welches ist das Wort GOttes" - Lk 16,15 "Was hoch ist unter den Menschen, das ist ein Greuel vor GOTT" - Rö 8,26 "Der Geist hilft unserer Schwachheit auf. Denn wir wissen nicht, was wir beten sollen" (vgl. Satz 4).

3. Arie. Ps 130,5 "Ich harre des HErrn, meine Seele harret, und ich hoffe auf sein Wort" - Ps 4,1 (s.o.) - Sir 2,6 "Vertraue GOTT."

4. Rezitativ (mit instr. Choral "Aus tiefer Not"). Jh 4,47f. 50.52 (EV) "Ein Königischer ... bat Ihn, daß Er hinab käme und hülfe seinem Sohn ... Und JEsus sprach zu ihm: Wenn ihr nicht Zeichen und Wunder sehet, so glaubet ihr nicht ... Gehe hin, dein Sohn lebet! Der Mensch glaubte dem Wort ... Da forschte er von ihnen die Stund, in welcher es besser mit ihm worden war" (vgl. Satz 2) - Mal 2,6 "Das Gesetz der Warheit war in seinem Mund" - Eph 6,14.16 (EP) "Stehet nun, umgürtet eure Lenden mit Warheit ... Ergreifet den Schild des Glaubens."

5. Terzett. Ps 130,6 "Meine Seele wartet auf den HErrn, von einer Morgenwach bis zur andern" - 2 Ko 1,4 "... daß wir auch trösten können, die da sind in allerley Trübsal" - Apg 12,6f.11 "In derselbigen Nacht schlief Petrus ..., gebunden mit zwo Ketten ... Und sihe, der Engel des HERRN kam daher ... Und die Ketten fielen ihm von seinen Händen ...

Und da Petrus zu ihm selber kam, sprach er: Nun weiß ich warhaftig, daß der HERR seinen Engel gesandt hat, und mich <u>errettet</u>."

6. Choral. Ps 130,7f. "<u>Israel</u> hoffe auf den HERRN, denn bey dem HERRN ist die <u>Gnade</u>, und viel <u>Erlösung</u> bey Ihm, und <u>Er wird Israel erlösen aus allen seinen Sünden</u>" - Rö 5,15 "So an eines <u>Sünde</u> viel gestorben sind, so ist <u>vielmehr GOttes Gnad</u> und Gab vielen reichlich widerfahren" - Jer 30,12 "Dein <u>Schade</u> ist verzweifelt böß" - Mk 2,7 (s.o.) - Ps 80,2 "Du <u>Hirt Israel</u>, höre" - Jh 10,12 "Ich bin ein <u>guter Hirt</u>."

98 Was Gott tut, das ist wohlgetan I

1. Choral. Jh 4,54 (EV) "Das ist nun das andere Zeichen, das JEsus <u>that</u>" - Hi 10,12 "Leben und <u>Wolthat</u> hast Du an mir <u>gethan</u>" - Ps 37,5-7 "Er wirds <u>wol</u> machen. Und wird deine <u>Gerechtigkeit</u> hervor bringen ... Sey <u>still</u> dem HErrn" - Ps 91,15 "Ich bin bey ihm <u>in der Noth</u>."

2. Rezitativ. Ps 22,12 "<u>Angst</u> ist nahe, denn es ist hie kein <u>Helfer</u>" - Hab 1,2 "<u>Wie lang soll ich schreyen</u>...?" - Jh 4,47 (EV) "Ein Königischer ... bat Ihn, daß Er hinab käme und <u>hülfe</u> seinem Sohn" - Ps 145,18 "<u>Der HERR ist nahe allen</u>, die Ihn anruffen" - Ps 62,8 "<u>Meine Zuversicht</u> ist <u>auf GOTT</u>."

3. Arie. Klg 3,26f. "Es ist ein köstlich Ding <u>gedultig</u> seyn ... es ist ein köstlich Ding einem Mann, daß er das <u>Joch</u> in seiner Jugend <u>trage</u>" - Mt 11,29 "Nehmet auf euch mein <u>Joch</u>" - Ps 27,9 <u>Laß</u> mich nicht."

4. Rezitativ. Mt 10,38 "Wer nicht sein <u>Creutz</u> auf sich nimmt..." - Jh 4,50 (EV) "Der Mensch <u>glaubte</u> dem <u>Wort</u>" (vgl. V.48.53) - Eph 6,16f. (EP) "Ergreifet den Schild des <u>Glaubens</u> ... und das Schwert des Geistes, welches ist das <u>Wort</u> GOttes" - Jer 31,20 "... darum <u>bricht</u> Mir mein <u>Herz</u> gegen ihm, <u>daß</u> Ich Mich seiner <u>erbarmen muß</u>" - 4 Mo 23,19 "Solt Er etwas reden, und nicht <u>halten</u>?" - Mt 7,7 "<u>Klopfet an, so wird euch aufgethan</u>."

5. Arie. 1 Mo 32,27 "<u>Ich lasse</u> Dich <u>nicht</u>, Du <u>segnest</u> mich dann!" - Ps 59,10 "GOTT ist <u>mein Schutz</u>" - Ps 91,10 "Es wird dir kein <u>Übels begegnen</u>."

188 Ich habe meine Zuversicht

1. Sinfonia.

2. Arie. Ps 62,8 "<u>Meine Zuversicht</u> ist <u>auf GOTT</u>" - 1 Ko 10,13 "<u>GOtt</u> ist <u>getreu</u>" - 2 Ko 1,7 "... und stehet unsere <u>Hofnung vest</u>" - Jh 4,48 (EV)

"Wenn ihr nicht Zeichen und Wunder sehet, so glaubet ihr nicht" - Eph 6,16 (EP) "Ergreifet den Schild des Glaubens."

3. Rezitativ. Jes 54,8 "Ich habe mein Angesicht im Augenblick des Zorns ein wenig von dir verborgen" - Hes 34,26 "Ich will sie ... segnen, und auf sie regnen lassen zu rechter Zeit: das sollen gnädige Regen seyn" - Hi 30,21 "Du bist mir verwandelt in einen Grausamen" - 5 Mo 32,4 "Treu ist GOTT, und kein Böses an Ihm" - 1 Mo 32,27 "Ich lasse Dich nicht, Du segnest mich dann!"

4. Arie. Rö 11,33 "... und unerforschlich seine Wege" - Mt 10,38 "Wer nicht sein Creutz auf sich nimmt ..." - Rö 8,28 "Wir wissen aber, daß denen, die GOTT lieben, alle Dinge zum Besten dienen" - 2 Th 1,12 "... auf daß an euch gepriesen werde der Name unsers HErrn."

5. Rezitativ. Ps 9,8 "Der HErr aber bleibet ewiglich" - Ps 2,12 "Wol allen, die auf Ihn trauen."

6. Choral. Ps 7,2 "Auf Dich, HERR, traue ich, mein GOtt" - Ps 119,143 "Angst und Noth ..." - Rö 2,9 "Trübsal und Angst ..." - Hi 5,19 "Aus sechs Trübsalen wird Er dich erretten" - Ps 31,16 "Meine Zeit stehet in deinen Händen."

TRINITY 22   ZWEIUNDZWANZIGSTER SONNTAG
                                NACH TRINITATIS
EP Phl 1,3-11
EV Mt 18,23-35

89 Was soll ich aus dir machen, Ephraim?

1. Arie. = Hos 11,8 - Vgl. 5 Mo 29,22 "...gleichwie Sodom, Gomorra, Adama und Zeboim umgekehrt sind" (vgl. Satz 3).

2. Rezitativ. Rö 2,3f. "Denkest du..., daß du dem Urtheil GOttes entrinnen werdest? Oder verachtest du den Reichthum seiner Güte, Gedult und Langmüthigkeit?" - Gal 6,7 "GOtt lässet sich nicht spotten" - Nah 1,2 "Der HErr ist ein Rächer ..., und der es seinen Feinden nicht vergessen wird" - Mt 18,23.26.28 (EV) "Darum ist das Himmelreich gleich einem König, der mit seinen Knechten rechnen wolte ... Habe Gedult mit mir ... Bezahle mir, was du mir schuldig bist" - Lk 16,2 "Thue Rechnung von deinem Haushalten."

3. Arie. Mt 18,33 (EV) "Soltest du denn dich nicht auch erbarmen über deinen Mitknecht, wie ich mich über dich erbarmt habe?" (vgl. Satz 1) - Jak 2,13 "Es wird aber ein unbarmherzig Gericht über den gehen, der nicht Barmherzigkeit gethan hat" - 5 Mo 29,22 (s.o.) - 1 Mo 19,24 "Da ließ der HErr Schwefel und Feuer regnen ... auf Sodom."

4. Rezitativ. Gal 5,19f. "Offenbar sind aber die Werke des Fleisches
...: ... Zorn, Zank, Zwietracht" - Mt 18,35 (EV) "... so ihr nicht vergebet ...
ein jeglicher seinem Bruder" - Esr 9,15 "Sihe, wir sind vor Dir in unserer
Schuld" - Ps 69,6 "GOtt, ... meine Schulden sind Dir nicht verborgen" -
Off 5,9 "Du ... hast und erkauft mit deinem Blut" - Rö 10,4 "Christus ist
des Gesetzes Ende; wer an Den glaubet, der ist gerecht."

5. Arie. Jes 45,21 "... ein gerechter GOtt" - Mt 18,23 (EV, s.o.) - Ps
119,81 "Meine Seele verlanget nach deinem Heil" - Phl 1,11 (EP) "...
erfüllet mit Früchten der Gerechtigkeit, die durch JEsum Christum
geschehen" - 1 Mo 15,6 "Abram glaubte dem HERRN, und das rechnete
Er ihm zur Gerechtigkeit" (vgl. Rö 4,3ff.) - 2 Ko 5,19 "GOtt war in Christo,
... und rechnete ihnen ihre Sünde nicht zu" - 1 Pt 4,8 "Die Liebe decket
auch der Sünden Menge."

6. Choral. Jh 15,7 "So ihr in Mir bleibet ..., werdet ihr bitten, was ihr
wolt, und es wird euch widerfahren" - Off 12,9.11 "Der Teufel ... ward
geworfen auf die Erden ... Sie haben ihn überwunden durch des Lammes
Blut" (vgl. Rö 8,37ff.).

115 Mache dich, mein Geist, bereit

1. Choral. Mk 14,38 "Wachet und betet, daß ihr nicht in Versuchung
fallet" - Eph 6,18 "Betet ... und wachet darzu mit Flehen" - Eph 5,16 "Es
ist böse Zeit" (vgl. Ps 37,19; Ps 41,2) - 1 Mo 3,1 "Die Schlange war listiger,
denn alle Thiere" - Off 12,9 "... die alte Schlang ... Satanas" - Off 3,3 "So
du nicht wirst wachen, werd Ich über dich kommen wie ein Dieb."

2. Arie. Mt 25,5.13 "Da nun der Bräutigam verzog, wurden sie alle
schläferig ... Darum wachet, denn ihr wisset weder Tag noch Stund, in
welcher des Menschen Sohn kommen wird" (vgl. Mt 24,42) - Mt 26,45
"Ach wolt ihr nun schlafen und ruhen?" - Hi 34,20 "Plötzlich müssen die
Leute sterben" (vgl. Ps 73,19; Ps 90,7).

3. Rezitativ. Ps 43,3 "Sende dein Licht" -1 Kö 8,29 "... daß deine
Augen offen stehen" - Dan 9,4f. "GOtt! der Du Bund und Gnade hältest
... Wir haben gesündigt" - 1 Jh 5,19 "Die ganze Welt ligt im Argen" - 2 Ko
11,26 "... in Fährlichkeit unter den falschen Brüdern" (vgl.1 Gal 2,4).

4. Arie. Mt 18,26f. (EV) "Da fiel der Knecht nider, und betete ihn an,
und sprach: Herr, habe Gedult mit mir, ich will dir alles bezahlen. Da
jammerte den Herrn desselben Knechts, und ließ ihn los, und die Schuld
erließ er ihm auch" - Phl 1,3f.9 (EP) "Ich danke meinem GOTT ... in all
meinem Gebet ... Und daselbst um bete ich ..." - Rö 6,18 "Nun ihr frey
worden seyd von der Sünd, seyd ihr Knechte worden der Gerechtigkeit"
(vgl. V.22) - Ps 51,4 "Reinige mich von meiner Sünde" (vgl. Heb 1,3).

5. Rezitativ. Ps 145,19 "Er ... höret ihr Schreyen, und hilft ihnen" (vgl. Ps 42,2) - Ps 86,1 "Neige deine Ohren" - Ps 25,2 "... daß sich meine Feinde nicht freuen über mich" - 2 Ko 2,14 "GOTT sey gedanket, der uns allzeit Sieg giebet in Christo."

6. Choral. Eph 6,18 (s.o.) - Ps 22,12 "Angst ist nahe" - Ps 119,143 "Angst und Noth..." - Off 1,3 "Die Zeit ist nahe" - Rö 2,16 "... auf den Tag, da GOTT das Verborgene der Menschen durch JEsum Christ richten wird."

55 Ich armer Mensch, ich Sündenknecht

1. Arie. Jh 8,34 "Wer Sünde thut, der ist der Sünden Knecht" - Mt 18,32 (EV) "Du Schalks-Knecht" - Phl 2,12 "... mit Furcht und Zittern" - 1 Pt 3,18 "Sintemal auch Christus einmal für unsere Sünde gelitten hat, der Gerechte für die Ungerechten."

2. Rezitativ. 1 Kö 18,21 "Ist der HERR GOTT, so wandelt Ihm nach" - Ps 139,7-10 "Wo soll ich hinfliehen vor deinem Angesicht? Führe ich gen Himmel, so bist Du da, bettete ich mir in die Hölle, siehe, so bist Du auch da. Nähme ich Flügel der Morgenröthe, und blieb am äussersten Meer: so würde mich doch deine Hand daselbst führen" - 4 Mo 16,30 "... daß die Erd ihren Mund aufthut, und verschlinget sie" - 5 Mo 28,37 "... und wirst ein Scheusal ... seyn."

3. Arie. Mt 9,27 "Erbarme Dich" - Mt 18,33f (EV) "Soltest du denn dich nicht auch erbarmen über deinen Mitknecht, wie ich mich über dich erbarmt habe? Und sein Herr ward zornig" - Sa 8,2 "Ich hab ... in grossem Zorn über sie geeifert" - Spr 15,1 "Eine linde Antwort stillet den Zorn."

4. Rezitativ. Mt 18,33 (EV, s.o.) - Ps 39,8 "Nun, HERR, weß soll ich mich trösten?" - Rö 3,24f. "... und werden ohne Verdienst gerecht ... durch die Erlösung, so durch Christum JEsum geschehen ist. Welchen GOtt hat vorgestellt zu einem Gnaden-Stul" (vgl. 3 Mo 16,12ff; Heb 4,16) - Lk 15,18 "Ich will ... zu meinem Vater gehen" - Ps 27,8 "Mein Herz hält dir vor dein Wort" - Mt 18,26.29 (EV) "Habe Gedult mit mir, ich will dir alles bezahlen" - 1 Mo 8,21 "Ich will hinfort nicht mehr die Erde verfluchen" - Ps 49,16 "GOtt ... hat mich angenommen."

5. Choral. Dan 9,5 "Wir sind von deinen Geboten und Rechten gewichen" - Spr 28,13 "Wer seine Missethat läugnet, dem wirds nicht gelingen" - Rö 5,20 "Wo aber die Sünde mächtig worden ist, da ist doch die Gnade viel mächtiger worden."

TRINITY 23   DREIUNDZWANZIGSTER SONNTAG
                    NACH TRINITATIS
EP Phil 3,17-21
EV Mt 22,15-22

163 Nur jedem das Seine!

1. Arie. Rö 13,1.7 "Jedermann sey unterthan der <u>Obrigkeit</u> ... <u>Gebet</u> nun jedermann, was ihr <u>schuldig</u> seyd, ... <u>Zoll</u>, dem der <u>Zoll</u> gebühret" - Mt 22,21 (EV) "<u>Gebet</u> dem Käyser, was des Käysers ist, und GOTT, was GOttes ist."

2. Rezitativ. Eph 4,8 "Er ... hat den Menschen <u>Gaben gegeben</u>" - 1 Ko 4,7 "<u>Was hast</u> du aber, das du nicht empfangen hast?" - Heb 13,16 "Solche Opfer <u>gefallen GOtt wol</u>" - Mt 22,19f. (EV) "Weiset Mir die <u>Zinsmünze</u> ... Weß ist das <u>Bild</u> ...?"

3. Arie. Mt 22,19 (EV, s.o.) - Ps 50,2 "... der <u>schöne Glanz</u> GOttes" - Mal 3,3 "Er wird sitzen und <u>schmelzen</u>, und das Silber <u>reinigen</u>" - Kol 3,10 "Ziehet den neuen (Menschen) an, der da <u>verneuert</u> wird zu der Erkänntnis, nach dem <u>Ebenbild</u> deß, der ihn geschaffen hat."

4. Arioso (Duett). Mt 22,21 (EV, s.o.) - Spr 23,26 "<u>Gib</u> mir, mein Sohn, dein <u>Herz</u>" - Rö 7,18.23 "In meinem <u>Fleisch</u>, wohnet nichts Gutes. <u>Wollen</u> habe ich wol ... Ein ander Gesetz in meinen Gliedern ... <u>widerstrebet</u> ... und nimmt mich <u>gefangen</u> in der Sünde Gesetz" - Ps 97,10 "Die ihr den HERRN <u>liebet, hasset</u> das Arge" - Ps 90,14 "Fülle uns früh <u>mit deiner Gnade</u>" - Tit 2,12 "... daß wir sollen verläugnen ... die <u>weltlichen Lüste</u>" (vgl. 2 Pt 1,4).

5. Arie (Duett mit instr. Choral "Meinen Jesum laß ich nicht"). Lk 22,42 "Nicht <u>Mein</u>, sondern <u>Dein Will</u> geschehe!" (vgl. Mt 6,10) - Ps 34,19 "Der HERR ist nahe bey denen, die zerbrochenes <u>Herzens</u> sind, und hilft denen, die zerschlagen <u>Gemüth</u> haben" - Jh 15,4 "<u>Bleibet in Mir</u>."

6. Choral. Siehe 5/7.

139 Wohl dem, der sich auf seinen Gott

1. Choral. Ps 84,13 "<u>Wol dem</u> Menschen, <u>der sich auf</u> Dich <u>verlässet</u>!" - Rö 8,15 "Ihr habt einen <u>kindlichen</u> Geist empfangen" - Jh 15,18 "So euch die <u>Welt hasset</u>, so wisset, daß sie Mich vor euch <u>gehasset</u> hat" (vgl. Jh 17,14; 1 Jh 3,13) - 2 Mo 33,11 "Der HErr aber redete mit Mose ..., wie ein Mann mit seinem <u>Freund</u> redet."

2. Arie. 2 Mo 33,11 (s.o.) - 2 Kö 19,27 "Ich weiß ..., daß du <u>tobest</u> <u>wider</u> Mich" - Phl 3,18 (EP) "... die <u>Feinde</u> des Creutzes Christi" - Jak 4,2 "Ihr <u>hasset und neidet</u>" - Ps 120,3 "<u>Was</u> kan dir die <u>falsche</u> Zunge <u>thun</u>?"

3. Rezitativ. Mt 10,16 "Sihe, Ich sende euch, wie Schafe, mitten unter die Wölfe" - Ps 22,17 "Der Bösen Rotte hat sich um mich gemacht."

4. Arie. Apg 9,3 "Da er auf dem Weg war ..., umleuchtete ihn plötzlich ein Licht vom Himmel" - Jes 59,1 "Sihe, des HErrn Hand ist nicht zu kurz, daß Er nicht helfen könne" - 2 Mo 33,11 (s.o.).

5. Rezitativ. Ps 38,5 "Meine Sünden gehen über mein Haupt; wie eine schwere Last ..." - Phl 3,20 (EP) "... von dannen wir auch warten des Heylandes" - Jer 6,16 "... so werdet ihr Ruhe finden für eure Seelen" (vgl. Mt 11,29) - Mt 22,21 (EV) "So gebet ... GOTT, was GOttes ist."

6. Choral. Jes 5,14 "Daher hat die Hölle ... den Rachen aufgethan" - Jh 16,20 "Die Welt wird sich freuen; Ihr aber werdet traurig seyn, doch eure Traurigkeit soll in Freude verkehret werden" - Ps 59,10 "GOTT ist mein Schutz" - 2 Mo 33,11 (s.o.).

52 Falsche Welt, dir trau ich nicht!

1. Sinfonia.

2. Rezitativ. Lk 10,19 "Sehet! Ich habe euch Macht gegeben, zu treten auf Schlangen und Scorpionen" (vgl. Lk 11,11f.) 2 Sm 3,27 "Als nun Abner wieder gen Hebron kam, führte ihn Joab mitten unter das Thor ..., und stach ihn daselbst in den Wanst, daß er starb" - 2 Sm 20,9f. "Joab fasste mit seiner rechten Hand Amasa bey dem Bart, daß er ihn küsste. Und Amasa hatte nicht acht auf das Schwert in der Hand Joab: und er stach ihn damit in den Wanst ..., und er starb" - Mt 26,49f. "Und alsbald trat er zu JESU, und sprach: Gegrüsset seyst Du, Rabbi! und küsset Ihn! JEsus aber sprach zu ihm: Mein Freund, warum bist zu kommen?" - Mt 22,18 (EV) "Ihr Heuchler! was versucht ihr Mich?"

3. Arie. Ps 31,23 "Ich bin von deinen Augen verstossen" - Jak 4,4 "Wisset ihr nicht, daß der Welt Freundschaft GOttes Feindschaft ist?" - 2 Mo 33,11 "Der HErr aber redete mit Mose ..., wie ein Mann mit seinem Freund redet."

4. Rezitativ. 1 Ko 10,13 "GOtt ist getreu" - 5 Mo 31,6 "GOtt ... wird die Hand nicht abthun, noch dich verlassen" - Ps 38,23 "Eile mir beyzustehen, HErr, meine Hülfe!" - 2 Mo 33,11 (s.o.).

5. Arie. Mt 1,23 "Emanuel ... GOtt mit uns!" - Off 21,3 "Er selbst, GOTT mit ihnen, wird ihr GOTT seyn" - Ps 120,3 "Was kan dir die falsche Zunge thun?"

6. Choral. Ps 25,2 "Mein GOtt, ich hoffe auf Dich. Laß mich nicht zu Schanden werden" - Rö 5,5 "Hofnung aber lässet nicht zu Schanden werden" - Ps 39,8f. "HERR ... ich hoffe auf Dich ... Laß mich nicht den Narren ein Spott werden" - Ps 119,116 "Erhalte mich ..."

TRINITY 24   VIERUNDZWANZIGSTER SONNTAG
                            NACH TRINITATIS
EP Kol 1,9-14
EV Mt 9,18-26

60 O Ewigkeit, du Donnerwort II

1. Choral und Arie. Off 4,5.9 "Von dem Stul giengen aus, Blitz, Donner, und Stimm ... Und die Thiere gaben Preis und Ehr, und Dank Dem, der auf dem Stul saß, der da lebet von Ewigkeit zu Ewigkeit" - Lk 2,35 "Es wird ein Schwert durch deine Seele dringen" - Heb 4,12 "Das Wort GOttes ist ... schärfer, denn kein zweyschneidig Schwert, und durchdringet, bis daß scheidet Seele und Geist" - Off 1,8 "... der Anfang und das Ende" - Off 10,5f. "Und der Engel ... schwur bey dem Lebendigen von Ewigkeit zu Ewigkeit, ... daß hinfort keine Zeit mehr seyn soll" - Rö 9,2 "... daß ich grosse Traurigkeit ... habe" - Hi 37,1f. "Deß entsetzet sich mein Herz, und bebet. Lieber, höre doch, wie sein Donner zörnet" Ps 22,16 "Meine Zunge klebet an meinem Gaumen" - 1 Mo 49,18 "HERR, ich warte auf dein Heil" (vgl. Ps 119,166).

2. Rezitativ. Jh 5,25 "Es kommt die Stund, und ist schon jetzt, daß die Todten werden die Stimme des Sohns GOttes hören" - Ps 85,5 "Tröste uns, GOtt unser Heiland" - Ps 25,17 "Die Angst meines Herzens ist groß" - 2 Sm 22,5 "Es hatten mich umfangen die Schmerzen des Todes" (vgl. Apg 2,24) - Rö 12,1 "Ich ermahne euch, ... daß ihr eure Leiber begebet zum Opfer" - Sir 2,5 "Gleichwie das Gold durchs Feuer, also werden die, so GOTT gefallen, durchs Feuer der Trübsal bewähret" - Esr 9,6 "Unsere Schuld ist groß bis in den Himmel" - 1 Ko 10,13 "GOtt ... machet, daß die Versuchung so ein Ende gewinne, daß ihrs könnet ertragen."

3. Duett. Jes 49,2 "Mit dem Schatten seiner Hand hat Er mich bedeckt" - Mt 14,30f. "(Petrus) sahe aber einen starken Wind; da erschrack er, und hub an zu sinken ... JEsus aber ... ergriff ihn, und sprach zu ihm: O du Kleingläubiger, warum zweifelst du?" - Gal 6,2 "Einer trage des andern Last" - Ps 5,10 "Ihr Rachen ist offenes Grab" - Jes 32,18 "... daß mein Volk in Häusern des Friedes wohnen wird."

4. Rezitativ und Arioso. "Selig sind ..." = Off 14,13 - 1 Ko 2,14 "Der natürliche Mensch aber vernimmt nichts vom Geist GOttes" - Hi 19,10 "Er hat ... ausgerissen meine Hofnung" - Jes 5,14 "Daher hat die Hölle ... den Rachen aufgethan" - 2 Th 1,9 "... das ewige Verderben" - Heb 1,14 "... die ererben sollen die Seligkeit" - Apg 12,23 "... und ward gefressen von den Würmern" - Pr 12,7 "Der Staub muß wieder zur Erden kommen" - 2 Sm 12,5 "... ein Kind des Todes" - Mt 9,24 (EV) "Das Mägdlein ist nicht todt,

sondern es schläft!" - Kol 1,11 (EP) "... gestärket ... in aller Gedult und
Langmütigkeit, mit Freuden."

5. Choral. 1 Kö 19,4 "Es ist genug! So nimm nun, HErr, meine Seel" -
Mk 14,41 "Es ist genug! die Stund ist kommen" (vgl. Lk 22,38) - Off 2,20
"Ich komme bald, Amen! Ja, komm, HErr JEsu!" - 2 Ko 5,1 "... ein Haus
nicht mit Händen gemacht, das ewig ist, im Himmel" - Pr 12,5 "Der
Mensch fähret hin, da er ewig bleibet" - 1 Mo 15,15 "Du solt fahren zu
deinen Vätern mit Frieden" (vgl. Lk 2,29).

26 Ach wie flüchtig, ach wie nichtig

1. Choral. Mt 9,18 (EV) "HERR, meine Tochter ist jetzt gestorben;
aber komm, und lege deine Hand auf sie, so wird sie lebendig" - Ps 39,6
"Sihe, ... mein Leben ist wie nichts vor Dir. Wie gar nichts sind alle
Menschen" - Jes 40,17 "Alle Heyden sind vor Ihm ... wie ein Nichtiges" -
1 Ch 29,15 "Unser Leben auf Erden ist wie ein Schatten, und ist kein
Aufhalten" (vgl. Hi 8,9).

2. Arie. Ps 90,5.7 "Du lässest sie dahin fahren, wie einen Strom ... Das
machet ... dein Grimm, daß wir so plötzlich dahin müssen" - Ps 107,26 "...
und in Abgrund fuhren."

3. Rezitativ. Kol 1,11 (EP) "... gestärket ... mit Freuden" - Jak 4,9 "Euer
Lachen verkehre sich in Weinen, und eure Freude in Traurigkeit" - Hi
14,2 "(Der Mensch) gehet auf wie eine Blum, und fället ab; fleucht wie ein
Schatten, und bleibet nicht" (vgl. die Sätze 1 und 6) - 2 Ko 12,10 "Wenn
ich schwach bin, so bin ich stark" - Jes 42,8 "Ich ... will meine Ehre keinem
andern geben, noch meinen Ruhm den Götzen" - 1 Mo 8,21 "Das Tichten
des menschlichen Herzens ist bös von Jugend auf."

4. Arie. Mt 6,21 "Wo euer Schatz ist, da ist auch euer Herz" - Ps 62,11
"Fället euch Reichthum zu, so hänget das Herz nicht daran" - 1 Ko 1,20
"Hat nicht GOtt die Weisheit dieser Welt zur Thorheit gemacht?" - Ps 42,8
"Deine Fluten rauschen daher" - Jes 24,19 "Es wird dem Land übel gehen,
... und wird zerfallen."

5. Rezitativ. Mt 9,24 (EV) "Das Mägdlein ist nicht todt, sondern es
schläft!" - Dan 5,1.30 "König Belsazer machte ein herrlich Mahl ... Aber
des Nachts ward der Chaldäer König Belsazer getödtet" - Ps 96,6 "...
herrlich und prächtig" - Hi 42,6 "... im Staub und Aschen" - 1 Jh 2,18 "Es
ist die letzte Stund."

6. Choral. Ps 102,26f.29 "Die Himmel ... werden vergehen, aber Du
bleibest ... Die Kinder deiner Knechte werden bleiben" - Ps 19,10 "Die
Furcht des HERRN ist rein, und bleibet ewiglich."

TRINITY 25   FÜNFUNDZWANZIGSTER SONNTAG
                           NACH TRINITATIS
EP 1 Th 4,13-18
EV Mt 24,15-28

90 Es reißet euch ein schrecklich Ende

1. Arie. Ps 73,19 "Sie gehen unter, und nehmen <u>ein End</u> mit
Schrecken" - Ps 25,3 "Zu Schanden müssen sie werden, die losen
<u>Verächter</u>" - Rö 2,4f. "<u>Verachtest</u> du den Reichthum seiner Güte...? Du
aber, nach deinem <u>verstockten</u> und unbußfertigen Herzen, häufest dir
selbst den Zorn auf den Tag ... des gerechten <u>Gerichts</u> GOttes" - Mt 7,2
"Mit welcherley Gericht ihr richtet, werdet ihr <u>gerichtet</u> werden, und mit
welcherley <u>Maaß</u> ihr messet, wird euch <u>gemessen</u> werden."
2. Rezitativ. Klg 3,22f. "Die <u>Güte</u> des HErrn ... ist alle Morgen <u>neu</u>" -
Rö 6,1 "Sollen wir denn in der <u>Sünd</u> beharren, auf daß die <u>Gnade</u> desto
mächtiger werde?" - Jer 30,12 "Dein <u>Schade</u> ist <u>verzweifelt böß</u>" - Rö 2,4
"Weissest du nicht, <u>daß dich Gottes</u> <u>Güte zur Busse leitet?</u>" - Sa 6,12 "Er
wird <u>bauen</u> des HERRN <u>Tempel</u>" - Ps 23,2 "Er weidet mich auf einer
grünen <u>Auen</u>" - Off 2,17 "Wer überwindet, dem will Ich zu essen geben
von dem verborgenen <u>Manna</u>" (vgl. Jh 6,31.49.58) - Ps 119,116 "<u>Erhalte</u>
mich durch dein <u>Wort</u>, daß ich lebe."
3. Arie. Nah 1,2 "Der HErr ist ein <u>eiferiger</u> GOtt, und ein <u>Rächer</u>" -
Off 2,5 "Wo aber nicht, werd Ich dir kommen bald, und deinen <u>Leuchter</u>
wegstossen" - Mt 24,15 (EV) "Wenn ihr nun sehen werdet den <u>Greuel</u> der
Verwüstung ..., daß er stehet <u>an</u> der <u>heiligen Stätte</u> ..." (vgl. Dan 9,27;
12,11) - Lk 19,46 "Mein <u>Haus</u> ist ein Bet-Haus, ihr aber habts gemacht zur
<u>Mörder</u>-Gruben" (vgl. Jer 7,11).
4. Rezitativ. Mt 24,22 (EV) "Um der <u>Auserwehlten</u> willen werden die
Tage verkürzet" - 1 Sm 15,29 "Auch leugt <u>der Held in Israel</u> nicht" - Heb
1,3 "Er ... trägt alle Dinge mit seinem <u>kräftigen</u> Wort" (vgl. Heb 4,12).
5. Choral. Siehe 101/7.

116 Du Friedefürst, Herr Jesu Christ

1. Choral. Jes 9,5 "Ein Sohn ist uns gegeben, ... und Er heisset ...
<u>Friede-Fürst</u>" - 1 Ti 2,5 "... der <u>Mensch Christus JEsus</u>" - 1 Jh 5,20 "<u>JESUS</u>
<u>Christus</u> ... der <u>warhaftige GOTT</u>" - Jer 14,8 "Du bist der Trost Israel, und
ihr <u>Nothhelfer</u>" - Jh 16,23 "So ihr den <u>Vater</u> etwas bitten werden <u>in</u>
meinem <u>Namen</u>, so wird Ers euch geben" - Gal 4,6 "... hat GOTT gesandt
den Geist seines Sohns in eure Herzen, der <u>schreyet</u>: Abba, lieber <u>Vater</u>!"

2. Arie. Rö 2,5 "Du aber ... häufest dir selbst den <u>Zorn</u> auf den Tag ... des gerechten <u>Gerichts GOttes</u>" - Jh 16,23 (s.o.) - Gal 4,6 (s.o.).

3. Rezitativ. Jes 26,13 "Wir <u>gedenken doch</u> allein Dein" - Lk 23,42 "... und sprach zu <u>JEsu</u>: HERR, <u>gedenke</u> an mich" - Jes 9,5 (s.o.) - Ps 107,20 "Er <u>sandte</u> sein <u>Wort</u>" (vgl. Apg 13,26).

4. Arie. (Terzett). Mt 18,26.32f. "Herr, habe <u>Geduld</u> mit mir ... Alle diese <u>Schuld</u> hab ich dir erlassen, dieweil du mich <u>batest</u>. Soltest du denn dich nicht auch <u>erbarmen</u> ...?" - Jer 31,20 "Darum <u>bricht</u> Mir mein <u>Herz</u> gegen ihm, daß Ich Mich seiner <u>erbarmen</u> muß" - 1 Ti 1,15 "... daß Christus JEsus kommen ist <u>in</u> <u>die Welt</u>, die Sünder selig zu machen."

5. Rezitativ. 1 Ko 14,33 "GOtt ist nicht ein <u>GOtt der</u> Unordnung, sondern des <u>Friedes</u>" - Lk 12,51 "... <u>Friede</u> zu <u>bringen</u> auf Erden."

6. Choral. Phl 4,7 "... eure <u>Herzen und Sinne</u>" - Sa 12,10 "... will Ich ausgiessen den <u>Geist der Gnaden</u> und des Gebets" - Mt 16,26 "Was hülfs den Menschen, so er die ganze Welt gewünne, und nähme doch <u>Schaden</u> an seiner <u>Seel</u>?" - Ps 4,9 "<u>Allein Du</u>, HErr, hilfest mir" - Eph 6,13 "... auf daß ihr ... alles <u>wol</u> <u>ausrichten</u>, und das Feld behalten möget."

TRINITY 26   SECHSUNDZWANZIGSTER SONNTAG
                                NACH TRINITATIS

EP 2 Pt 3,3-13
EV Mt 25,31-46

70 Wachet! betet! betet! wachet!

1. Chor. Mk 13,33 "<u>Wachet</u> und <u>betet</u>"- Eph 6,18 "<u>Betet</u> ... und <u>wachet</u>" - Mt 26,41 (s.u.) - Lk 12,40 "<u>Seyd</u> ihr auch <u>bereit</u>" - Mt 25,10 "Welche <u>bereit</u> waren, giengen mit ihm hinein zur Hochzeit" - Mt 25,31 (EV) "Wenn aber des Menschen Sohn kommen wird in seiner <u>Herr-lichkeit</u> ..." - 1 Ko 2,8 "... hätten sie den <u>HERRN der Herrlichkeit</u> nicht gecreutzigt" (vgl. Jak 2,1) - Mt 13,39 "Die Erndte ist das <u>Ende</u> der <u>Welt</u>."

2. Rezitativ. 2 Pt 3,7.11f. (EP) "Der Himmel jetzund, und die Erde, werden durch sein Wort gesparet, daß sie zum <u>Feuer</u> behalten werden, am <u>Tag</u> des <u>Gerichts</u> ... Wie solt ihr denn geschickt seyn ..., daß ihr wartet und <u>eilet</u> zu der Zukunft des <u>Tages</u> des HErrn, in welchem die <u>Himmel</u> vom <u>Feuer</u> zergehen" (vgl. die Sätze 3, 9, 10 und 11) - Mt 25,41.46 (EV) "Gehet hin ... in das <u>ewige Feuer</u> ... Und sie werden in die <u>ewige</u> Pein gehen" (vgl. Satz 3) - 1 Jh 4,17 "... auf daß wir eine <u>Freudigkeit</u> haben am <u>Tag</u> des Gerichts" - Apg 5,31 "Den hat GOtt ... <u>erhöhet</u>, zu einem Fürsten und <u>Heyland</u>" - Jos 8,1 "<u>Zage nicht</u>."

3. Arie. Off 11,8 "... auf der Gassen der grossen Stadt, die da heisset Geistlich, die <u>Sodoma</u>, und <u>Egypten</u>" - 2 Mo 3,10 "... daß du mein Volk ... <u>aus Egypten</u> führest" - 1 Mo 19,20.24 "Sihe, da ist eine Stadt nahe, darein ich <u>fliehen</u> mag ... Da ließ der HErr ... <u>Feuer</u> regnen ... auf <u>Sodom</u>" - Mt 25,41 (EV, s.o.) - 2 Pt 3,7 (EP, s.o.) - Eph 5,14 "<u>Wache auf</u>, der du schläfest" - 1 Ti 4,1 "... daß in den <u>letzten Zeiten</u> werden etliche von dem <u>Glauben</u> abtreten."

4. Rezitativ. Rö 7,23f. "Ein ander Gesetz in meinen Gliedern ... nimmt mich <u>gefangen</u> in der Sünden Gesetz ... Wer wird mich erlösen von dem <u>Leibe</u> dieses Todes?" - Jos 23,13 "Sie werden euch zum <u>Strick und Netz</u>" -Mt 26,41 "<u>Wachet</u> und <u>betet</u>, daß ihr nicht in Anfechtung fallet. <u>Der Geist ist willig</u>, aber <u>das Fleisch ist schwach</u>" (vgl. Satz 1) - Klg 1,5 "Der HErr hat sie <u>voll Jammers</u> gemacht."

5. Arie. 2 Pt 3,3 (EP) "Wisset das aufs erste, daß in den letzten Tägen kommen werden <u>Spötter</u>" - Lk 18,32 "Er wird <u>verspottet</u>, und <u>geschmähet</u> ... werden" - Jdt 9,3 "Was Du wilt, das <u>muß geschehen</u>" - Lk 21,27.33 "Alsdenn werden sie <u>sehen</u> des Menschen Sohn kommen in den <u>Wolken</u> ... <u>Himmel</u> und Erden <u>vergehen</u>, aber meine <u>Wort</u> vergehen nicht."

6. Rezitativ. 5 Mo 32,5 "Die verkehrte und <u>böse Art</u> fället von Ihm ab" (vgl. Jer 2,31; Mt 12,39) - Ps 19,14 "<u>Bewahre</u> auch deinen <u>Knecht</u> vor den Stolzen" - 1 Mo 2,8 "GOtt der HErr pflanzte einen Garten in <u>Eden</u>, ... und <u>setzte</u> den Menschen drein."

7. Choral. Sa 9,9 "<u>Freue dich sehr</u>" - Ps 84,7 "... durch das <u>Jammerthal</u>" - Jes 35,10 "<u>Ewige Freude</u> wird über ihrem Haupt seyn" - 2 Mo 33,18 "Laß mich deine <u>Herrlichkeit sehen</u>!" - Jh 1,14 "Wir <u>sahen</u> seine <u>Herrlichkeit</u>."

8. Arie. Lk 21,28 "<u>Hebet eure Häupter</u> auf" - 5 Mo 31,6 "<u>Seyd getrost</u>" - 1 Mo 2,8 (s.o.).

9. Rezitativ. (mit instr. Choral "Es ist gewißlich an der Zeit"). Off 6,17 "Es ist kommen der <u>grosse Tag</u> seines Zorns" (vgl. Jo 2,11; 3,4) - 1 Ko 15,52 "... zur Zeit der letzten <u>Posaune</u>. Denn es wird die <u>Posaunen schallen</u>" (vgl. 1 Th 4,16) - Apg 10,42 "Er ist verordnet von GOTT, ein <u>Richter</u>" - Jes 5,14 "Daher hat die <u>Hölle</u> ... den <u>Rachen</u> aufgethan" - Jes 8,13 "Den lasset eure <u>Furcht und Schrecken</u> seyn" - Ps 97,11 "Dem Gerechten muß das <u>Licht</u> immer wieder <u>aufgehen</u>, und <u>Freude</u> den frommen Herzen" - Jer 31,20 "Darum <u>bricht</u> Mir mein <u>Herz</u> gegen ihm, daß Ich Mich seiner <u>erbarmen</u> muß" - Apg 20,24 "... auf daß <u>ich vollende meinen Lauf mit Freuden</u>."

10. Arie. Apg 3,20 "... daß da komme die Zeit der <u>Erquickung</u>" - Jes 53,11 "Darum, daß seine Seele gearbeitet hat, wird er seine <u>Lust</u> sehen, und die <u>Fülle</u> haben."

11. Choral. Ps 73,25 "Wenn ich nur Dich habe, so frage ich <u>nichts</u> <u>nach Himmel</u> und Erden" - Rö 5,10 "So wir <u>GOTT versöhnet</u> sind durch den Tod seines Sohnes ..." (vgl. Eph 2,16; 2 Ko 5,19f.) - Jh 5,24 "Wer mein Wort höret und glaubet ..., der ... kommt nicht in das <u>Gericht</u>" - Jh 8,36 "So euch nun der Sohn <u>frey</u> machet, so seyd ihr recht <u>frey</u>" - 1 Mo 32,27 "<u>Ich lasse</u> Dich <u>nicht</u>" (vgl. Hl 3,4).

Anm. Franck schreibt in Satz 8 "Der jüngste Tag wird kommen Zu eurer Seelen-Flor" - vgl. Jh 6,40 "Ich werde ihn auferwecken am <u>Jüngsten Tag</u>."

TRINITY 27　　　　SIEBENUNDZWANZIGSTER SONNTAG
　　　　　　　　　　　　　　　　NACH TRINITATIS
EP 1 Th 5,1-11
EV Mt 25,1-13

140 Wachet auf, ruft uns die Stimme

1. Choral. Jes 26,19 "<u>Wachet auf</u>" - Jes 52,8 "Deine <u>Wächter ruffen</u> laut mit ihrer <u>Stimm</u>" - Jes 62,6 "<u>Jerusalem</u>! Ich will <u>Wächter</u> auf deine Mauren bestellen" - Mt 4,5 "... die <u>Zinnen</u> des Tempels" - Jes 52,1 "Mache dich auf, ... <u>du</u> heilige <u>Stadt Jerusalem</u>!" - Mt 25,1.4.6f.10 (EV) "Denn wird das Himmelreich gleich seyn zehen <u>Jungfrauen</u>, die ihre <u>Lampen</u> nahmen ... die <u>Klugen</u> aber nahmen <u>Oel</u> in ihren Gefässen ... Zu <u>Mitternacht</u> aber ward ein Geschrey: Sihe, <u>der Bräutigam kommt</u>, <u>gehet</u> aus <u>ihm entgegen</u>! Da <u>stunden</u> diese <u>Jungfrauen</u> alle <u>auf</u> ... Und welche <u>bereit</u> waren, giengen mit ihm hinein <u>zur Hochzeit</u>" (vgl. die Sätze 2, 3 und 4) - 1 Th 5,1f. (EP) "Von den Zeiten aber und <u>Stunden</u> ... ist nicht noth euch zu schreiben. Denn ihr selbst wisset gewiß, daß der Tag des HErrn wird kommen, wie ein Dieb in der <u>Nacht</u>."

2. Rezitativ. Mt 25,6 (EV, s.o.) - Hl 3,11 "Gehet <u>heraus</u>, und schauet an, ihr <u>Töchter Zion</u>, den König" - Mi 5,1 "... welches <u>Ausgang</u> von Anfang und von Ewigkeit her gewesen ist" - Lk 1,78 "... durch welche uns besucht hat der Aufgang <u>aus der Höhe</u>" - Hl 3,4 "... bis ich ihn bringe in meiner <u>Mutter Haus</u>" (vgl. Hl 8,2) - Hl 2,8f. "Das ist die Stimme meines <u>Freundes</u>, sihe, er <u>kommt</u>, und ... <u>springet auf den Hügeln</u>. Mein Freund ist <u>gleich einem Reh</u> oder <u>jungen Hirsch</u>" (vgl. V.17; Hl 8,14) - Mt 22,2.4 "Das <u>Himmel</u>reich ist gleich einem König, der seinem Sohn <u>Hochzeit</u> machte ... Saget den Gästen: Sihe, meine <u>Mahl</u>zeit hab ich bereit" (vgl. Satz 3).

3. Arie. (Duett). Jes 62,11 "Saget der Tochter Zion: Sihe, dein <u>Heil</u> <u>kommt</u>" - 1Mo 49,18 "HERR, ich <u>warte</u> auf dein <u>Heil</u>" - 4 Mo 18,20 "<u>Ich</u>

bin dein Theil" - Mt 25,4 (EV, s.o.) - Mt 22,2 (s.o.) - Off 22,20 "Komm, HErr JEsu!"

4. Choral. Ps 97,8 "Zion hörets, und ist froh" - Mt 25,7 (EV, s.o.) - Hl 2,8 (s.o.) - Jh 3,31 "Der vom Himmel kommet, der ist über alle" - Ps 24,8 "Es ist der HERR stark und mächtig" - 2 Ti 2,1 "So sey nun stark ... durch die Gnade" - 2 Ko 4,4 .".. das helle Licht des Evangelii" - 4 Mo 24,17 "Es wird ein Stern aus Jacob aufgehen" - Mt 21,9 "Hosianna, dem Sohn David" - Off 3,20 "So jemand meine Stimme hören wird ..., zu dem werd Ich eingehen, und das Abendmahl mit ihm halten, und er mit Mir."

5. Rezitativ. Hos 2,21 "Ich will Mich mit dir verloben in Ewigkeit; Ich will Mich mit dir vertrauen" - Hl 8,6 "Setze mich, wie ein Sigel, auf dein Herz und ... auf deinen Arm" - Jes 65,16 "Der vorigen Angst ist vergessen" - Hl 2,6 "Seine Linke liget unter meinem Haupt, und seine Rechte herzet mich" (vgl. Hl 8,3).

6. Arie (Duett). Hl 2,16 "Mein Freund ist mein, und ich bin sein, der unter den Rosen weidet" (vgl. Hl 6,3) - Rö 8,35 "Wer will uns scheiden von der Liebe GOttes?" (vgl. V.38f.) - Jes 35,10 "Freude und Wonne werden sie ergreifen" - Ps 16,11 "Vor Dir ist Freude die Fülle."

7. Choral. 1 Ko 13,1 "Wenn ich mit Menschen- und mit Engel-Zungen redete ..." - Ps 150,3.5 "Lobet Ihn mit Psalter und Harfen! ... Lobet Ihn mit hellen Cymbeln" - Off 21,12.21 "(Die Stadt) hatte zwölf Thor, und auf den Thoren zwölf Engel ... Und ein jeglich Thor war von einer Perle" - 1 Ko 2,9 "Das kein Aug gesehen hat, und kein Ohr gehöret hat ..." (vgl. Jes 64,3) - Ps 126,3 "... deß sind wir frölich!" - Jh 20,20 "Da wurden die Jünger froh, daß sie den HERRN sahen."

PURIFICATION
MARIAE REINIGUNG

EP Mal 3,1-4
EV Lk 2,22-32

83 Erfreute Zeit im neuen Bunde

1. Arie. Jer 31,31 "Sihe, es kommt die Zeit, ... da will Ich mit dem Haus Israel, und mit dem Haus Juda, einen neuen Bund machen" - Lk 2,27f. (EV) "Da die Eltern das Kind JEsum in den Tempel brachten, ... da nahm er Ihn auf seine Arme" - Hl 3,4 "Ich halte ihn, und will ihn nicht lassen" - 1 Jh 2,18 " ... die letzte Stund."

2. Intonation und Rezitativ. "Herr, nun lässest du ..." = Lk 2,29 (EV) - Mt 19,17 " Wilt du aber zum Leben eingehen, so halte die Gebot" (vgl. Mt 18,8f.) - Lk 2,25f. (EV) "Simeon ... wartete auf den Trost Israel ... Er solte den Tod nicht sehen, er hätte denn zuvor den Christ des HERRN gesehen" - Ps 55,5 " Des Todes Furcht ..." - "Denn meine Augen ..." = Lk 2,30f. (EV).

3. Arie. Heb 4,16 "Lasset uns hinzu treten, mit Freudigkeit zu dem Gnaden-Stul, auf daß wir Barmherzigkeit empfahen ... auf die Zeit, wenn uns Hülfe noth seyn wird" - Mt 5,7 " Sie werden Barmherzigkeit erlangen" - Lk 1,80 " Das Kindlein wuchs, und ward stark im Geist."

4. Rezitativ. Mt 14,31 "O du Kleinglaubiger! warum zweifelst du?" - Jes 9,1 "Das Volk, so im Finstern wandelt, sihet ein grosses Licht, und über die da wohnen im finstern Land, scheinet es hell" (vgl. Jes 60,1f.; Jh 12,46) - Lk 1,79 "... auf daß Er erscheine denen, die da sitzen im Finsternis und Schatten des Todes."

5. Choral. Siehe 125/6.

125 Mit Fried und Freud ich fahr dahin

1. Choral. Lk 2,29 (EV) "HErr, nun lässest Du deinen Diener im Friede fahren, wie Du gesagt hast!" - 1 Mo 15,15 "Und du solt fahren zu deinen Vätern mit Frieden" - Rö 15,13 "GOTT aber der Hofnung, erfülle euch mit aller Freude und Friede im Glauben" - 1 Pt 4,19 "... nach GOttes Willen" - Ps 112,8 "Sein Herz ist getrost" - Phl 4,7 "... eure Herzen und Sinne" - 1 Pt 3,4 "... mit sanftem und stillem Geist" - Apg 13,23 "Aus dieses Samen hat <u>GOtt, wie</u> Er <u>verheissen hat</u>, gezeuget JEsum" - Jh 11,11.13 "Darnach spricht Er zu ihnen: Lazarus, unser Freund, <u>schläft</u> ... JEsus aber sagte von seinem <u>Tod</u>; sie meinten aber, Er redet vom leiblichen <u>Schlaf</u>."

    2. Arie. Lk 2,30 (EV) "Denn meine <u>Augen</u> haben deinen <u>Heiland ge-sehen</u>" - 2 Ko 5,1 " Wir wissen aber, so unser irdisch Haus dieser Hütten <u>zerbrochen</u> wird, daß wir einen <u>Bau</u> haben, von GOTT erbaut" - Ps 112,7 "Sein <u>Herz hoffet</u> unverzagt auf den HERRN" - Off 2,11 "Wer überwindet, dem soll <u>kein Leid geschehen</u> von dem andern Tod."

    3. Rezitativ und Choral. Apg 2,24 "GOtt (hat) aufgelöst die <u>Schmerzen des Todes</u>" (vgl. 2 Sm 22,5) - Lk 2,30 (EV, s.o.) - Gal 4,4 "Da aber die <u>Zeit erfüllet</u> ward, sandte <u>GOTT</u> seinen <u>Sohn</u>" - Lk 2,28 (EV) "Da nahm er Ihn auf seine <u>Arme</u>" - Sir 1,7 " ... der <u>Schöpfer aller Dinge</u>" - Ps 73,26 "... meines Herzens <u>Trost</u>, und mein <u>Theil</u>."

    4. Arie (Duett). Ps 147,5 "... und ist <u>unbegreiflich</u>, wie Er regieret" (vgl. Rö 11,33) - Jes 40,22 "Er sitzet über dem <u>Kreiß der Erden</u>" - Lk 2,32 (EV, s.u.) - Mk 16,16 "Wer da <u>glaubt</u> und getauft wird, der wird <u>selig</u> werden."

    5. Rezitativ. Mt 2,11 "... und <u>thaten</u> ihre <u>Schätze auf</u>" - Rö 3,19.24f. "Wir wissen aber, daß ... alle <u>Welt</u> GOtt schuldig sey, ... gerecht ... durch Christum JEsum ..., welchen GOtt hat <u>vorgestellt</u> zu einem <u>Gnaden-Stul</u>, durch den <u>Glauben</u> in seinem Blut" (vgl. Heb 5,16; 3 Mo 16,15) - Lk 14,15f. "Selig ist, der das Brod isset im <u>Reich</u> GOttes ... Es war ein Mensch, der machte ein groß Abendmahl, und <u>lud</u> viel darzu."

    6. Choral. Lk 2,32 (EV) "... ein <u>Licht zu erleuchten die Heyden</u>, und zum <u>Preiß deines Volks Israel</u>" - Jes 49,6 "Ich habe dich auch zum <u>Licht der Heyden</u> gemacht, daß du seyest mein <u>Heil</u>, bis an der Welt Ende" - Off 12,5 "Sie gebar einen Sohn, ... der alle <u>Heyden</u> solte <u>weiden</u>."

82 Ich habe genung

    1. Arie. 1 Mo 45,28 "Israel sprach: <u>Ich habe gnug</u>, daß mein Sohn Joseph noch lebet: Ich will hin, und ihn sehen, ehe ich sterbe" - Lk 2,25.28.30 (EV) "<u>Simeon</u> ... war <u>fromm</u> ..., und wartete auf den <u>Trost</u> Israel ... Da <u>nahm er Ihn auf</u> seine <u>Arme</u>, und lobte GOTT, und sprach: ... Meine Augen haben deinen <u>Heiland</u> gesehen" (vgl. Satz 2) - Phl 1,23 "Ich habe Lust abzu<u>scheiden</u>, und bey Christo zu seyn."

    2. Rezitativ. 1 Mo 45,28 (s.o.) - Lk 2,25 (EV, s.o.) - Hl 2,16 "Mein Freund ist <u>mein</u>, und <u>ich</u> bin <u>sein</u>" - Hl 3,4 "<u>Ich halte ihn</u>" - Jh 11,16 "<u>Lasset uns mitziehen</u>" - 2 Ti 4,6 "Die Zeit <u>meines Abscheidens</u> ist vorhanden."

3. Arie. Mt 13,15 "Ihre <u>Augen schlummern</u>" - 2 Ko 6,15 "Was für ein <u>Theil hat</u> der Glaubige mit dem Unglaubigen?" - Lk 2,29 (EV, s.u.) - 1 Ti 2,2 "... daß wir ein ge<u>ruh</u>liches und <u>stilles</u> Leben führen mögen."

4. Rezitativ. Lk 2,29 (EV) "HErr, <u>nun</u> lässest Du deinen Diener <u>im</u> <u>Friede fahren</u>" - Jh 1,18 "Der eingeborne Sohn, der <u>in</u> des Vaters <u>Schos</u> ist ..." - Jes 57,2 "Die richtig für sich gewandelt haben, kommen zum <u>Fried</u>, und <u>ruhen</u> in ihren Kammern."

5. Arie. Lk 2,26 (EV) "... er solte den <u>Tod</u> nicht sehen, er hätte denn zuvor den Christ des HERRN gesehen."

157 Ich lasse dich nicht, du segnest mich denn

1. Arie (Duett). = 1 Mo 32,27.

2. Arie. 1 Mo 32,27 (s. Satz 1) - Hl 3,4 "<u>Ich halte</u> ihn, und will <u>ihn nicht</u> <u>lassen</u>" - 1 Mo 32,31 "Ich habe GOTT von <u>Angesicht</u> gesehen, und meine Seele ist genesen" - Lk 2,25 (EV) "Simeon ... wartete auf den <u>Trost</u> Israel."

3. Rezitativ. Ps 43,4 "... GOtt, der <u>meine Freude</u> und Wonne ist" - Ps 102,26f. "Die <u>Himmel</u> ... werden alle <u>veralten</u> wie ein Gewand" - 1 Jh 2,17 "Die <u>Welt vergehet</u> mit ihrer <u>Lust</u>" - Ps 1,4 "... <u>wie Spreu</u>, die der Wind verstreuet" - 1 Mo 32,27 (s. Satz 1).

4. Arie, Rezitativ und Arioso. 1 Mo 32,27 (s. Satz 1) - Hl 3,4 (s.o.) - Heb 9,24 "Christus ist ... <u>eingegangen</u> ... in den <u>Himmel</u>" - Off 19,6f.11f. "<u>GOtt</u> hat das Reich eingenommen ... Die <u>Hochzeit</u> des <u>Lamms</u> ist kommen ... Und sihe, ein weiß Pferd, und der darauf saß, hieß Treu und Warhaftig, ... und auf seinem Haupt viel <u>Kronen</u>" - Mt 22,3 "... und sandte seine Knechte aus, daß sie den <u>Gästen zur Hochzeit</u> ruften" - Lk 2,26.28 (EV) "(Simeon) solte den <u>Tod</u> nicht sehen, er hätte denn zuvor den Christ des HERRN gesehen ... Da nahm er Ihn auf seine <u>Arme</u>" - Ps 51,14 "Der <u>freudige Geist</u> enthalte mich" - 2 Pt 1,14 "<u>Ich</u> weiß, daß ich meine Hütten bald <u>ablegen</u> muß" - Lk 23,43 "<u>JEsus</u> sprach zu ihm: ... <u>Heut</u> wirst du mit mir im Paradis seyn!"

5. Choral. 1 Mo 32,27 (s. Satz 1) - Hl 3,4 (s.o.) - Off 7,17 "Das <u>Lamm</u> ... wird sie weiden und <u>leiten</u> zu den <u>lebendigen</u> Wasserbrunnen" (vgl. Satz 4).

200 Bekennen will ich seinen Namen

Arie. Lk 2,26.30-32 (EV) "(Simeon) war eine Antwort geworden von dem Heiligen Geist, er solte den <u>Tod</u> nicht sehen, er hätte denn zuvor den <u>Christ</u> des <u>HERRN</u> gesehen ... Meine Augen haben deinen Heiland gesehen, welchen Du bereitet hast vor <u>allen</u> <u>Völkern</u>, ein <u>Licht</u>" - Off 3,5

"Ich will seinen Namen bekennen" (vgl. Heb 13,15) - 1 Mo 18,18 "... sintemal ... alle Völker auf Erden in ihm gesegnet werden sollen" - 1 Mo 22,18 "Durch deinen Samen sollen alle Völker auf Erden gesegnet werden" - Lk 1,68 "Er hat besucht und erlöset sein Volk" - Ps 27,1 " Der HERR ist mein Licht ... Der HERR ist meines Lebens Kraft."

ANNUNCIATION
MARIAE
VERKÜNDIGUNG

EP Jes 7,10-16
EV Lk 1,26-38

1 Wie schön leuchtet der Morgenstern

1. Choral. Off 22,16 "Ich bin die Wurzel des Geschlechts Davids, ein heller Morgenstern" (vgl. 2 Pt 1,19) - Jh 1,14 "... voller Gnad und Warheit" - Rö 15,12 "... die Wurzel Jesse" (vgl. Jes 11,10) - Lk 1,32f. (EV) "Der wird groß ..., und GOTT der HErr wird Ihn dem Stul seines Vaters Davids geben, und Er wird ein König seyn über das Haus Jacob ewiglich" - Jes 7,13f (EP) "Wolan, so höret ihr vom Haus David: ... Sihe, eine Jungfrau ist schwanger, und wird einen Sohn gebähren" - Ps 84,4 "Mein König und mein GOTT..." (vgl. Ps 5,3) - Hl 4,9 "Du hast mir das Herz genommen" - Ps 45,2f. " Ich will singen von einem König ... Du bist der Schönste unter den Menschen-Kindern" - Ps 104,1 "GOtt, Du bist sehr herrlich, Du bist schön und prächtig geschmückt" - Jes 52,13 "Sihe, mein Knecht wird ... sehr hoch erhaben seyn."

2. Rezitativ. Lk 1,26.30f.35 (EV) "Und im sechsten Mond ward der Engel Gabriel gesandt von GOTT in eine Stadt in Galiläa, die heisset Nazareth ... Maria, ... du wirst ... einen Sohn gebären ... Das Heilige, das von dir geboren wird, wird GOttes Sohn genennet werden" - Jes 7,14 (EP, s.o.) - Lk 1,33 (EV, s.o.) - Phl 2,16 "... daß ihr haltet ob dem Wort des Lebens" - 2 Mo 16,4 "Sihe, Ich will euch Brod vom Himmel regnen lassen" (vgl. Jh 6,32) - Ps 73,4 "... in keiner Gefahr des Todes."

3. Arie. Hl 8,6 "Liebe ist ... eine Flamme des HERRN" - Ps 25,1 "Nach Dir, HErr, verlanget mich" - Heb 6,4 "... und geschmeckt haben die himmlische Gaben."

4. Rezitativ. 2 Ko 4,6 "GOTT ... hat einen hellen Schein in unsere Herzen gegeben" - Mt 26,26.28 "Das ist mein Leib ... Das ist mein Blut" - Ps 50,23 "Wer Dank opfert, der preiset Mich" (vgl. Satz 5).

5. Arie. Ps 33,3 "Singet Ihm ..., machets gut auf Saitenspiel" - Ps 50,23 (s.o.) - Phl 4,7 "... eure Herzen und Sinne" - Ps 104,33 "Ich will dem HERRN singen mein Lebenlang" - Ps 95,3 "Der HERR ist ... ein grosser König."

6. Choral. Off 22,13 "Ich bin <u>das A und</u> das <u>O, der Anfang und das Ende</u>" - Lk 23,43 "Heut wirst du mit mir <u>im Paradis</u> seyn!" - Off 22,20 "<u>Amen</u>! Ja, <u>komm</u>, HErr JEsu!" - Jes 62,3 "<u>Du</u> wirst seyn eine <u>schöne Kron</u>" - 1 Th 2,19 "Wer ist unsere ... <u>Freud</u>, oder <u>Kron</u> des Ruhms ...?" - Ps 25,1 (s.o.).

VISITATION
MARIAE HEIMSUCHUNG

EP Jes 11,1-5
EV Lk 1,39-56

147 Herz und Mund und Tat und Leben

1. Chor. Mt 12,34 "Weß das <u>Herz</u> voll ist, deß gehet der <u>Mund</u> über!"
- Lk 4,22 "Sie <u>gaben</u> alle <u>Zeugnis</u> von Ihm" - Jak 3,17 "... <u>ohne Heucheley</u>"
- Lk 1,47 (EV) "Mein Geist <u>freuet</u> sich <u>GOttes meines Heilandes</u>" (vgl. die
Sätze 5, 7 und 10).

2. Rezitativ. Lk 1,42.46.48 (EV) "<u>Gebenedeyet</u> bist du ... <u>Maria</u> sprach:
Meine <u>Seel</u> erhebt den HERRN! ... Er hat <u>seine</u> elende <u>Magd</u> angesehen" -
Ps 9,2 "Ich ... <u>erzehle</u> alle deine <u>Wunder</u>" - Jh 8,34 "Wer Sünde thut, der
ist der <u>Sünden Knecht</u>" - Mt 10,33 (s.u.) - Rö 2,3-5 "Denkest du aber, ...
daß du dem <u>Urtheil</u> GOttes entrinnen werdest? ... Weissest du nicht, daß
dich GOttes <u>Güte</u> zur Busse leitet? Du aber, nach deinem <u>verstockten</u> und
unbußfertigen Herzen, häufest diur selbst den Zorn."

3. Arie. 2 Ti 1,8 "<u>Schäme dich nicht</u> des Zeugnisses unsers HERRN" -
Mt 10,32f. "Wer mich <u>bekennet</u> vor den Menschen, den will Ich <u>bekennen</u>
vor meinem himmlischen <u>Vater</u>. Wer mich aber <u>verläugnet</u> vor den
Menschen, den will Ich auch <u>verläugnen</u> vor meinem himmlischen Vater"
(vgl. 2 Ti 2,12) - Mt 18,10 "... das <u>Angesicht</u> meines <u>Vaters</u> im Himmel" -
Mt 16,27 "Es wird geschehen, daß des Menschen Sohn <u>komme</u> in der
<u>Herrlichkeit</u>" (vgl. Mt 24,30).

4. Rezitativ. Lk 1,45.52 (EV) "Selig bist du! die du <u>geglaubt</u> hast ... Er
<u>stösset</u> die <u>Gewaltigen vom Stul</u>, und <u>erhebet</u> die <u>Elenden</u>" - Jh 12,40 "Er
hat ihre Augen <u>verblendt</u>, und ihr Herz <u>verstockt</u>" (vgl. Jes 6,10) - Mt 27,52
"<u>Die Erde erbebte</u>" - Rö 7,24 "Ich <u>elender</u> Mensch, wer wird mich <u>erlösen</u>
...?" - 2 Ko 6,2 "<u>Jetzt ist die angenehme Zeit, jetzt ist der Tag des Heils</u>" -
1 Ko 6,20 "Preiset GOtt an <u>eurem Leib</u>, und in <u>eurem Geist</u>" - Mt 21,22
"... so ihr <u>glaubet</u>, so werdet ihrs <u>empfahen</u>."

5. Arie. Jes 40,3 "<u>Bereitet</u> dem HERRN den Weg, machet ... eine
ebene <u>Bahn</u> unserm GOTT" - Lk 1,47 (EV, s.o.) - 2 Mo 33,12 "(Du) hast
<u>Gnade</u> vor meinen <u>Augen</u> funden."

6. Choral. 1 Jh 5,12 "Wer den Sohn GOttes <u>hat</u>, der hat das Leben" -
Gal 2,20 "... <u>der mich geliebt</u> hat, <u>und Sich</u> Selbst für mich <u>dargegeben</u>" -

Hl 3,4 "<u>Ich halte ihn</u>, und will ihn <u>nicht lassen</u>" - Ps 69,21 "Die Schmach
<u>bricht mir mein Herz</u>."

7. Arie. Mt 10,32 (s.o.) - Spr 14,13 "Nach der <u>Freude</u> kommt <u>Leid</u>" -
Lk 1,47 (EV, s.o.) - Lk 24,32 "<u>Brandte</u> nicht unser <u>Herz</u> in uns, da Er mit
uns redete ...?"

8. Rezitativ. Ps 139,14f. "Ich danke Dir darüber, daß ich <u>wunder-
bar</u>lich gemacht bin ... <u>im Verborgen</u> ... unten in der <u>Erden</u>" - Lk 1,15
"(Johannes) wird noch <u>im Mutterleib erfüllet werden mit</u> dem Heiligen
<u>Geist</u>" - Lk 1,41 (EV) "Als <u>Elisabeth</u> den Gruß Mariä hörte, <u>hüpfte</u> das
Kind <u>in</u> ihrem <u>Leib</u>. Und <u>Elisabeth</u> war des Heiligen <u>Geistes</u> voll" - Hos
14,3 "... so wollen wir <u>opfern</u> die Farren unserer <u>Lippen</u>" - Rö 6,19 "... um
der <u>Schwachheit</u> willen eures <u>Fleisches</u>" (vgl. Mt 26,41) - Lk 24,32 (s.o.) -
Rö 10,10 "So man von <u>Herzen</u> glaubet, so wird man gerecht, und so man
mit dem <u>Munde bekennet</u>, so wird man selig" - Rö 8,26 "Der <u>Geist</u> hilft
unserer <u>Schwachheit</u> auf" - Ps 50,23 "Wer <u>Dank</u> opfert, der <u>preiset</u> Mich."

9. Arie. Ps 98,1 "<u>Singet</u> dem HERRN ..., denn Er thut <u>Wunder</u>" - Hos
14,3 (s.o.) - Rö 6,19 (s.o.) - Apg 2,3f. "Man sahe an ihnen die Zungen
zertheilt, als wären sie <u>feurig</u> ... Und wurden alle voll des <u>Heiligen</u>
Geistes."

10. Choral. Lk 1,47 (EV, s.o.) - Ps 73,26 "... so bist Du doch, GOTT,
allezeit <u>meines Herzens Trost</u>" - Ps 27,1 "Der HERR ist <u>meines Lebens</u>
<u>Kraft</u>" - Hes 24,16 "... deiner <u>Augen Lust</u>" - Hl 3,4 (s.o.).

10 Meine Seel erhebt den Herren

1. Choral. = Lk 1,46-48 (EV) - Vgl. 1 Sm 2,1 "(Hanna sprach:) Ich
<u>freue</u> mich deines Heils!" - Jes 11,4 (EP) "(Er wird) mit Gericht strafen die
<u>Elenden</u> im Land."

2. Arie. Lk 1,49 (EV) "Denn Er hat grosse Dinge <u>an mir gethan</u>, der
da <u>mächtig</u> ist, und <u>deß Nam heilig ist</u>" - Ps 24,8 "Es ist der <u>HERR stark</u>
<u>und mächtig</u>" - Ps 139,14.18 "<u>Wunderbarlich sind deine Werk</u> ... Solt ich
sie <u>zehlen</u>, so würde ihrer mehr sein denn des Sandes" - Ps 71,15 "... die
<u>ich nicht alle zehlen kan</u>" - Lk 1,48 (EV, s. Satz 1).

3. Rezitativ. Lk 1,50f (EV) "Und seine Barmherzigkeit <u>währet immer</u>
<u>für und für, bey denen, die</u> Ihn <u>fürchten</u>. <u>Er übet Gewalt mit</u> seinem Arm,
und <u>zerstreuet</u>, die <u>hoffärtig sind</u> in ihres Herzens Sinn" - Klg 3,22f. "Die
<u>Güte</u> des HErrn ... ist <u>alle Morgen neu</u>, und deine <u>Treu</u> ist groß" - Sir 2,6
"<u>Vertraue</u> GOTT, so wird Er dir <u>aushelfen</u>" - Off 3,15.17 "Ich weiß deine
Werke, daß du <u>weder kalt noch warm</u> bist ... Du sprichst: Ich bin <u>reich</u>,
... und weissest nicht, daß du bist ... <u>blind und blos</u>" (vgl. Satz 4) - Gal 5,6
"In Christo JEsu gilt ... der <u>Glaube</u>, der durch die <u>Liebe</u> thätig ist" (vgl. 1

Ti 6,11) - Spr 21,4 " Hoffärtige Augen und stolzer Muth ... ist Sünde" - Ps 1,4 " ... wie Spreu, die der Wind verstreuet."

4. Arie. Lk 1,52f. (EV) "Er stösset die Gewaltigen vom Stul, und erhebet die Elenden. Die Hungerigen füllet Er mit Gütern, und lässet die Reichen leer" - Off 19,20 "... in den feurigen Pfuhl ..., der mit Schwefel brannte" - Mt 23,12 "Wer sich selbst emidriget, der wird erhöhet" - Dan 12,3 "Die Lehrer aber werden leuchten wie des Himmels Glanz, und die, so viel zur Gerechtigkeit weisen, wie die Sterne" - Off 3,17 (s.o.) - 1 Sm 2,5.8 "Die Hunger lidten, hungert nicht mehr ... (Der HERR) erhöhet den Armen."

5. Duett (mit instr. Choral "Meine Seele erhebt den Herren") = Lk 1,54 (EV).

6. Rezitativ. Lk 1,55 (EV) "Wie Er geredt hat unsern Vätern, Abraham und seinem Samen ewiglich" - Ps 77,6 "Ich denke der alten Zeit" - 1 Mo 18,1 "Und der HERR erschien ihm im Häyn Mamre, da er saß an der Thür seiner Hütten" - 1 Mo 22,16f. "Ich habe bey mir selbst geschworen ..., daß Ich deinen Samen segnen und mehren will, wie die Sterne am Himmel, und wie den Sand am Ufer des Meers" (vgl. 1 Mo 15,5) - Gal 4,4 "Da aber die Zeit erfüllet ward, sandte GOTT seinen Sohn" - Lk 2,11 "Euch ist heut der Heiland geboren" - Jh 1,14 "Das Wort ward Fleisch, ... und wir sahen seine Herrlichkeit ... voller Gnad und Warheit" - Heb 2,14f. "... auf daß Er durch den Tod die Macht nähme ... dem Teufel, und erlösete die, so durch Furcht des Todes im ganzen Leben Knechte seyn musten" - Jer 31,3 "Ich habe dich je und je geliebt, darum hab Ich dich zu Mir gezogen aus lauter Güte."

7. Choral. Off 7,12 "Lob ... und Preis ... sey unserm GOTT, von Ewigkeit zu Ewigkeit, Amen!"

ST. JOHN'S DAY
JOHANNISTAG

EP Jes 40,1-5
EV Lk 1,57-80

167 Ihr Menschen, rühmet Gottes Liebe

1. Arie. 1 Jh 3,16 "Also hat GOtt die Welt <u>geliebet, daß Er seinen</u> eingebornen <u>Sohn gab</u>, auf daß alle, die an Ihn glauben, nicht <u>verloren</u> werden, sondern das ewige <u>Leben</u> haben" (vgl. Satz 2) - Lk 1,64.69 (EV) "Alsbald ward sein Mund und seine Zunge aufgethan, und redete, und <u>lobete GOtt</u> ... (GOtt) hat uns aufgerichtet ein <u>Horn des Heils</u>" - Gal 4,2 "... bis auf die <u>bestimmte Zeit</u> vom Vater" - Ps 16,11 "Du thust mir kund <u>den Weg zum Leben</u>."

2. Rezitativ. Lk 1,68.74.76 (EV) "<u>Gelobet sey der HErr</u>, der <u>GOtt</u> Israel, denn Er hat besucht und <u>erlöset sein Volk</u> ... Daß wir <u>erlöst</u> aus der Hand unserer Feinde, Ihm dienten ... Du wirst vor dem HErrn hergehen, daß Du seinen <u>Weg bereitest</u>" (vgl. Satz 4) - Jes 40,3 (EP) "<u>Bereitet</u> dem HERRN den <u>Weg</u>, machet auf dem Gefild eine ebene <u>Bahn</u> unserm GOTT" - Ps 25,16 "<u>Wende</u> Dich <u>zu</u> mir, und sey mir <u>gnädig</u>" - Gal 4,4 (s.u.) - Mt 5,3 "Selig sind, die da geistlich <u>arm</u> sind, denn das <u>Himmelreich</u> ist ihr!" - Jh 3,16 (s.o.) - Lk 15,6f. "<u>Freuet</u> euch mit mir, denn ich habe mein Schaf funden, das <u>verlohren</u> war ... Also wird auch <u>Freud</u> im Himmel seyn, über einen <u>Sünder</u>, der <u>Busse</u> thut" - Mt 4,17 "Thut <u>Busse</u>, das <u>Himmelreich</u> ist nach herbey kommen!"

3. Arie (Duett). Ps 33,9 "So Er spricht, so <u>geschichts</u>" - 1 Mo 3,15 (s.u.) - Lk 1,72f. (EV) "... und die Barmherzigkeit <u>erzeigte</u> unsern <u>Vätern</u>, und gedächte an seinen heiligen Bund, und an den Eyd, den Er geschworen hat unserm <u>Vater Abraham</u>" (vgl. Satz 4).

4. Rezitativ. 1 Mo 3,15 "Ich will Feindschafft setzen zwischen dir und dem <u>Weibe</u>, und zwischen deinem Samen und ihrem <u>Samen</u>!" - Gal 4,4 "Da aber <u>die Zeit erfüllet</u> ward, <u>sandte GOTT seinen Sohn</u>, geboren von einem <u>Weib</u>" (vgl. Satz 2) - 1 Mo 12,1f. "Der HErr sprach zu <u>Abram</u>: ... Ich ... will dich <u>segnen</u> ... Du solt ein <u>Segen</u> seyn" - 1 Mo 15,6 "<u>Abram</u> <u>glaubte</u> dem HERRN" - Ps 50,2 "Aus Zion <u>bricht an</u> der schöne <u>Glanz</u> GOttes" - Lk 1,20 "(<u>Zacharias</u>,) du wirst <u>erstummen</u>" - Lk 17,15 "Einer ...

preiste <u>GOtt mit lauter Stimme</u>" - Jes 40,1 (EP) "Tröstet mein <u>Volk</u>" - Lk 1,64.68.72 (EV, s.o.) - Lk 1,49 "Er hat grosse Dinge <u>an</u> mir <u>gethan</u>."
5. Choral. Siehe 51/4.

7 Christ unser Herr zum Jordan kam

1. Choral. Mt 3,13.15 "Zu der Zeit <u>kam JESUS</u> ... an den <u>Jordan</u> zu <u>Johanne</u>, daß Er sich <u>von</u> ihm <u>taufen</u> liesse ... Also gebühret es uns, alle Gerechtigkeit zu <u>erfüllen</u>" - Jh 5,30 "Ich suche nicht meinen Willen, sondern des <u>Vaters Willen</u>" - Tit 3,5 "... das <u>Bad</u> der ... Er<u>neuerung</u> des Heiligen <u>Geistes</u>" (vgl. Satz 2) - Off 1,5 "... der uns geliebet hat, und <u>gewaschen von</u> den <u>Sünden</u> mit <u>seinem Blut</u>" (vgl. Off 7,14) - Jes 53,5 "<u>Durch seine Wunden</u> sind wir <u>geheilet</u>" (vgl. Satz 7) - Sir 41,1 "O <u>Tod</u>! wie <u>bitter</u> bist du" - Rö 6,4 "So sind wir je mit Ihm begraben durch die <u>Taufe</u> in den <u>Tod</u> ... also sollen wir auch in einem <u>neuen Leben</u> wandeln."

2. Arie. Mal 3,16 "Der HERR <u>merkets und hörets</u>" - Tit 3,5 (s.o.) - Apg 1,5 "Johannes hat mit <u>Wasser getauft</u>, ihr aber solt mit dem Heiligen <u>Geist getauft</u> werden" - Eph 5,26 "<u>(Christus)</u> hat sie <u>gereiniget</u> durch das <u>Wasserbad</u> im <u>Wort</u>" (vgl. Satz 1) - Ps 51,4 "<u>Wasche</u> mich wol von meiner Missethat, und <u>reinige</u> mich von meiner <u>Sünde</u>" (vgl. Satz 1).

3. Rezitativ. Mt 3,16f "Johannes sahe den <u>Geist</u> GOttes, gleich als eine <u>Taube</u>, herab fahren ... Und sihe, eine <u>Stimme</u> vom Himmel herab, sprach: <u>Diß ist mein lieber Sohn, an</u> welchem Ich <u>Wolgefallen habe</u>" (vgl. Satz 4) - 1 Jh 4,14 "... daß der <u>Vater</u> den <u>Sohn</u> gesandt hat zum <u>Heiland</u> der <u>Welt</u>" - Phl 2,7f. "<u>(Christus)</u> <u>nahm</u> Knechts-<u>Gestalt an</u>, ward gleich wie ein anderer <u>Mensch</u> ... Er <u>nidrigte</u> Sich Selbst" - Heb 2,14 "nachdem nun die <u>Kinder Fleisch und Blut</u> haben, ist Ers gleicher massen theilhaftig worden" - Kol 2,6 "Wie ihr <u>nun angenommen</u> habt den <u>HErrn</u> ..."

4. Arie. Mt 3,16f. (s.o.) - Phl 2,7f (s.o.) - Off 5,9 "Du ... hast uns <u>erkauft</u> <u>mit</u> deinem <u>Blut</u>" - Mt 21,21 "So ihr <u>Glauben</u> habt, und nicht <u>zweifelt</u> ..."

5. Rezitativ. Lk 24,46 "Also muste Christus <u>leiden, und auferstehen</u>" - Jh 16,28 "Wiederum verlasse Ich die <u>Welt</u> und <u>gehe zum Vater</u>" - Mk 16,15 "<u>Gehet hin in alle Welt</u>" - Mt 28,19 "<u>Lehret alle</u> Völker" - Mk 16,16 "<u>Wer</u> da <u>glaubt und getauft wird, der wird selig</u> werden; wer aber nicht glaubt, der wird <u>verdammt</u> werden" (vgl. Satz 6) - Rö 10,10 "So man von Herzen <u>glaubet</u>, so wird man <u>gerecht</u>."

6. Arie. Rö 5,2 "... durch welchen wir auch einen Zugang haben im <u>Glauben</u> zu <u>dieser Gnade</u>" - Jh 8,24 "So ihr nicht <u>glaubt</u>, daß Ichs sey, so werdet <u>ihr sterben in</u> euren <u>Sünden</u>" - Off 21,8 "... deren Theil wird seyn in dem <u>Pful</u>" (vgl. Off 19,20) - Rö 1,17 "...die Gerechtigkeit, die <u>vor GOTT</u> <u>gilt</u>, welche kommt aus <u>Glauben</u>" - Eph 2,3 "Wir ... waren auch Kinder des Zorns <u>von</u> <u>Natur</u>" - Mk 16,16 (s.o.) - Rö 8,1 "So ist nun <u>nichts</u> <u>Verdammliches</u> an denen, die in Christo JEsu sind."

7. Choral. 1 Jh 5,6 "Dieser ists, der da kommt mit <u>Wasser</u> und <u>Blut</u>, <u>JEsus Christus</u>, nicht mit <u>Wasser allein</u>, sondern mit <u>Wasser</u> und <u>Blut</u>. Und der <u>Geist</u> ists, der da zeuget" (vgl. Satz 2) - 1 Jh 1,7 "Das <u>Blut JESU Christi</u> ... machet uns <u>rein</u> von <u>aller Sünde</u>" (vgl. Satz 2) - Jes 53,5 (s.o.) - 1 Ko 15,22 "Gleichwie sie in <u>Adam</u> alle sterben; Also werden sie in <u>Christo</u> alle lebendig gemacht werden" (vgl. Rö 5,12.18).

30 Freue dich, erlöste Schar

1. Chor. Lk 1,68.74 (EV) "<u>Gelobet sey</u> der HErr, der <u>GOtt</u> Israel, denn Er hat besucht und <u>erlöset</u> sein Volk ... Daß wir <u>erlöst</u> aus der Hand unsrer Feinde, Ihm dieneten" (vgl. Satz 3) - Jes 35,10 "Die <u>Erlösten</u> des HErrn werden ... gen <u>Zion</u> kommen mit Jauchzen, ewige <u>Freude</u> wird über ihrem Haupt seyn" (vgl. Ps 126,1) - Sa 9,9 "Du Tochter <u>Zion, freue dich</u> sehr" - 2 Ti 2,19 "Der <u>veste Grund</u> GOttes bestehet ..."

2. Rezitativ. Gal 3,13 "Christus aber hat uns erlöst von dem Fluch des <u>Gesetzes</u>" - Lk 1,72 (EV, s.u.) - Ps 22,5 "<u>Unsere Väter hoften</u> auf Dich" - Ps 120,1 "<u>Ein Lied im höhern Chor</u>" (vgl. Ps 121-134,1).

3. Arie. Lk 1,68 (EV, s.o.) - Lk 1,57.73.76 (EV) "Elisabeth ... <u>gebar</u> einen Sohn ... An den <u>Eyd</u>, den Er geschworen hat ... daß Du seinen <u>Weg</u> <u>bereitest</u>" - Jes 40,3 (EP, s.u.).

4. Rezitativ. Jes 60,1 "<u>Mache</u> dich <u>auf</u>, werde <u>Licht</u>, denn dein <u>Licht</u> kommt" - Ps 25,4 "<u>Zeige</u> mir deine <u>Wege</u>" - Hes 34,13 "Ich will sie ... weiden ... in allen <u>Auen</u>" (vgl. Ps 23,2).

5. Arie. 1 Ko 15,22 "Gleichwie sie in <u>Adam</u> alle sterben ..." - Jes 42,2 "Er wird nicht <u>schreyen</u> noch <u>ruffen</u>" - Ps 119,176 "Ich bin wie ein <u>verirret</u> ... <u>Schaf</u>" (vgl. Hes 34,12; Mt 18,12) - Rö 13,11 "Weil wir solches wissen, nemlich <u>die Zeit</u> ..., <u>aufzustehen vom Schlaf</u> (sintemal unser Heil <u>jetzt</u> näher ist ...) - Jes 49,8 "Ich habe dich erhöret zur <u>gnädigen Zeit</u>."

6. Choral. Jes 40,3f. (EP) "Es ist <u>eine Stimme</u> eines Predigers <u>in der</u> <u>Wüsten, bereitet dem HERRN den Weg, machet</u> auf dem Gefild <u>eine</u> <u>ebene Bahn</u> unserm <u>GOTT. Alle Thal</u> sollen <u>erhöhet</u> werden, und alle <u>Berge</u> und Hügel sollen <u>genidriget</u> werden" - Lk 1,76 (EV, s.o.).

7. Rezitativ. Lk 1,69.72.74f.77 (EV) "... Horn des <u>Heils</u> ... (Daß Er) die Barmherzigkeit erzeigete <u>unsern Vätern</u>, und gedächte an seinen heiligen <u>Bund</u> ... Daß wir ... Ihm dieneten ohne Furcht unser <u>Lebenlang, in</u> <u>Heiligkeit</u> ... Erkäntnis des <u>Heils</u>" (vgl. Satz 2) - Ps 117,2 "Seine <u>Gnade ...</u> <u>waltet über uns</u> in Ewigkeit" - Spr 4,23 "... <u>mit allem Fleiß</u>."

8. Arie. Ps 97,10 "Die ihr den HERRN <u>liebet, hasset</u> das Arge" - Eph 4,30 "<u>Betrübet nicht</u> den Heiligen Geist <u>GOttes</u>" - Ps 18,2 "<u>Herzlich lieb</u> hab ich Dich, HERR" - Ps 62,13 "<u>Du ... bist</u> gnädig."

9. Rezitativ. 1 Mo 32,25 "... bis <u>die Morgenröthe</u> anbrach" - Ps 19,3 "<u>Ein Tag</u> sagts dem <u>andern</u>" - Eph 3,16 "... stark zu werden, <u>durch</u> seinen <u>Geist</u>" - Lk 1,72 (EV, s.o.).

10. Arie. Hes 34,13 (s.o.) - Ps 120,5 "Ich muß wohnen unter den <u>Hütten Kedar!</u>"

11. Rezitativ. Heb 10,36 "<u>Gedult</u> aber ist euch noth" - 2 Ko 6,2 "Sehet, jetzt ist die <u>angenehme</u> Zeit, jetzt ist <u>der Tag</u> des Heils" - 1 Ko 13,10 "Wenn aber kommen wird das <u>Vollkommene</u>, so wird das Stückwerk aufhören" - Lk 1,68.74 (EV, s.o.) - Rö 7,24 "Wer wird mich erlösen <u>von dem Leibe dieses Todes?</u>"

12. Chor. Ps 132,9 "Laß ... deine <u>Heiligen</u> sich <u>freuen</u>" - Jes 35,10 (s.o.) - Sa 9,9 (s.o.) - Hes 34,13 (s.o.) - 1 Pt 1,8 "... so werdet ihr euch freuen mit ... <u>herrlicher Freude.</u>"

ST. MICHAEL'S DAY
MICHAELISTAG

EP Off 12,7-12
EV Mt 18,1-11

130 Herr Gott, dich loben alle wir

1. Choral. Off 12,7 (EP) "Michael und seine <u>Engel</u> stritten mit dem <u>Drachen</u>" (vgl. Satz 3) - Mt 18,10 (EV) "Ihre <u>Engel</u> im Himmel sehen allezeit das Angesicht meines Vaters im Himmel" - Hes 10,1 "Sihe, am Himmel, über dem Haupt der <u>Cherubim</u> ... war es gleich anzusehen wie ein <u>Thron</u>" (vgl. Satz 5).

2. Rezitativ. 1 Ko 2,1 "... nicht mit hohen Worten, oder <u>hoher Weisheit</u>" - Ps 40,2 "Ich harrete des HERRN; und Er <u>neigte sich zu</u> mir" - Ps 103,20 (s.u.) - Ps 34,8 "Der <u>Engel</u> des HERRN lagert sich <u>um</u> die her, so Ihn fürchten, und <u>hilft</u> ihnen aus" (vgl. Satz 4) - Ps 125,3 "... über dem <u>Häuflein</u> der Gerechten" - Jes 41,14 "... ihr <u>armer Haufe</u> Israel!"

3. Arie. Off 12,9 (EP) "Es ward ausgeworfen der grosse <u>Drach</u>, die <u>alte</u> Schlang, die da heisset der Teufel und <u>Satanas</u>" (vgl. Satz 2) - Eph 6,11 "... daß ihr bestehen könnet gegen die <u>listigen</u> Anläufe des Teufels".

4. Rezitativ. Off 12,7.9 (EP, s.o.) - Hi 5,12 "Er macht zu nicht die <u>Anschläge</u> der <u>Listigen</u>" (vgl. Satz 3) - Dan 6,22f. "<u>Daniel</u> aber redete mit dem König: ... Mein GOtt hat seinen <u>Engel</u> gesandt, der den <u>Löwen</u> den Rachen zugehalten hat" - Dan 3,26.28 "NebucadNezar trat hinzu, vor das Loch des <u>glüenden Ofens</u>, und sprach: ... Gelobet sey der GOtt Sadrach, Mesach, und AbedNego, der seinen <u>Engel</u> gesandt und seine Knechte errettet hat" - Ps 34,8 (s.o.).

5. Arie. Hes 10,1 (s.o) - Ps 103,20f. "Lobet den HErrn, ihr seine <u>Engel</u>, ihr starken <u>Helden</u>, ... alle seine Heerschaaren, seine <u>Diener</u>" (vgl. Heb 1,14) - 2 Kö 2,11 "Da kam ein feuriger <u>Wagen</u> ... und <u>Elia</u> fuhr also im Wetter <u>gen Himmel</u>."

6. Choral. Ps 103,20f. (s.o.) - Ps 84,5 "... die loben <u>Dich immerdar</u>" - Lk 12,32 "Fürchte dich nicht, du <u>kleine Heerde</u>!" - 1 Ti 1,15 "Das ist je gewißlich wahr, und ein theuer <u>werthes Wort</u>."

19 Es erhub sich ein Streit

1. Chor. Off 12,7-9 (EP) "Es erhub sich ein Streit im Himmel, Michael und seine Engel stritten mit dem Drachen, und der Drach stritt und seine Engel; und siegeten nicht, auch ward ihre Stätte nicht mehr funden im Himmel. Und es ward ausgeworfen der grosse Drach, die alte Schlang, die da heisset der Teufel und Satanas" (vgl. Satz 2) - Dan 7,2 "Die vier Winde ... stürmeten wider einander."

2. Rezitativ. Off 12,7-9 (EP, s.o.) - Ps 148,2 "Lobet Ihn, alle seine Engel, lobet Ihn, all sein Heer" - Off 20,1f. "Ich sahe einen Engel vom Himmel fahren, der hatte ... eine grosse Kette in seiner Hand, und er grief den Drachen ... und band ihn" - Jud 6 "Auch die Engel, die ihr Fürstenthum nicht behielten ..., hat Er behalten ... mit ewigen Banden im Finsternis" (vgl. 2 Pt 2,4) - 1 Pt 5,8 "Der Teufel gehet umher wie ein brüllender Löw" - Ps 91,4 "Er wird dich mit seinen Fittigen decken."

3. Arie. 1 Mo 32,1f. "Es begegneten (Jacob) die Engel GOttes. Und da er sie sahe, sprach er: Es sind GOttes Heere. Und hieß dieselbige Stätt Mahanaim" - 2 Sm 7,1 "Da nun ... der HErr ihm Ruh gegeben hatte von allen seinen Feinden ..." Ps 34,8 "Der Engel des HERRN lagert sich um die her, so Ihn fürchten" - 2 Kö 2,11 "Da kam ein feuriger Wagen mit feurigen Rossen, ... und Elia fuhr also im Wetter gen Himmel" (vgl. 2 Kö 6,17; ferner die Sätze 6 und 7).

4. Rezitativ. Ps 8,5 "Was ist ... des Menschen Kind ...?" - Ps 22,7 "Ich aber bin ein Wurm, und kein Mensch" - 1 Sm 18,1 "Jonathan gewann ihn lieb" - Mt 18,4.10 (EV) "Wer nun sich selbst nidriget, wie diß Kind, der ist der Grösseste im Himmelreich ... Ihre Engel im Himmel sehen allezeit das Angesicht meines Vaters im Himmel" (vgl. Satz 4) - Jes 6,2 "Seraphim stunden über Ihm."

5. Arie (mit instr. Choral "Herzlich lieb hab ich dich, o Herr"). Lk 24,29 "Bleib bey uns" - Ps 91,11f. "Er hat seinen Engeln befohlen über dir ..., daß ... du deinen Fuß nicht an einen Stein stössest" (vgl. Mt 4,6) - Ps 116,8 "... meinen Fuß vom Gleiten" - Jes 6,3 "Heilig, Heilig, Heilig ist der HERR Zebaoth" (vgl. Off 4,8).

6. Rezitativ. Apg 6,15 "... wie eines Engels Angesicht" - Lk 15,10 "Also ... wird Freude seyn vor den Engeln GOttes, über einen Sünder, der Busse thut" - Heb 1,14 "Sind (die Engel) nicht ... ausgesandt zum Dienst, um derer willen, die ererben sollen die Seligkeit?" - 2 Kö 2,11 (s.o.).

7. Choral. 2 Kö 2,11 (s.o.) - Lk 16,22 "(Lazarus) starb, und ward getragen von den Engeln in Abrahams Schos" - Jer 15,16 "... unsers Herzens Freud und Trost" - Apg 9,31 "... erfüllt mit Trost".

Anm. Henrici schreibt in Satz 4 "Und ihm die Gottes-Kinder ... Zu seinem Schutz gesetzet"; in Satz 6 "Und lasset uns den Engeln gleich Sein dreymal Heilig! singen" - Vgl. Hi 1,6 "Da die Kinder GOttes kamen, und vor den HErrn traten ..." - Lk 20,36 "Sie sind den Engeln gleich, und GOttes Kinder".

149 Man singet mit Freuden vom Sieg

1. Chor. = Ps 118,15f.

2. Arie. Off 5,12 "Das Lamm ... ist würdig zu nehmen Kraft ... und Stärk, und Ehr" - Off 12,7-11 (EP) "Michael und seine Engel stritten mit dem Drachen, und der Drach stritt und seine Engel; und siegeten nicht ... Und es ward ausgeworfen der grosse Drach ... Satanas ... Nun ist das Heil, und die Kraft ... unsers GOttes seines Christus worden, weil der Ankläger unserer Brüder verworfen ist, der sie verklaget Tag und Nacht vor GOtt. Und sie haben ihn überwunden durch des Lammes Blut" - Ps 118,15f. (s. Satz 1).

3. Rezitativ. Ps 3,7 "Ich fürchte mich nicht vor viel hundert tausenden" - Ps 34,8 "Der Engel des HERRN lagert sich um die her, so Ihn fürchten" - Off 12,7 (EP, s.o.) - 2 Kö 6,17 "Sihe, da war der Berg voll feuriger Roß und Wagen um Elisa her" (vgl. 2 Kö 2,11).

4. Arie. Ps 91,11f. "Er hat seinen Engeln befohlen über dir, daß sie dich behüten auf allen deinen Wegen. Daß sie dich auf den Händen tragen" (vgl. Mt 4,6) - Ps 139,2f. "Ich sitze, oder stehe auf, so weissest Du es ... Ich gehe oder lige, so bist Du um mich."

5. Rezitativ. Ps 139,14 "Ich danke Dir darüber ..." - Jh 8,34 "Wer Sünde thut, der ist der Sünden Knecht" - Lk 15,10 "Also ... wird Freude seyn vor den Engeln GOttes, über einen Sünder, der Busse thut" - Lk 16,22 "Der Arme starb, und ward getragen von den Engeln in Abrahams Schos."

6. Arie. Jes 21,11 "Hüter, ist die Nacht schier hin?" - Mt 18,10 (EV) "Ihre Engel im Himmel sehen allezeit das Angesicht meines Vaters im Himmel" (vgl. Satz 5) - Rö 8,15 "Abba, lieber Vater!" (vgl. Gal 4,6).

7. Choral. Lk 16,22 (s.o.) - Jer 31,26 "Ich ... habe so sanft geschlafen" - Jes 57,2 "Die richtig für sich gewandelt haben, kommen zum Fried, und ruhen in ihren Kammern" - Jh 6,40 "Das ist aber der Wille deß, der Mich gesandt hat, daß, wer den Sohn sihet, und glaubet an Ihn, habe das ewige Leben, und Ich werde ihn auferwecken am Jüngsten Tag" - Lk 2,30 "Meine Augen haben deinen Heiland gesehen" - Heb 4,16 "Lasset uns hinzu treten, mit Freudigkeit zu dem Gnaden-Stul" (vgl. Rö 3,25) - 1 Kö 18,37 "Erhöre mich, HERR, erhöre mich!" - Ps 22,26 "Dich will ich preisen".

50 Nun ist das Heil und die Kraft

Chor. Off 12,10 (EP) "Nun ist das Heil, und die Kraft, und das Reich, und die Macht unsers GOttes seines Christus worden, weil der Ankläger unserer Brüder verworfen ist, der sie verklaget Tag und Nacht vor GOtt" (vgl. Off 11,15; Mt 6,13).

REFORMATION

EP 2 Th 2,3-8
EV Off 14,6-8

80 Ein feste Burg ist unser Gott

1. Choral. Ps 31,3f. "Sey mir ein starker Fels, und eine Burg, daß Du mir helfest. Denn Du bist mein Fels, und meine Burg" (vgl. Ps 18,3; Ps 91,2) - Ps 35,2 "Ergreife Schild und Waffen, ... mir zu helfen" - Ps 34,7 "Der HERR ... half ihm aus allen seinen Nöthen" - Ps 46,2 "GOtt ist ... eine Hülfe in den grossen Nöthen, die uns troffen haben" - 1 Mo 3,1.14f. "Die Schlange war listiger, denn alle Thiere ... Da sprach GOtt der HErr zu der Schlangen: ... Ich will Feindschafft setzen zwischen dir und dem Weibe" - Off 12,9 "Es ward ausgeworfen ... die alte Schlang, die da heisset der Teufel und Satanas" - 2 Th 2,8 (EP) "Alsdann wird der Boshaftige offenbaret werden" - Ps 65,7 "... gerüstet ... mit Macht" - Lk 11,21f. (EV an Oculi) "Wenn ein starker Gewapneter seinen Palast bewahret, so bleibet das Seine mit Frieden. Wenn aber ein Stärkerer über ihn kommt, und überwindet ihn, so nimmt er ihm seinen Harnisch."

2. Arie und Choral. 1 Jh 5,4 "Alles, was von GOtt geboren ist, überwindet die Welt, und unser Glaub ist der Sieg, der die Welt überwunden hat" (vgl. Satz 7) - 2 Mo 14,14 "Der HERR wird für euch streiten" (vgl. 2 Ch 20,15) - 1 Jh 5,6 "Dieser ists, der da kommt mit Wasser und Blut, JEsus Christus ... Und der Geist ists, der da zeuget" - Ps 46,8.12 "Der HErr Zebaoth ist mit uns" - 5 Mo 5,7 "Du solt keine andere Götter haben vor Mir."

3. Rezitativ. Eph 5,1f. (EP an Oculi) "So seyd nun GOttes Nachfolger, als die lieben Kinder, und wandelt in der Liebe, gleichwie Christus uns hat geliebt, und Sich selbst dargegeben für uns" - Jh 15,13 "Niemand hat grössere Liebe, denn die, daß er sein Leben lässet für seine Freunde" (vgl. Eph 2,4) - Ps 46,10 "Der den Kriegen steuret in aller Welt ..." - Klg 1,13 "Er hat mich zur Wüsten gemacht" - Rö 8,9 "Christi Geist ..." - 1 Jh 5,6 (s.o.).

4. Arie. Apg 16,15 "Kommet in mein Haus" - Ps 25,1 "Nach Dir, HErr, verlanget mich" - Lk 11,14 (EV an Oculi) "Und Er trieb einen Teufel aus, der war stumm" - Kol 3,10 "Ziehet den neuen (Menschen) an, der da erneuert wird zu der Erkänntnis, nach dem Ebenbild deß, der ihn geschaffen hat."

5. Choral. 1 Pt 5,8 "Euer Widersacher, der <u>Teufel</u>, gehet umher, ... und suchet, welchen er <u>verschlinge</u>" - Ps 46,3 "Darum <u>fürchten wir uns nicht</u>" - Jes 55,11 "Das <u>Wort</u>, so aus meinem Mund gehet, ... soll ... thun, das Mir gefället, und <u>soll</u> ihm <u>gelingen</u>" - Jh 16,11 "... daß <u>der Fürst dieser Welt gerichtet ist</u>" (vgl. Jh 12,31).

6. Rezitativ. Eph 1,22 "(GOtt hat <u>Christus</u>) gesetzt zum <u>Haupt</u> der Gemeine" - Off 6,2 "Ihm ward gegeben eine <u>Krone</u>, und er zog aus ..., daß er <u>siegete</u>" - Lk 11,14.28 (EV an Oculi) "Es geschah, da der Teufel <u>ausfuhr</u>, da redete der Stummme ... <u>Selig sind, die GOttes Wort hören</u>, und <u>bewahren</u>" (vgl. Satz 7).

7. Arie (Duett). Rö 10,10 "So man von <u>Herzen glaubet</u>, so wird man gerecht, und so man mit dem <u>Munde</u> bekennet, so wird man <u>selig</u>" - 1 Jh 5,4 (s.o.) - Off 6,2 (s.o.) - 1 Ko 15,26 "Der <u>letzte Feind</u>, der aufgehaben wird, ist der <u>Tod</u>."

8. Choral. Jh 1,1.11 "Im Anfang war <u>das Wort</u> ... Er kam in sein Eigenthum" - 1 Ko 12,4 "Es sind mancherley <u>Gaben</u>, aber es ist ein <u>Geist</u>" - Mt 10,28 "Fürchtet euch nicht vor denen, die <u>den Leib</u> tödten, und die Seele nicht mögen tödten" - Jos 24,14 "<u>Lasset fahren</u> die Götter" - Ri 5,19 "Sie brachten <u>keinen Gewinn</u> davon" - Lk 11,20 (EV an Oculi) "So Ich aber durch GOttes Finger die Teufel austreibe, kommt je <u>das Reich</u> GOttes zu euch" - Ps 93,1 "Der HERR ... hat ein <u>Reich</u> angefangen, ... daß es <u>bleiben</u> soll."

Anm. Franck schreibt in Satz 7 "Wie seelig ist der Leib / der / Jesu / dich getragen" - Vgl. Lk 11,27 (EV an Oculi) "<u>Selig ist</u> der Leib, der Dich getragen hat."

79 Gott der Herr ist Sonn und Schild

1. Chor. = Ps 84,12.

2. Arie. Ps 84,12 (s. Satz 1) - Eph 6,16 "Ergreifet den <u>Schild</u> des Glaubens, mit welchem ihr auslöschen könnet alle feurigen <u>Pfeile</u> des Bösewichts" - Ps 59,2.7.17 "Errette mich, mein GOtt, von meinen <u>Feinden</u>, und <u>schütze</u> mich vor denen, so sich <u>wider</u> mich setzen! ... Des Abends laß sie wiederum auch heulen, wie die <u>Hunde</u> ... Ich aber will ... des Morgens <u>rühmen</u> deine <u>Güte</u>; denn du bis mein <u>Schutz</u> und Zuflucht" (vgl. Satz 5) - Off 13,1 "(Ich) sahe ein Thier aus dem Meer steigen, das hatte ... auf seinen Häuptern Namen der <u>Lästerung</u>."

3. Choral. Siehe 192/1.

4. Rezitativ. Mt 21,32 "Johannes ... lehrte euch den <u>rechten Weg</u>" - Apg 16,17 ."... die euch den <u>Weg</u> zur <u>Seligkeit</u> verkündigen" - Ps 119,105

"Dein <u>Wort</u> ist ... ein Licht auf meinem <u>Wege</u>" - 2 Th 1,12 "... daß an euch
<u>gepriesen</u> werde der <u>Name</u> unsers HErrn <u>JEsu</u> Christi" - 2 Ko 6,14 "<u>Ziehet</u>
nicht <u>am fremden Joch</u> mit den Unglaubigen" - Eph 4,18 "... durch die
<u>Unwissen</u>heit, so in ihnen ist, durch die <u>Blindheit</u> ihres Herzens" - 1 Ti 2,5
"Es ist ein GOtt und ein <u>Mittler</u> zwischen GOtt und den Menschen,
nemlich der Mensch Christus <u>JEsus</u>."

   5. Arie (Duett). Ps 71,9 "<u>Verlaß</u> mich <u>nicht</u>" - 2 Pt 1,19 "Wir haben ein
vestes Prophetisch <u>Wort</u>, ... ein Licht, das da <u>scheinet</u> in einem tunkeln
Ort" - Ps 2,1 "Warum <u>toben</u> die Heyden ...?" - 2 Kö 19,27 "Ich weiß ...,
daß du <u>tobest wider</u> Mich" - Ps 59,2 (s.o.).

   6. Choral. Jh 8,32 "Die <u>Warheit</u> wird euch <u>frey</u> machen" - 3 Jh 3 "...
in der <u>Warheit</u>" (vgl. 2 Jh 4; Jh 4,24) - 2 Th 1,12 (s.o.).

TOWN COUNCIL
ELECTION
RATSWECHSEL

71 Gott ist mein König
1. Chor. = Ps 74,12.

2. Arie und Choral. 2 Sm 19,36.38 "Ich bin heut achtzig Jahr alt ...
Warum soll dein Knecht meinen Herrn König fürter beschweren? ... Laß
deinen Knecht umkehren, daß ich sterbe in meiner Stadt, bey meines
Vaters und meiner Mutter Grab" - Wsh 4,9 "Klugheit unter den Menschen
ist das rechte graue Haar, und ein unbefleckt Leben ist das rechte Alter!" -
Spr 16,31 "Graue Haar sind eine Krone der Ehren, die auf dem Weg der
Gerechtigkeit funden werden" - Jh 17,15 "Ich bitte ..., daß Du sie
bewahrest für dem Ubel."

3. Chor. = 5 Mo 33,25 und 1 Mo 21,22.

4. Arioso. = Ps 74,16f.

5. Arie. 2 Ko 12,9 "Meine Kraft ist in den Schwachen mächtig" - Ps
147,14 "Er schaft deinen Grenzen Friede" - Ps 27,3 "Wenn sich Krieg
wider mich erhebet, so verlaß ich mich auf Ihn" - Off 12,10 "Nun ist das
Heil, und die Kraft, und das Reich, und die Macht unsers GOttes seines
Christus worden."

6. Chor. Ps 74,18f. "Gedenke doch deß, daß der Feind den HErrn
schmähet ... Du woltest nicht dem Thier geben die Seele deiner
Turteltauben."

7. Chor.

119 Preise, Jerusalem, den Herrn
1. Chor. = Ps 147,12-14.

2. Rezitativ. Jes 31,9 ." .. der HERR, der zu Zion Feuer, und zu Jerusalem einen Herd hat" (vgl. Satz 1) - Ps 85,10f. "... daß in unserm Land
Ehre wohne, daß Güte und Treue einander begegnen, Gerechtigkeit und
Friede sich küssen" - Jes 40,28 "Der HErr ... wird nicht müd noch matt" - -
2 Pt 1,4 "... durch welche uns die theuren ... Verheissungen geschenkt
sind."

3. Arie. Ps 128,2 "<u>Wol dir, du hast es gut</u>!" - Eph 3,20 "... der <u>überschwenglich thun</u> kan."

4. Rezitativ. Ps 33,12 "<u>Wol</u> dem <u>Volk</u>, deß der HErr ein <u>GOtt</u> ist, das <u>Volk, das</u> Er <u>zum Erb erwehlt hat</u>" - Jer 22,16 "... daß   solches heisset, Mich <u>recht erkennen</u>" - Rö 13,3.5 "Wilt du dich aber nicht fürchten vor der <u>Obrigkeit</u>, so thue <u>Gutes</u> ... Seyd nun aus Noth unterthan, ... auch um des <u>Gewissens</u> willen" - Sir 10,1.3 "Ein weiser Regent ist streng ... Wenn aber die Gewaltigen <u>klug</u> sind, so gedeiet die <u>Stadt</u>" - Lk 19,40 "Wo diese werden <u>schweigen</u>, so werden die Steine schreyen."

5. Arie. Rö 13,1f. "Wo aber <u>Obrigkeit</u> ist, die ist von <u>GOtt</u> verordnet. Wer sich nun wider die <u>Obrigkeit</u> setzet, der widerstrebt <u>GOttes</u> Ordnung" - 1 Mo 1,27f. "<u>GOtt</u> schuf den Menschen Ihm zum <u>Bilde</u> ... und sprach ...: Füllet die Erden, und machet sie euch unterthan" - Ps 13,2 "Wie lang wilt Du mein so <u>gar vergessen</u>?" - Ps 50,22 "... die ihr <u>GOttes</u> <u>vergesset</u>" - Mt 26,54 "<u>Wie würde</u> aber die Schrift <u>erfüllet</u>?"

6. Rezitativ. Ps 50,14 "<u>Opfere GOTT Dank</u>" (vgl. V.23) - Ps 118,24 "Diß ist <u>der Tag, den der HErr machet</u>" - Sir 39,41 "... <u>mit Herzen und Mund</u>."

7. Chor. Ps 126,3 "<u>Der HERR hat</u> Grosses <u>an uns gethan, deß sind wir frölich</u>!" - Sir 50,24 "<u>GOtt</u> ... <u>thut uns</u> alles <u>Guts</u>."

8. Rezitativ. Ps 100,3 "Er <u>hat uns</u> gemacht ... zu seinem <u>Volk</u>" - 1 Pt 3,12 "Die Augen des <u>HErrn</u> sehen auf die Gerechten, und seine <u>Ohren</u> auf ihr <u>Gebet</u>" - Ps 27,7 "<u>Höre</u> meine Stimme ..., <u>erhöre</u> mich" - Ps 12,6 "Weil denn ... die <u>Armen seufzen</u>, will ich auf, spricht der HErr."

9. Choral. Ps 28,9 "<u>Hilf deinem Volk, und segne dein Erbe</u>, und weide sie, und erhöhe sie <u>ewiglich</u>."

193 Ihr Tore zu Zion

1. Chor. Ps 87,2 "Der HERR liebet die <u>Thore Zion</u> über alle <u>Wohnunge Jacob</u>" - Jer 15,16 "Dein Wort ist <u>unsers Herzens Freud</u>" - Ps 43,4 "... <u>GOtt</u>, der meine <u>Freude</u> und Wonne ist" - Ps 79,13 "<u>Wir</u> aber, dein <u>Volk</u>, und Schafe deiner <u>Weide</u> ..." - Ps 145,13 "Dein <u>Reich ist</u> ein <u>ewiges Reich</u>" - Dan 6,27 "<u>Sein Königreich</u> ist unvergänglich."

2. Rezitativ. Ps 121,4f. "Sihe, <u>der Hüter Israel schläfet noch schlum-mert nicht</u> ... Der HErr ist dein <u>Schatten</u> über deiner <u>rechten Hand</u>" - Ps 67,7 "<u>Das Land gibt sein Gewächs</u>" - Lk 1,46 "Meine Seel <u>erhebt</u> den <u>HERRN</u>!"

3. Arie. Ps 106,1 "<u>Danket</u> dem HErrn ... Seine <u>Güte währet ewiglich</u>" - Ps 32,1 "Wol dem, dem die <u>Ubertretung vergeben</u> sind" (vgl. 2 Mo 34,7) - Ps 65,3 "<u>Du erhörest Gebet, darum kommt</u> alles Fleisch zu Dir."

4. Rezitativ. Ps 122,5-7 "Daselbst sitzen <u>die Stüle zum Gericht</u> ... Wünschet <u>Jerusalem</u> Glück ... Es müsse <u>Friede</u> seyn <u>inwendig deinen Mauren</u> und Glück in deinen <u>Palästen!</u>" (vgl. Ps 9,8).

5. Arie. 2 Ko 9,10 "(Er wird) <u>wachsen lassen</u> das Gewächs eurer Ge<u>rech</u>tigkeit" - Ps 9,10 "Der HErr ist des <u>Armen Schutz.</u>"

120 Gott, man lobet dich in der Stille

1. Arie. = Ps 65,2.

2. Chor. Ps 67,5 "Die Völker <u>freuen</u> sich und <u>jauchzen</u>" - Ps 150,1 "<u>Lobet</u> den HErrn <u>in</u> seinem <u>Heiligthum</u>" - Ps 106,1 "<u>Seine Güte</u> währet ewiglich."

3. Rezitativ. Ps 95,6 "<u>Kommet,</u> lasset uns ... <u>niderfallen vor</u> dem HErrn" - Ps 50,14 "Opfere GOTT <u>Dank,</u> und <u>bezahle dem Höchsten</u> deine <u>Gelübde</u>" - 1 Ti 2,1f. "... daß man ... thue <u>Bitt</u> .. für alle <u>Obrigkeit</u>" - Ps 84,7 "Die Lehrer werden <u>mit viel Segen</u> geschmückt."

4. Arie. Ps 85,11 ."... daß Güte und <u>Treue</u> einander begegnen, Ge<u>rech</u>tigkeit und Friede <u>sich küssen.</u>"

5. Rezitativ. Ps 118,15 "... <u>in</u> den <u>Hütten der Gerechten</u>" - Lk 1,42 "<u>Gebenedeyet</u> bist du" - Ps 8,2 "Wie <u>herrlich</u> ist <u>dein Nam.</u>"

6. Choral. Dan 6,17 "Dein GOTT, dem du ohn Unterlaß <u>dienest,</u> der <u>helfe</u> dir!" - Eph 1,7 "Wir haben die <u>Erlösung</u> durch sein <u>Blut</u>" (vgl. Kol 1,14; 1 Pt 1,19) - Eph 2,19 "So seyd ihr nun ... Bürger <u>mit den Heiligen</u>" - Ps 28,9 "<u>Hilf deinem Volk, und segne</u> dein Erbe, und weide sie, und erhöhe sie <u>ewiglich.</u>"

29 Wir danken dir, Gott, wir danken dir

1. Sinfonia.

2. Chor. = Ps 75,2.

3. Arie. Eph 6,10 "... in der <u>Macht</u> seiner <u>Stärke</u>" - Ps 9,3 "Ich ... lobe deinen <u>Namen,</u> Du <u>Allerhöchster!</u>" - Jo 4,21 "Der HErr wird <u>wohnen</u> zu <u>Zion</u>" - 1 Mo 15,18 "An dem Tag machte der HERR einen <u>Bund</u> mit Abram, und sprach: Deinem <u>Samen</u> will Ich diß Land geben" - 5 Mo 4,31 "GOtt ... wird auch nicht vergessen des <u>Bunds,</u> den Er deinen <u>Vätern</u> geschworen hat."

4. Rezitativ. Ps 122,6f. "Es müsse <u>wol gehen</u> denen, die Dich lieben! Es müsse Friede seyn inwendig deinen <u>Mauren,</u> und Glück in deinen Palästen!" - Ps 46,2 "<u>GOtt ist unsere Zuversicht</u>" - Ps 17,8 "<u>Beschirme</u> mich unter dem Schatten deiner <u>Flügel</u>" - Ps 85,11 ."... daß Güte und <u>Treue</u> einander <u>begegnen, Gerechtigkeit</u> und <u>Friede</u> sich <u>küssen</u>" - 5 Mo 4,7 "<u>Wo</u>

ist so ein herrlich <u>Volk</u>, zu dem Götter al<u>so nahe</u> sich thun, als der HErr unser <u>GOtt</u>?"

   5. Arie. Lk 23,42 "<u>Gedenke an</u> mich."

   6. Rezitativ und Chor. Ps 103,2 "<u>Vergiß nicht</u>, was Er dir <u>Gutes</u> gethan hat" - Jes 6,3 "Alle <u>Land</u> sind seiner <u>Ehren voll</u>!" - Ps 50,23 "Wer <u>Dank opfert</u>, der <u>preiset</u> Mich" - 5 Mo 27,15 "<u>Und alles Volk soll</u> ... sagen: <u>Amen</u>!" (vgl. die Verse 16-26).

   7. Arie. Eph 6,10 (s.o.) - Ps 9,3 (s.o.).

   8. Choral. Siehe 51/4.

69 Lobe den Herrn, meine Seele I

   1. Chor. = Ps 103,2.

   2. Rezitativ. Ps 31,20 "<u>Wie groß ist</u> deine <u>Güte</u>" - Mi 7,9 "<u>Er</u> wird mich <u>ans Licht bringen</u>" - Mt 13,31f. "Das Himmelreich ist gleich einem Senfkorn ..., welches das <u>kleineste</u> ist unter allen Samen; wenn es aber erwächst, so ist es das <u>grösseste</u>" - Ps 28,7 "Ich will Ihm <u>danken</u> mit meinem <u>Lied</u>."

   3. Arie. Ps 66,16 "Ich will <u>erzehlen, was</u> Er an meiner <u>Seelen</u> gethan hat" (vgl. Ps 9,2) - Jh 12,17 "Das Volk ... <u>rühmte</u> die <u>That</u>" - Ps 28,7 (s.o.).

   4. Rezitativ. Lk 1,49 "Er <u>hat grosse Dinge an</u> mir <u>gethan</u>" - Ps 147,5 "Unser <u>HErr</u> ist groß ..., und ist unbegreiflich, wie <u>Er regieret</u>" - Rö 13,3f. "Wilt du dich aber nicht fürchten vor der <u>Obrigkeit</u>, so thue <u>Gutes</u> ... Sie ist GOttes Dienerin, eine Rächerin zur Strafe, über den, der <u>Böses</u> thut" - Eph 1,17 "<u>GOtt</u> ... <u>gebe</u> euch <u>den Geist der Weisheit</u>" - Ps 106,5 "... daß wir sehen mögen die <u>Wolfahrt</u>" - Jes 55,6 "<u>Ruffet Ihn an</u>, weil Er nah ist" - Ps 20,3 "<u>Er sende</u> dir <u>Hülfe</u>" - 2 Ko 6,4.9 "... <u>in Nöthen</u> ...; als die Gezüchtigten, und <u>doch nicht ertödtet</u>" (vgl. Ps 118,18).

   5. Arie. Siehe 69a/5.

   6. Choral. Siehe 76/14.

WEDDING
TRAUUNGEN

196 Der Herr denket an uns
  1. Sinfonia.
  2. Chor. = Ps 115,12.
  3. Arie. = Ps 115,13.
  4. Arie (Duett). = Ps 115,14.
  5. Chor. = Ps 115,15.

34a O ewiges Feuer, o Ursprung der Liebe
  1. Chor. Hl 8,6 "Liebe ist stark wie der Tod, ... ihre Glut ist feurig, und eine Flamme des HERRN."
  2. Rezitativ. Eph 3,17.20 "... Christum zu wohnen durch den Glauben in euren Herzen, und durch die Liebe eingewurzelt und gegründet werden ... nach der Kraft, die da in uns wirket" - Jh 14,23 "Wer Mich liebet, der wird mein Wort halten; und mein Vater wird ihn lieben, und wir werden zu Ihm kommen und Wohnung bey Ihm machen."
  3. Arie und Rezitativ. "Siehe, also ..." = Ps 128,4 - "Der HErr ..." = Ps 128,5 - Ps 84,11 "... in meines GOttes Haus" - "Daß du ..." = Ps 128,5 - Rö 10,1 "Meines Herzens Wunsch ..." - "Und sehest ..." = Ps 128,6.
  4. Chor. "Friede über Israel" = Ps 128,6 - Ps 17,6 "Neige deine Ohren zu mir."
  5. Arie. 1 Pt 2,9.25 "Ihr aber seyd das auserwehlte Geschlecht ... Denn ihr waret wie die irrende Schafe, aber ihr seyd nun bekehrt" - 1 Mo 29,10.17 "Da aber Jacob sahe Rahel, ... trat er hinzu, ... und tränkte die Schafe ... Rahel war hübsch und schön" - Lk 6,23 "Euer Lohn ist groß im Himmel."
  6. Rezitativ. 1 Jh 4,8 "GOTT ist die Liebe" - 2 Sm 6,11 "Da die Lade des HErrn drey Monden blieb im Haus ObedEdom, des Gathiters, segnete ihn der HERR und sein ganzes Haus."
  7. Chor. Heb 4,12 "Das Wort GOttes ist lebendig und kräftig" - Lk 1,77 "... und Erkänntnis des Heils gebest seinem Volk" - "Der HErr segne..." = 4 Mo 6,24 - Ps 24,3 "Wer wird stehen an seiner heiligen Stätte?" - "Der HErr erleuchte ..." = 4 Mo 6,25 - Jes 49,16 "Siehe, in die Hände hab

Ich dich gezeichnet" - "Der HErr erhebe ..." = 4 Mo 6,26 - Hos 13,9 "Dein Heil stehet allein bey Mir."

120a Herr Gott, Beherrscher aller Dinge

1. Chor. Heb 1,3 "... und trägt alle Dinge mit seinem kräftigen Wort" - Ps 150,6 "Alles, was Odem hat ..." 1 Mo 32,11 "Ich bin zu gering aller Barmherzigkeit und aller Treue."

2. Rezitativ und Chor. Ps 33,16 "Einem König hilft nicht seine grosse Macht" - Ps 139,14-16 "Wunderbarlich sind deine Werk ... Es war Dir mein Gebein nicht verholen, da ich im Verborgen gemacht ward ... und waren alle Tag auf dein Buch geschrieben" - Off 13,8 "... deren Namen nicht geschrieben sind in dem lebendigen Buch" (vgl. Lk 10,20) - Klg 3,22f. "Die Güte des HErrn ... ist alle Morgen neu" - "Nun danket ..." = Sir 50,24.

3. Arie. 2 Mo 20,6 "(Ich) thue Barmherzigkeit an vielen Tausenden, die Mich lieb haben."

4. Sinfonia.

5. Rezitativ und Chor. Ps 84,9 "HErr, GOtt Zebaoth, höre mein Gebet" - 2 Mo 3,13 "Der GOtt eurer Väter ..." - 1 Kö 8,30 "... und wollest erhören das Flehen deines Knechts" - 1 Ko 3,6 "GOTT hat das Gedeyen gegeben" - Mt 26,39 "... wie Du wilt" - Rö 15,13 "GOTT ... erfülle euch mit aller Freude" (vgl. Apg 14,17) - Ps 65,6 "Erhöre uns ..., GOtt."

6. Arie (Duett). 4 Mo 6,24.26 "Der HERR segne dich ... der HERR hebe sein Angesicht über dich."

7. Rezitativ. 1 Kö 8,57 "Der HErr unser GOtt sey mit uns, wie Er gewesen ist mit unsern Vätern. Er verlaß uns nicht, und ziehe die Hand nicht ab von uns" (vgl. 1 Ch 28,20) - 1 Mo 48,20 "Wer in Israel will jemand segnen, der sage: GOTT setze dich wie Ephraim und Manasse!" - Ps 119,36 "Neige mein Herz zu deinen Zeugnissen" - 5 Mo 5,30 "Wandelt in allen Wegen, die euch ... GOTT geboten hat" - Ps 47,7 "Lobsinget GOtt" - Ps 116,17 "Dir will ich Dank opfern" - Ps 54,8 "So will ich Dir ein Freuden-Opfer thun."

8. Choral. Siehe 137/4.5.

195 Dem Gerechten muß das Licht immer wieder aufgehen

1. Chor. = Ps 97,11f.

2. Rezitativ. Ps 97,11 (s. Satz 1) - Gal 6,2 "Einer trage des andern Last" - Kol 3,13 "Vertrage einer den andern."

3. Arie. Ps 40,12 "Laß deine <u>Güte und Treu</u> allweg mich behüten" (vgl. Ps 85,11) - Ps 97,11 (s. Satz 1).

4. Rezitativ. 1 Mo 14,18f. "Melchisedech ... war ein <u>Priester</u> GOttes des Höchsten. Und <u>segnete</u> ihn, und sprach: <u>Gesegnet</u> seyst du, Abram" - Ps 92,5 "Ich <u>rühme</u> die Geschäfte deiner <u>Hände</u>" - Kol 3,14 "Ziehet an die <u>Liebe</u>, die da ist das <u>Band</u> der Vollkommenheit."

5. Chor. 1 Sm 3,12 "Ich wills <u>anfahen</u> und <u>vollenden</u>."

6. Choral. Sir 50,24 "<u>Nun danket alle</u> GOtt" - Ps 29,1 "<u>Bringet</u> her dem HErrn <u>Ehre</u> und Stärke" - Ps 103,20f. "<u>Lobet</u> den HErrn, ihr seine <u>Engel</u> ... alle seine <u>Heer</u>schaaren" (vgl. Lk 2,13).

197 Gott ist unsre Zuversicht

1. Chor. Ps 46,2 "<u>GOtt ist unsere Zuversicht</u>" - 1 Mo 24,27 "Der HERR hat mich den <u>Weg geführet</u>" - Kol 3,15 "Der Friede GOttes <u>regiere</u> in euren <u>Herzen</u>."

2. Rezitativ. 1 Pt 5,7 "Alle eure <u>Sorge</u> werfet auf Ihn, den Er <u>sorget</u> für euch" (vgl. Satz 3) - Jes 29,14 "So will Ich auch mit diesem Volk <u>wunderlich</u> umgehen, aufs <u>wunderlichst</u>" - Ps 71,5 "Du bist ... meine Hofnung <u>von</u> meiner <u>Jugend an</u>" - Jes 49,16 "Sihe, <u>in</u> die <u>Hände</u> habe Ich dich gezeichnet."

3. Arie. 1 Pt 5,7 (s.o.) - Ps 32,8 "Ich will dich mit meinen <u>Augen leiten</u>."

4. Rezitativ. Spr 14,2 "... auf <u>rechter Bahn</u>" - Kol 2,2 "... auf daß ihre <u>Herzen</u> ... <u>zusammen</u> gefasset werden in der <u>Liebe</u>" - Hl 8,6 "<u>Liebe</u> ist stark wie der Tod ... Ihre Glut ist ... eine <u>Flamme</u> des <u>HERRN</u>."

5. Choral. Siehe 169/7.

6. Arie. Ps 128,5 "Der HERR <u>wird dich segnen aus Zion</u>."

7. Rezitativ. 1 Ko 10,13 "<u>GOtt</u> ist <u>getreu</u>" - 2 Mo 33,11 "Der HErr aber redete mit Mose ..., wie ein Mann mit seinem <u>Freund</u> redet" - Jh 15,14 "Ihr seyd meine <u>Freunde</u>" - Jos 21,45 "Es <u>fehlte</u> <u>nichts</u> an allem <u>Guten</u>" - Ps 84,12 "<u>Er wird kein Gutes</u> mangeln <u>lassen</u> den Frommen" - Hi 5,9 "... Wunder, die <u>nicht zu zehlen</u> sind."

8. Arie. 1 Ko 3,6 "GOTT hat das <u>Gedeyen</u> gegeben."

9. Rezitativ. Ps 90,10 "Unser <u>Leben währet</u> sibenzig <u>Jahr</u>" - Ps 20,5 "Er gebe dir, was dein <u>Herz begehret</u>."

10.Choral. Ps 128,1 "<u>Wol</u> dem, der den HErrn fürchtet, und <u>auf</u> seinen <u>Wegen</u> gehet" - Ps 18,31 "<u>GOttes Wege</u> sind ohne Wandel" - Klg 3,23 "... sie <u>ist alle Morgen neu</u>" - Ps 46,2 (s.o.) - Ps 73,28 "Das ist meine Freude, daß ich ... meine <u>Zuversicht setze</u> <u>auf</u> den HERRN" - Ps 9,11 "Du <u>verlässest nicht</u>, die Dich, HErr, suchen."

CHURCH AND ORGAN DEDICATION
KIRCH- UND ORGEL-WEIHE

194 Höchsterwünschtes Freudenfest

1. Chor. Ps 150,1 "Lobet den HErrn in seinem Heiligthum."

2. Rezitativ. 1 Pt 2,9 "Ihr aber seyd das auserwehlte Geschlecht" - 1 Kö 8,27f. "Aller Himmel Himmel mögen Dich nicht versorgen, wie solts denn diß Haus thun ...? Wende Dich aber zum Gebet deines Knechts" - Hos 14,3 (s.u.) - Apg 7,48 "Der Allerhöchste wohnet nicht in Tempeln, die mit Händen gemacht sind" - Heb 4,16 "Lasset uns hinzu treten, mit Freudigkeit zu dem Gnaden-Stul" (vgl. Rö 3,25) - Ps 97,11 "Dem Gerechten muß das Licht immer wieder aufgehen, und Freude den frommen Herzen."

3. Arie. Ps 46,5 ."... da die heiligen Wohnungen des Höchsten sind" - 2 Mo 15,17 ."... auf dem Berg ..., den Du, HErr, Dir zur Wohnung gemacht hast."

4. Rezitativ. 2 Ko 4,4 "... das helle Licht des Evangelii" - Mt 6,4 "Dein Vater, der in das Verborgene sihet ..." - Eph 3,20 ."... nach der Kraft, die da in uns wirket" - 1 Kö8,29f. "... daß deine Augen offen stehen über diß Haus ... Und wollest erhören das Flehen deines Knechts ... und wenn Du es hörest, gnädig seyn" - Hos 14,3 "... so wollen wir opfern die Farren unserer Lippen."

5. Arie. Ps 118,25 "O HErr, hilf! O HErr, laß wol gelingen!" - Jes 6,6f. "Da flog der Seraphim einer zu mir, und hatte eine glühende Kohlen ..., und rührte meinen Mund" - Eph 3,20 (s.o.).

6. Choral. Jer 31,13 "Ich will ... sie trösten, und sie erfreuen nach ihrem Betrübnis" (vgl. Jer 15,16) - Apg 9,31 "erfüllt mit Trost des Heiligen Geistes" - Ps 103,11 "... lässet Er seine Gnade walten über die, so Ihn fürchten" (vgl. Ps 117,2) - Ps 20,3 "Er sende dir Hülfe" - Phl 1,6 "... Der in euch angefangen hat das gute Werk, der wirds auch vollführen" - Phl 3,14 "... und jage nach dem vorgesteckten Ziel" - 2 Ti 4,7 "Ich hab den Lauf vollendet, ich habe Glauben gehalten."

7. Rezitativ. Ps 30,5 "Ihr Heiligen, lobsinget" - Dan 7,14 "... Ehr und Reich" - Jes 63,15 "Sihe herab von deiner heiligen, herrlichen Wohnung" - Mt 5,8 "Selig sind, die reines Herzens sind, denn sie werden GOTT schauen!" (vgl. Satz 9) - Lk 10,42 "Maria hat das gute Theil erwählt."

8. Arie. 1 Jh 2,17 "Die Welt vergehet mit ihrer Lust" - Sir 11,14 "Es kommt alles von GOtt, Glück und Unglück."

9. Rezitativ (Dialog - Duett). Lk 17,5 "Stärke uns den Glauben" - Rö 6,19 "... um der Schwachheit willen eures Fleisches" - 2 Ko 12,9 "Meine Kraft ist in den Schwachen mächtig" - Jer 20,7 "Ich bin darüber zu Spott worden täglich, und jederman verlachet mich" - Kol 1,17 "Es bestehet alles in Ihm" - Kol 1,15 ."... welcher ist das Ebenbild des unsichtbaren GOttes" - Mt 5,8 (s.o.) - Jer 7,3 ."... so will ich bey euch wohnen."

10. Arie (Duett). Ps 34,9 "Schmecket und sehet, wie freundlich der HErr ist" - Ps 62,9 "Schüttet euer Herz vor Ihm aus" (vgl. 1 Sm 1,15).

11. Rezitativ. Jh 14,10 "Der Vater aber, der in Mir wohnet ..." - Rö 8,9 "... so anderst GOttes Geist in euch wohnet" - Apg 2,38 "... die Gabe des Heiligen Geistes" (vgl. 1 Ko 12,7).

12. Choral. Rö 8,28 "Wir wissen aber, daß denen, die GOTT lieben, alle Dinge zum Besten dienen" - Off 1,8 "Ich bin ... der Anfang und das Ende, spricht der HErr."

FUNERAL
TRAUERFEIERN

106 Gottes Zeit ist die allerbeste Zeit

1. Sonatina.

2a. Chor. Ps 31,16 "Meine <u>Zeit</u> stehet <u>in deinen Händen</u>" (vgl. Satz 3a) - "<u>In Ihm</u> ..." = Apg 17,28 - Jak 4,15 "So der HErr <u>will</u>, und so <u>wir</u> leben ..." - Jes 50,4 "... <u>zu rechter Zeit.</u>."

2b. Arioso. "<u>Lehre uns</u> ..." = Ps 90,12.

2c. Arie. = Jes 38,1.

2d. Chor und Arioso (mit instr. Choral "Ich hab mein Sach Gott heimgestellt"). "<u>Es ist</u> ..." = Sir 14,18 - "<u>Ja, komm</u> ..." = Off 22,20.

3a. Arie. = Ps 31,6 (vgl. Lk 23,46; Apg 7,58).

3b. Arioso und Choral. "<u>Heute wirst du</u> ..." = Lk 23,43 - Zum Choral "Mit Fried und Freud" siehe 95/1c.

4. Choral. Jh 5,23 "... auf daß sie alle den <u>Sohn ehren</u>, wie sie den <u>Vater ehren</u>" - 1 Ko 1,24 "Denen aber, die beruffen sind, ... predigen wir <u>Christum, Göttliche Kraft</u>" - 1 Ko 15,57 "GOtt aber sey Dank, der <u>uns</u> den <u>Sieg</u> gegeben hat, <u>durch</u> unseren HERRN JEsum Christum."

198 Laß, Fürstin, laß noch einen Strahl

1. Chor. 1 Mo 14,18 "Aber Melchisedech, der König von <u>Salem</u>, trug Brod und Wein hervor" - Heb 7,1f. "Dieser Melchisedech ... ist ... ein König <u>Salem</u>, das ist, ein König des Friedes" - Ps 76,3 "Zu <u>Salem</u> ist sein Gezelt."

8. Arie. 2 Mo 24,8f. "Mose, und Aaron, ... sahen den GOtt Israel. Unter seinen Füssen war es wie ein schöner <u>Saphir</u>" (vgl. Hes 1,26) - Jes 54,11 "Ich will ... deinen Grund mit <u>Saphiren</u> legen" - Off 21,10.19 "(Er) zeigte mir die grosse Stadt, das heilige Jerusalem ... Der erste Grund war ein Jaspis, der andere ein <u>Saphir</u>."

9. Rezitativ. 1 Pt 1,18f. "Wisset, daß ihr ... erlöst seyd von eurem <u>eiteln</u> Wandel ... mit dem theurem Blut Christi als eines <u>unschuldigen</u> ... <u>Lamms</u>" - Off 7,9 "Darnach sahe ich ... eine grosse Schar ... vor dem Stul stehende, und <u>vor dem Lamm</u>, angethan mit weissen <u>Kleidern</u>" (vgl. Off 19,8).

VARIOUS CHURCH OCCASIONS VERSCHIEDENE KIRCH-LICHE BESTIMMUNG

131 Aus der Tiefen rufe ich, Herr, zu dir

1. Chor. = Ps 130,1f.

2. Arioso und Choral. "So du willst ..." = Ps 130,3 - Mt 15,22 "Erbarm Dich mein!" - Ps 38,5 "Meine Sünden gehen über mein Haupt; wie eine schwere Last sind sie mir zu schwer worden" - 2 Sm 22,5 "Es hatten mich umfangen die Schmerzen des Todes" - Gal 3,13 "Verflucht ist jederman, der am Holz hanget" - 1 Pt 2,24 "(Christus hat) unsere Sünde Selbst geopfert ... an seinem Leib, auf dem Holz" - "Denn bei dir ..." = Ps 130,4 - Klg 5,16 "O weh, daß wir so gesündiget haben!" - Jer 51,6 "Fliehet aus Babel, daß ihr nicht untergehet in ihrer Missethat."

3. Chor. = Ps 130,5.

4. Arie und Choral. "Meine Seele wartet ..." = Ps 130,6 - 2 Ko 7,9 "So freue ich mich doch nun, ... daß ihr betrübt seyd worden zur Reue" - Heb 9,14 "... wie vielmehr wird das Blut Christi ... unser Gewissen reinigen" - Apg 22,16 "Laß dich taufen, und abwaschen deine Sünde" - 2 Sm 12,13 "Da sprach David zu Nathan: Ich habe gesündiget wider den HERRN. Nathan sprach zu David: So hat auch der HERR deine Sünde weggenommen" - 2 Kö 21,11 "Manasse ... hat auch Juda sündigen gemacht" - 2 Ch 33,12f. "(Manasse) flehte ... vor dem HERRN ... Da erhörte Er sein Flehen."

5. Chor. = Ps 130,7f.

150 Nach dir, Herr, verlanget mich

1. Sinfonia.

2. Chor. = Ps 25,1f.

3. Arie. 2 Ko 4,17 "Unsere Trübsal, die zeitlich und leicht ist, schaft eine ewige ... Herrlichkeit" - 1 Ko 15,55 "Tod, wo ist dein Stachel? Hölle, wo ist dein Sieg?" (vgl. Off 1,18; 20,14) - Mt 24,45 "Welcher ist aber nun ein treuer und kluger Knecht ...?" - Ps 94,15 "Recht muß doch Recht bleiben."

4. Chor. = Ps 25,5.

5. Arie (Terzett). Ri 9,15 "... wo nicht, so gehe Feuer aus dem Dornbusch, und verzehre die Cedern Libanon" - 2 Kö 19,23 "Ich habe seine hohe Cedern ... abgehauen" - Jer 32,18f. "GOtt, ... groß von Rath, und mächtig von That ..." (vgl. Spr 8,14) - 1 Ko 2,13 "... welches wir auch reden nicht mit Worten, welche menschliche Weisheit lehren kan, sondern mit Worten, die der Heilige Geist lehret."

6. Chor. = Ps 25,15.

7. Chor. Jes 60,20 "Die Tage deines Leides sollen ein Ende haben" - Hos 2,8 "Sihe, Ich will deinen Weg mit Dornen vermachen" - Dan 4,32 "Er machts, wie Er will, ... mit den Kräften im Himmel" - Ps 59,10 "GOTT ist mein Schutz" - 2 Ti 4,17 "Der HERR aber stund mir bey" - 2 Ti 2,3 "Leide dich als ein guter Streiter JEsu Christi" - Ps 25,5 (s. Satz 4).

192 Nun danket alle Gott

1. Versus 1. Sir 50,24 "Nun danket alle GOtt, der grosse Dinge thut an allen Enden, der uns von Mutterleib an ... thut alles Guts" - Sir 39,41 "Darum soll man ... danken mit Herz und Mund."

2. Versus 2. Sir 50,25f. "Er gebe uns ein frölich Herz, und verleihe immerdar Friede zu unser Zeit ..., und daß seine Gnade stets bey uns bleibe, und erlöse uns, so lang wir leben" - Ps 25,22 "GOtt erlöse Israel aus aller seiner Noth."

3. Versus 3. Ti 1,17 "GOtt ... sey Ehr und Preis" - Jes 6,1 "... sahe ich den HErrn sitzen auf einem hohen ... Stul" - Jer 17,12 "... der Thron Göttlicher Ehre" - Off 4,8 "GOTT ..., der da war, und der da ist, und der da kommt."

100 Was Gott tut, das ist wohlgetan III

1. Versus 1. Siehe 144/3; 98/1.

2. Versus 2. Spr 14,2 "Wer den HErrn fürchtet, der gehet auf rechter Bahn" - Ps 143,10 "Dein guter Geist führe mich auf ebener Bahn!" - 2 Ko 12,9 "Laß dir an meiner Gnade genügen" - Hi 12,10 "... daß in seiner Hand ist die Seel alles deß, das da lebet" - Ps 31,16 "Meine Zeit stehet in deinen Händen."

3. Versus 3. 2 Mo 15,26 "Ich bin der HErr dein Arzt!" - Lk 11,11 "Wo
bittet unter euch ein Sohn den Vater ums Brod, der ihm einen Stein dafür
biete? Und so er um einen Fisch bittet, der ihm eine Schlange für den
Fisch biete?" (vgl. V.12) - 1 Ko 10,13 "GOtt ist getreu."

4. Versus 4. Ps 27,1 "Der HERR ist mein Licht ... Der HERR ist
meines Lebens Kraft" - 5 Mo 32,4 "Treu ist GOTT, und kein Böses an
Ihm" (vgl. Satz 3)- Sir 7,1 "Thue nichts Böses, so widerfähret dir nichts
Böses" - Spr 14,13 "Nach der Freude kommt Leid" - Mt 6,4 "... dein Vater,
der in das Verborgene sihet, wird dirs vergelten öffentlich."

5. Versus 5. Siehe 75/7.

6. Versus 6. Siehe 75/14.

97 In allen meinen Taten

1. Versus 1. Ps 77,11 "Die rechte Hand des Höchsten kan alles
ändern" - 1 Ti 4,8 "... zu allen Dingen" - Ps 118,25 "O HErr, laß wol
gelingen" - Spr 8,14 "Mein ist beyde Rath und Tath."

2. Versus 2. Ps 127,2 "Es ist umsonst, daß ihr früh aufstehet, ... und
esset euer Brod mit Sorgen" - Jer 11,20 "Ich habe Dir meine Sach
befohlen" - 1 Jh 5,14 "So wir etwas bitten nach seinem Willen, so höret Er
uns."

3. Versus 3. Lk 1,38 "Mir geschehe, wie du gesagt hast!" - Jh 3,27 "Ein
Mensch kan nichts nehmen, es werde ihm denn gegeben vom Himmel."

4. Versus 4. Ps 57,2 "Sey mir gnädig, denn auf Dich trauet meine
Seele" - Ps 121,7 "Der HErr behüte dich vor allem Übel" - Jos 21,45 "Es
fehlte nichts an allem Guten."

5. Versus 5. Ps 51,3 "Sey mir gnädig ..., und tilge meine Sünde" (vgl.
Lk 18,13) - Mt 18,26f. "Herr, habe Gedult mit mir ... Die Schuld erließ er
ihm auch."

6. Versus 6. Ps 63,2 "Frühe wache ich zu Dir!" - Ps 3,6 "Ich lige und
schlaffe, und erwache" - 2 Ko 12,10 "Darum bin ich gutes Muts, in
Schwachheiten" - Jer 15,16 "Dein Wort ist unsers Herzens ... Trost."

7. Versus 7. Jes 14,27 "Der HErr Zebaoth hats beschlossen" - 1 Kö
12,4 "Dein Vater hat unser Joch zu hart gemacht."

8. Versus 8. Rö 14,8 "Wir leben oder sterben, so sind wir des
HERRN" - Ps 33,9 "So Er gebeut, so stehts da" - Jak 4,13 "Heut oder
morgen ..." - Jes 50,4 "... daß ich wisse mit den Müden zu rechter Zeit zu
reden."

9. Versus 9. Siehe 13/6.

117 Sei Lob und Ehr dem höchsten Gut

1. Versus 1. Off 7,12 "<u>Lob und Ehr</u> ... <u>sey</u> unserm GOTT" - Ps 72,18 "<u>Gelobet sey</u> ... der GOtt Israel, <u>der</u> allein <u>Wunder thut</u>" - Ps 65,5 "... der hat <u>reichen Trost</u>" - 5 Mo 32,3 "<u>Gebt unserm GOtt</u> allein <u>die Ehre</u>" (vgl. Versus 2 bis 9).

2. Versus 2. G Mn 16 "Dich lobet aller <u>Himmels-Heer</u>" - Sir 1,7f. "Einer ists, der Allerhöchste, der <u>Schöpfer</u> aller Dinge, <u>allmächtig</u> ... Der auf seinem <u>Thron</u> sitzet, ein <u>herrschender</u> GOTT" (vgl. Versus 1) - Ps 65,6 "... der Du bist <u>Zuversicht</u> aller <u>auf Erden</u>, und fern am <u>Meer</u>" (vgl. Versus 5) - Mk 4,32 "... also, daß die Vögel unter dem Himmel unter seinem <u>Schatten</u> <u>wohnen</u> können."

3. Versus 3. Ps 115,3 "<u>Unser GOTT</u> ... kan <u>schaffen</u>, was Er will" - Ps 103,11 "So hoch der Himmel über der Erden ist, lässet Er <u>seine Gnade</u> <u>walten</u>."

4. Versus 4. Ps 107,19-21 "(Die) zum <u>HErrn riefen</u> in ihrer <u>Noth</u>, und Er ihnen <u>half</u> aus ihren Aengsten ... und errettete sie, daß sie nicht sturben. Die sollen dem HErrn <u>danken</u>" - Ps 5,3 "<u>Vernimm mein Schreyen</u>, ... mein <u>GOtt!</u>"

5. Versus 5. Rö 8,35 "Wer will uns <u>scheiden</u> von der Liebe GOttes?" - Ps 65,6 (s.o.) - Jes 66,13 "Ich will euch <u>trösten</u>, wie einen seine <u>Mutter</u> tröstet" (vgl. Versus 6).

6. Versus 6. Ps 51,14 "<u>Tröste</u> mich wieder mit deiner <u>Hülfe</u>" - Jer 6,16 "... so werdet ihr <u>Ruhe finden</u> für eure Seelen" (vgl. Mt 11,29).

7. Versus 7. Ps 146,2 "<u>Ich will</u> den HErrn loben, so <u>lang</u> ich <u>lebe</u>, und meinem <u>GOtt lobsingen</u>, weil ich hie bin" - Jes 24,16 "Wir <u>hören Lob-Gesang</u> vom Ende der Erden, zu <u>Ehren</u> dem Gerechten."

8. Versus 8. 2 Ti 2,19 "Es trete ab von der Ungerechtigkeit, wer den <u>Namen Christi nennet</u>" - Rö 14,11 "Alle Zungen sollen <u>GOTT</u> bekennen" - 1 Kö 18,39 "<u>Der HERR ist GOTT, der HERR ist GOTT!</u>"

9. Versus 9. Ps 100,1f. "<u>Jauchzet</u> dem HErrn ...! Kommet <u>für sein</u> <u>Angesicht mit</u> Frolocken" - Ps 50,14 "<u>Bezahle</u> dem Höchsten deine Gelübde" - Ps 92,5 "HERR, Du <u>lässest</u> mich <u>frölich singen</u>."

INDEXES

1. Bible Texts and Cantata Movements
Bibelstelle und Kantatensatz

Verbatim citations are designated by **; incomplete citations and allusions by * / Wörtliches Zitat ist durch ** gekennzeichnet; abgewandeltes Zitat und (vermutete) Anspielung durch *.

Numbers on the left = Biblical references; numbers on the right = BWV/ Linke Nummern = Biblische Stellen; Rechte Nummern = BWV.

Genesis/
1. Mose

1,2   76/6, 172/4*
1,27   102/2*
1,27f.   119/5*
2,7   138/7*, 172/4*
2,8   58/4, 70/6*
3,1   16/4, 115/1, 178/2*
3,1.14f.   80/1
3,5f.   114/3*
3,8   133/3*, 199/1*
3,14f.   40/4*, 63/2, 165/4*
3,15   41/5, 154/3*, 167/4*
3,17f.   136/2*
3,17.19   8/1*
3,19   84/4*, 95/1b, 186/4*
3,22   31/5
3,22f.   199/1*
3,24   122/3*, 151/5*
4,4   63/7, 164/5
4,11   122/3
4,13   33/2
6,17   165/1
8,21   24/2*, 26/3, 55/4
11,4   94/3*

12,1f.   167/4*
14,18   178/2, 198/1
14,18f.   195/4
14,19   41/2
15,5   20/4*, 69a/4*
15,6   89/5, 167/4
15,15   60/5*, 125/1
15,18   29/3*
18,1   10/6*
18,18   200*
18,25   20/8
18,27   47/3, 161/3
19,17   20/6**
19,20.24   70/3*
19,24   48/4, 89/3*
21,22   71/3**
22,16   86/3
22,16f.   10/6*
22,18   200
24,27   108/5, 197/1
24,31   182/2*
25,32   114/5*
28,12   31/4
28,17   96/5, 176/6
29,10.17   34a/5*
29,32   23/1

Exodus/
2. Mose

Leviticus/
3. Mose

Numbers/
4. Mose

Psalms/
Psalmen

Note: Numbering follows German usage. English readers need to be aware that the German Bible includes the heading, where there is one, within the versification. Thus for many Psalms the first verse in German is the heading and the second verse the first according to English use.

10,1   81/2*
10,2   47/3
12,2   2/1*
12,3   2/2
12,6   2/4, 119/8
12,7   2/5*
12,8f.   2/6*
13,2   119/5, 186/2*
13,6   69a/6, 75/7, 144/3, 151/1
16,10   14/3, 31/2*, 177/5
16,11   99/2, 140/6*, 167/1*,
        190/4
17,3   87/2
17,6   34a/4, 177/1**
17,7   28/6
17,8   29/4
17,15   37/4
18,2   30/8, 174/5**
18,3   32/1, 184/6
18,5   4/2*, 31/2*, 66/4, 127/4*
18,12   154/4*
18,15   46/3
18,17   92/2*
18,31   107/2, 197/10
18,50   17/5
19,2   197a/2*
19,2.4   76/1**
19,3   30/9
19,5   17/2*, 45/2, 121/1*
19,6   62/3*
19,10   26/6*
19,10f. 87/7
19,13   37/6, 78/3*, 177/3
19,14   70/6
19,15   51/2, 69a/5
20,3   33/5, 69/4, 93/3, 194/6
20,5   197/9
20,5f.   108/5*, 111/6*
20,6   171/3, 174/3
22,5   30/2
22,7   19/4, 47/3, 57/2, 110/4

22,12   98/2, 115/6
22,14   178/5*
22,16   60/1*, 73/4
22,17   139/3*
22,18   135/2*
22,20   78/2, 109/2*
22,23.26   25/6
22,25   25/2, 61/5
22,26   148/3*, 149/7*
22,27   75/1**
23,1f.   112/1*, 175/2*, 190/3*
23,1.4   85/6, 92/8*
23,1-3   104/6*
23,2   90/2
23,2f.   112/2*
23,4   94/8, 112/3*, 127/2,
        184/1*
23,5   112/4*, 155/1*
23,6   112/5*
24,3   34a/7
24,3f.   48/4
24,7   36/4*
24,8   10/2*, 137/1*, 140/4
24,9   172/3
25,1   1/3, 32/1, 49/1, 80/4,
        154/3
25,1f.   150/2**
25,2   52/6*, 115/5
25,3   90/1
25,4   30/4
25,5   150/4**, 175/2*
25,6   143/7
25,8   72/6
25,15   150/6**
25,16   167/2
25,17   60/2
25,18   135/1, 165/4*
25,22   192/2*
26,8   51/2*
27,1   21/7, 99/4,100/4, 123/3,
        124/1, 129/1*, 137/5*,

42,6.8   21/5*
42,6.12   87/7
42,7f.   153/6
42,8   26/4, 46/2*
42,9   93/7
42,12   21/6**
43,3   115/3
43,4   138/5, 157/3, 175/2
   193/1
45,2   134/1*
45,2f.   1/1
45,8   112/4
46,2   29/4*, 43/9, 80/1*, 135/3,
   197/1**
46,3   80/5*
46,4   81/3, 153/6
46,5   34/4, 46/2, 194/3*
46,6   86/5
46,8.12   80/2*
46,9-11   111/6
46,10   80/3, 126/1
47,6f.   43/1**
47,7   120a/7
48,11   171/1**
49,16   55/4
50,2   21/7, 163/2, 167/4
50,6   33/2
50,10   187/2*
50,14   39/5, 117/9, 119/6,
   120/3*, 121/5, 134/2*, 173/4
50,22   119/5
50,23   1/4, 17/1**, 29/6, 147/8
51,3   43/6, 97/5, 156/2
51,4   7/2, 115/4, 132/4*, 165/1
51,4.9   168/6*
51,8   78/1
51,13   25/4*, 33/4*, 105/2**
51,14   23/1, 87/4, 117/6, 157/4,
   168/6, 194/11*
51,16   68/4

51,19   16/2, 103/5, 109/3,
   121/5, 173/5, 199/3
53,4   63/2
54,8   120a/7
55,5   3/4, 21/3, 83/2, 95/7,
   135/5, 183/2
55,7   27/4
56,9   13/1*, 73/1
57,2   13/6, 44/7, 97/4, 134/5
57,5   54/2
57,6   16/1
57,8   57/6*
57,9   137/1*
59,2.7.17   79/2*
59,10   85/6*, 98/5, 139/6**,
   150/7
59,10f.   14/4
60,13   13/3, 51/1, 126/3, 138/3
61,4   171/3*, 174/5*
62,8   58/3*, 93/7*, 98/2*,
   138/5*, 188/2*
62,9   93/1**, 194/10*
62,11   26/4
62,13   30/8
63,2   97/6
63,4   62/5
63,6   4/7*, 145/5, 154/6
63,9   77/3*, 101/7, 137/2, 144/3
65,2   120/1**, 190/3
65,3   173/6, 193/3*
65,4   135/1
65,5   28/2, 35/4, 117/1
65,6   117/2, 120a/5
65,7   80/1
65,10   16/4*
65,12   187/3*
66,1f.   51/1*, 121/5
66,5   173/3
66,8   36/4
66,16   69/2, 69a/3*
67,2f.   76/7*

Proverbs/
Sprüche

Jeremiah/
Jeremia

Lamentations/ Klagelieder

Ezekiel/ Hesekiel

Nahum

1,2   89/2, 90/3*
1,3   44/6, 153/6

Habakkuk/
Habakuk

1,2   98/2*
2,6   168/2
3,4   21/7, 59/3
3,16   179/5*

Zephaniah/
Zefanja

1,15   3/3
1,15.18   136/3*

Haggai

2,6   12/5
2,7   61/1

Zechariah/
Sacharja

1,12   13/3
2,14   36/1*
3,1   153/5
6,12   90/2
8,2   55/3*, 105/2
9,9   30/1, 70/7*, 91/4*, 182/8,
      197a/3
11,10   46/2*
12,10   116/6
13,2   5/2

14,7   6/3

Malachi/
Maleachi

2,6   38/4
3,3   163/3
3,5   105/2*
3,16   7/2
3,17 46/6, 48/3

Judith/
Judit

9,3   70/5

Wisdom/
Weisheit

4,9   71/2
16,12   25/3*

Tobit/
Tobias

3,22   87/6
4,22   63/2

Ecclesiasticus/
Sirach

1,7   125/3*
1,7f.   62/2, 117/2*
1,34   179/1**
2,5   60/2*

Prayer of Manasseh/
Gebet Manasses

Matthew/
Matthäus

Mark/
Markus

John/ Johannes

Acts of the Apostles/ Apostelgeschichte

2 Corinthians/
2. Korinther

2. Cantatas in Alphabetical Order
Kantatentitel in alphabetischer Anordnung

3. Cantatas in Numerical (BWV) Order
BWV-Nummernverzeichnis

About the Author

ULRICH MEYER, a respected German Bach scholar, has contributed many articles to such journals as *Musik und Kirche*, *Die Musikforschung*, and *Bach-Jahrbuch*, and is a founder member of the Arbeitsgemeinschaft für theologische Bachforschung. His study *J.S. Bachs Musik als theonome Kunst*, Wiesbaden, Breitkopf und Härtel 1979, is a creative interpretation of Bach's music from the perspective of the theology of Paul Tillich.